五台山风景名胜区旅游生态足迹动态研究

罗淑政　著

气象出版社
China Meteorological Press

内 容 简 介

本书科学估算了2005—2019年五台山风景名胜区旅游生态足迹、生态承载力、居民与僧尼生态足迹、生态盈余/赤字。旅游生态足迹包括旅游餐饮生态足迹、旅游住宿生态足迹、旅游交通生态足迹、旅游游览生态足迹、旅游购物生态足迹、旅游娱乐生态足迹。依据计算结果，对五台山风景名胜区可持续发展状况作出科学评价，并为其旅游管理提出合理化建议。

本书可为学术界研究生态足迹的最新动态提供参考，为促进风景名胜区旅游业可持续发展提供借鉴。本书可供旅游管理界从业人员，高等院校生态学、旅游相关专业的本科生、研究生和教师阅读。

图书在版编目（CIP）数据

五台山风景名胜区旅游生态足迹动态研究 / 罗淑政著. -- 北京 : 气象出版社, 2021.11（2022.8重印）
ISBN 978-7-5029-7595-1

Ⅰ. ①五… Ⅱ. ①罗… Ⅲ. ①五台山－风景名胜区－旅游业发展－研究 Ⅳ. ①F592.725.3

中国版本图书馆CIP数据核字(2021)第237922号

Wutai Shan Fengjing Mingshengqu Lüyou Shengtai Zuji Dongtai Yanjiu
五台山风景名胜区旅游生态足迹动态研究
罗淑政 著

出版发行：气象出版社
地　　址：北京市海淀区中关村南大街46号　　**邮政编码**：100081
电　　话：010-68407112(总编室)　010-68408042(发行部)
网　　址：http://www.qxcbs.com　　**E-mail**：qxcbs@cma.gov.cn
责任编辑：张锐锐　郝　汉　　**终　　审**：吴晓鹏
责任校对：张硕杰　　**责任技编**：赵相宁
封面设计：艺点设计
印　　刷：北京中石油彩色印刷有限责任公司　　**印　　张**：12.25
开　　本：710 mm×1000 mm　1/16　　**彩　　插**：2
字　　数：280千字
版　　次：2021年11月第1版　　**印　　次**：2022年8月第2次印刷
定　　价：78.00元

前　言

中国政府高度重视生态文明建设。党的十八大将生态文明建设纳入建设中国特色社会主义事业总体布局。2020 年 9 月，国家主席习近平在第七十五届联合国大会上指出："人类需要一场自我革命，加快形成绿色发展方式和生活方式，建设生态文明和美丽地球""应对气候变化《巴黎协定》代表了全球绿色低碳转型的大方向""中国将提高国家自主贡献力度，采取更加有力的政策和措施，CO_2 排放力争于 2030 年前达到峰值，努力争取 2060 年前实现碳中和。"在全国生态环境保护大会上，习近平强调："生态文明建设是关系中华民族永续发展的根本大计。"

《中华人民共和国国民经济和社会发展第十四个五年规划和 2035 年远景目标纲要》提出：坚持绿水青山就是金山银山理念，坚持尊重自然、顺应自然、保护自然，坚持节约优先、保护优先、自然恢复为主，实施可持续发展战略，完善生态文明领域统筹协调机制，构建生态文明体系，推动经济社会发展全面绿色转型，建设美丽中国。2020 年，《关于深化"互联网＋旅游"推动旅游业高质量发展的意见》（文旅资源发〔2020〕81 号）明确指出，旅游业已经成为我国国民经济的战略性支柱产业。旅游业与气候变化紧密相关，在实现"碳中和、碳达峰"目标中占有重要地位。

五台山是中国佛教四大名山之首，中外闻名、享誉世界。五台山旅游活动历史悠久、源远流长，旅游活动在带来丰厚经济效益的同时，对景区环境也造成了不同程度破坏，并呈持续恶化态势，这引起了当地政府、民众和社会各界高度关注。本书立足实际，审慎测算、科学估算了 2005—2019 年五台山风景名胜区旅游生态足迹、生态承载力、居民与僧尼生态足迹、生态盈余/赤字。旅游生态足迹由旅游餐饮生态足迹、旅游住宿生态足迹、旅游交通生态足迹、旅游游览生态足迹、旅游购物生态足迹、旅游娱乐生态足迹六部分构成。依据计算结果，对五台山风景名胜区可持续发展状况作出科学评价，并为其旅游管理提出合理化建议。本书进一步明确可持续发展理论在五台山风景名胜区落地实施的具体办法，为五台山风景名胜区发展明晰改良路径，采取合理举措，促进地区旅游业可持续发展提供科学依据和有益借鉴。

本书是在山西省高等学校人文社会科学重点研究基地项目"五台山旅游生态足迹与环境承载力研究"（20190131）和忻州师范学院博士科研启动费共同资助下完成。

忻州师范学院郑庆荣教授、赵新平教授、张建华副教授、陈晓江博士、田志杰博士、胡砚秋博士在数据采集和处理方面给予了热心帮助。忻州师范学院生物系林冰芳、李建玲、刘江南同学参与了制作图表工作。山西师范大学硕士研究生高艳珍在资料收集方面做了大量工作。新疆维吾尔自治区农业资源区划和遥感应用中心田源高级农艺师在 ArcGIS 软件制图中给予了具体指导。中国林业科学研究院李剑泉研究员提出了有价值的建议。五台山风景名胜区管理委员会、五台山风景名胜区规划编制研究中心、五台山市场监督管理局、山西省城乡规划设计研究院、五台山旅游发展局、五台山文物和遗产保护局在资料收集方面给予了必要协助。在此一并致谢。

限于学术水平，书中不足之处，敬请广大读者提出宝贵意见。

罗淑政

2021 年 6 月 21 日于忻州师范学院

目　录

1 绪 论

1.1 研究背景

政府间气候变化专门委员会(IPCC)预估,由于温室气体的继续排放,未来全球气候变暖趋势仍将持续。与1986—2005年相比,到21世纪末,全球平均地表温度将升高1.2～4.8 ℃(Church等,2013)。气候变化是人类面临的全球性挑战。为应对气候变化,中国政府坚持合作共赢,积极参与国际合作,推动落实《联合国气候变化框架公约》及其《巴黎协定》,引导推动建立全球气候治理体系,开展气候变化南南合作,明确提出"十四五"时期,单位国内生产总值能源消耗和CO_2排放分别降低13.5%和18.0%的目标,制定了2030年前碳达峰(指某一地区或行业年度CO_2排放量达到历史最高值,然后经历平台期进入持续下降的过程,是CO_2排放量由增转降的历史拐点)行动方案,提出了争取2060年前实现碳中和(指某一地区在一定时间内,一般为1 a,人为活动直接和间接排放的CO_2,与其通过植树造林等吸收的CO_2相互抵消,实现CO_2"净零排放")的目标。

随着经济增长、国民收入水平提高和交通运输改善,旅游业发展迅速,成为当今世界增长、发展最快的产业。在促进就业、加快经济增长的同时,旅游所涉及的食、住、行、游、购、娱会对环境造成不利影响。联合国世界旅游组织(the United Nations World Tourism Organization,UNWTO)统计数据显示,游客在旅游过程中产生的温室气体在全球排放总量中所占比例为4%～6%,旅游业在减缓全球变暖中作用至关重要,在实现2030年可持续发展目标中扮演重要角色(窦银娣 等,2012;董雪旺 等,2016;Carbini等,2009)。

减缓气候变暖是人类可持续发展的内在要求。旅游业与气候变化之间关系引起国际社会高度关注。2003年和2007年分别在突尼斯吉尔巴和瑞士达沃斯举办了第一届和第二届气候变化与旅游国际大会,两次大会均对气候变化与旅游业的相互影响进行了讨论。2008年和2017年世界旅游日的主题分别为"对气候变迁挑战的旅游回应"和"可持续旅游业如何促进发展",强调了旅游业与气候变化、可持续发展之间联系紧密。2018年全球气候变化与旅游国际论坛的话题涉及旅游业与气候变化、旅游业与可持续发展、低碳旅游等方面。

伴随着中国经济增长,旅游业呈现快速增长态势,游客人数、旅游收入和人均花费屡攀新高，在国民经济社会发展中越来越占有重要地位。国内旅游方面，1994 年游客人数为 524 百万人次，旅游总花费 1023.5 亿元，人均花费 195.3 元；到 2005 年，这组数字分别增至 1212 百万人次、5285.9 亿元和 436.1 元；到 2019 年，又分别增加到 6006 百万人次、57 250.9 亿元和 953.3 元（国家统计局，2020）。入境旅游方面，1994 年游客人数 4368.45 万人次，国际旅游收入 72.23 亿美元（国家统计局，1999）；2005 年分别增至 12 029.23 万人次和 292.96 亿美元（国家统计局，2006）；2019 年分别增至 14 530.78 万人次和 1312.54 亿美元（国家统计局，2020）。旅游业已成为国民经济中的重要版块，在国际经济社会文化交往中日益发挥重要作用。

为提高旅游业发展质量，促进旅游业可持续发展，2009 年国务院印发《关于加快发展旅游业的意见》，提出把旅游业培育成国民经济的战略性支柱产业和人民群众更加满意的现代服务业；坚持节能环保，合理利用资源，实现旅游业可持续发展；旅游业增加值占全国 GDP 的比重提高到 4.5%，占服务业增加值的比重达到 12%。《中华人民共和国国民经济和社会发展第十四个五年规划和 2035 年远景目标纲要》中明确提出："坚持绿水青山就是金山银山理念，坚持尊重自然、顺应自然、保护自然，坚持节约优先、保护优先、自然恢复为主，实施可持续发展战略，完善生态文明领域统筹协调机制，构建生态文明体系，推动经济社会发展全面绿色转型，建设美丽中国。"这为推动旅游业高质量发展提供了根本遵循。

1.2 研究意义

风景名胜区简称风景区，指具有观赏、文化或科学价值，自然景观、人文景观比较集中，环境优美，可供人们游览或者进行科学、文化活动的区域；是由中央和地方政府设立和管理的自然和文化遗产保护区域（中国城市规划研究院，2019）。五台山风景名胜区是中国首批"国家级重点风景名胜区"之一，作为驰名中外的佛教圣地，吸引着海内外大量游客。旅游业发展在带来巨大经济效益的同时，也愈发对环境产生不利影响。本研究运用生态足迹方法，评价 2005—2019 年五台山风景名胜区旅游业可持续发展状况并提出建议，为促进五台山风景名胜区旅游业可持续发展提供科学依据，并进一步丰富生态足迹研究的理论体系。

1.3 研究进展

1.3.1 国外研究进展

国外学者在旅游生态足迹方面进行了深入研究，主要集中在以下三个方面。

第一，在旅游生态足迹的概念、旅游业与环境的关系方面进行了探讨。Hunter (2002)首次提出可以通过部门、产品、景区面积等多种不同的方式定义旅游生态足迹。Hunter 和 Shaw(2007)指出生态足迹作为评价旅游业可持续发展的关键指标之一,将被广泛应用。已有研究表明旅游业发展能够提升环境质量。世界旅游组织(UNWTO)公布了 2016 年全球最受欢迎旅游目的地排名,前 10 名国家依次为法国、美国、西班牙、中国、意大利、土耳其、德国、英国、俄罗斯和泰国。Katircioglu 等(2018)研究了这 10 个国家旅游业发展对环境的影响,发现在这些国家旅游业发展能够改善环境质量。然而也有研究表明旅游业发展对环境会产生负面影响。Gokmenoglu 和 Eren(2020)的研究表明近年来旅游业的能量需求导致了污染物释放,进而引起环境质量恶化。Paramati 等(2017)发现旅游业能促进经济增长,但会降低环境质量,旅游业 CO_2 释放量的多少主要取决于所采用的有效旅游管理方式和可持续旅游政策。Bojanic 和 Warnick(2020)调查了旅游业对温室气体排放的影响,发现旅游业对国内生产总值(GDP)贡献较大的国家,温室气体释放量较低。Akadiri 等(2019)研究表明由于旅游投资及相关活动对能量需求不断增加,环境风险有增加的趋势;土耳其作为一个快速发展的国家和旅游活动中心,必然面临能量需求、废物处理、生态系统维护的挑战,旅游业发展促进经济增长,但由于消耗能源引起 CO_2 释放量增加,也加剧了环境污染,计算结果表明游客数量增加 1%,CO_2 释放量将增加 0.129%。Solarin(2014)推断在马来西亚游客数量与污染物的多少直接相关。Alola 等(2021)研究表明,从长远来看游客人数增加和全球化不利于环境可持续发展。还有研究探讨环境库兹涅茨曲线(Environmental Kuznets Curve,EKC)是否可以描述旅游业与环境可持续性发展之间的关系,即在发展初期旅游业降低环境质量,但进入成熟阶段后旅游业发展能促进环境质量提高。Ozturk 等(2016)对 144 个国家旅游业与环境之间的关系进行研究,结果表明在高收入和中等偏上收入的国家,旅游业收入与生态足迹之间关系可用 EKC 来描述。Mikayilov 等(2019)研究表明阿塞拜疆生态足迹与旅游业之间不存在 EKC。

第二,对旅游生态足迹的大小、组成、变化和影响因素等方面进行了研究。Gössling 等(2002)研究发现塞舌尔人均旅游生态足迹每年约为 1.90 gha①,相当于工业化国家人均生态足迹的 17%~37%,其中 90%的旅游生态足迹是游客乘坐飞机所产生的。Cole 和 Sinclair(2002)对印度默纳利的旅游生态足迹进行了计算,结果表明从 1971—1995 年食物对外部生态系统的依赖性增加。Mikayilov 等(2019)调查了旅游业发展对生态足迹的长期影响,分析了能源消耗、贸易、城市化与生态足迹之间的关系,发现贸易和能源消耗与生态足迹存在显著正相关关系。

第三,论述了旅游生态足迹在促进可持续发展中的作用。Castellani 和 Sala(2012)指出生态足迹可以对旅游活动作出综合评价,可用来比较不同消费方式的环境效应,从而鼓励引导游客采用较为环保的方式旅行。Akadiri 等(2019)指出,为促进环境可持续发展,环境政策应明确规定旅游业需控制和降低不可再生能源使用。

① gha 是生态足迹和生态承载力的单位,表示经过产量因子和均衡因子调整过的全球公顷,下同。

在制定政策时，政策制定者应该与旅游局合作，促使旅游部门在提供绿色岗位，促进经济快速、可持续发展和保护环境方面发挥作用。

1.3.2 国内研究进展

胡志毅等(2020)应用知识图谱绘图软件综合分析了中国旅游生态足迹的文章发表数量、研究热点和研究特征等，发现 2004—2017 年以旅游生态足迹为主题发表的论文数量呈现先增后降的趋势，2014 年发表数量在 30 篇以上，达到最大值。在中国知网，以“旅游生态足迹”为主题进行高级检索，结果显示 2018 年学术期刊论文 16 篇、学位论文 11 篇；2019 年学术期刊论文 15 篇、学位论文 10 篇；2020 年学术期刊论文 11 篇、学位论文 12 篇，说明近年来国内研究人员仍然关注旅游生态足迹。国内学者在旅游生态足迹方面的研究主要集中在以下四个方面。

第一，旅游生态足迹模型的改进和细化。席建超等(2004)从食、住、行三方面对北京市海外入境旅游者旅游生态足迹进行了分析。蒋依依等(2006)在纳西族自治县旅游生态足迹计算中，不仅考虑了食、住、行产生的生态足迹，而且增加了游、购产生的生态足迹。章锦河和张捷(2004)全面分析了黄山市游客食、住、行、游、购、娱产生的生态足迹。张萌和杨煜(2011)将旅游固体废弃物也加入了澳门旅游生态足迹计算中。

第二，在不同时间尺度上旅游生态足迹的计算。法定假期是外出旅游高峰期，鲁丰先等(2006)发现 2005 年“五一”假期期间，嵩山景区旅游赤字增加。邵小慧等(2010)计算了 2008 年三亚市的观光旅游者和度假旅游者生态足迹，并指出应加强旅游生态足迹时间序列的研究。丁志高(2014)计算了青岛市本底生态足迹与旅游生态足迹，发现二者之和超出青岛市生态承载力。徐坡(2012)和陈珂(2015)选择 10 a 以上时间序列分别对陕西省和北京森林公园旅游生态足迹进行了研究。

第三，在不同空间尺度上对旅游生态足迹进行了计算。学者们计算了浙江(李国志，2018)、吉林(谢文亭和周丽君，2019)等不同省域的旅游生态足迹，三亚(邵小慧 等，2010)、拉萨(李泽熙 等，2011)、福州(曹辉和陈秋华，2007)等不同城市的旅游生态足迹。研究者应用旅游生态足迹模型对旅游景区进行了大量研究。如肖雄(2011)研究表明长阳清江风景名胜区旅游生态足迹低于生态承载力，景区处于可持续发展状态。李俊等(2015)研究了新疆那拉提镇旅游生态足迹，计算了飞机、火车、长途巴士、小轿车、摩托车和自行车的人均生态足迹，发现旅游交通生态足迹所占比例超过 90%，并指出入境游客占到总游客数的 1.47%，国内客源地主要是北京、上海、浙江和广东。孟亚(2016)研究表明九寨沟自然保护区处于可持续发展状态，游客的旅游活动并没有对生态环境造成危害。王鹏等(2014)研究发现南岳衡山的生态赤字呈现递增趋势。赵梅等(2016)研究表明喀纳斯景区出现旅游生态赤字，生态问题严重。张汝娇等(2018)研究表明张家界旅游业发展始终处于不可持续状态。

第四，旅游生态足迹理论在旅游管理实践中的应用。许多研究基于旅游生态足迹理论，从多个角度为旅游业可持续发展提出建议。叶延琼等(2014)通过旅游生态足迹子模型，计算了游客的旅游生态足迹，并对海口市当地居民的本底生态足迹进行了计算，发现海口市存在生态赤字，旅游业产生的生态赤字占总生态赤字的 8.79%，并就削减旅游业生态赤字提出了建议。旅游生态足迹不仅能够用来评价旅游活动对研究区域环境造成的影响，对旅游地的可持续发展状况作出评价，还可与《旅游环境税法》相结合，作为政策制定的依据。朱赢和杨春宇(2018)分析了贵州省旅游生态承载力供需平衡指数(ECCI)在 2011—2015 年的变化趋势，并指出 ECCI 低于 1.1 不需要征收旅游环境税，高于 1.1 需要征收旅游环境税。徐秀美和郑言(2017)将旅游生态足迹理论和旅游实际问题相联系，量化了拉萨次角村的生态补偿标准。李洪波和韦妮妮(2013)在计算武夷山旅游交通生态足迹时，对旅游交通工具和国内客源市场进行了分析，发现火车在交通工具中所占比例最高，达到 44%，自驾车有急剧上升的趋势；省内游客数量占国内游客总量的 29.88%，上海、浙江、江苏、广东和北京游客数量占国内游客总量的 51.75%，提出应采用控制旅游规模等措施维持旅游业健康发展。何欢等(2013)的研究表明旅游交通生态足迹在上海市旅游生态足迹中所占比例最大，达到 71.79%，飞机生态足迹在交通生态足迹中所占比例最高，并且预测未来乘坐飞机旅行的游客会增加，因此建议选择环保节能的旅游交通工具。杨桂华和李鹏(2005)指出旅游生态足迹具有多重功能，可用来评价旅游业与其他行业可持续性，量化不同交通方式的环境影响，衡量不同旅游产品的生态需求和生态性，测度旅游目的地生态腹地大小，计算不同旅游企业的生态需求，合理引导游客的旅游行为和消费习惯。

综上所述，生态足迹理论已经被广泛应用于旅游业中，并且随着研究不断深入，旅游生态足迹涵盖的内容越来越丰富，与实际问题的结合越来越紧密。但是由于历史数据缺乏，在较大时间尺度上旅游生态足迹研究相对较少。此外，由于在调研过程中一些数据获取难度大，旅游生态足迹计算结果存在一定偏差。因此，如何准确计算旅游生态足迹并将计算结果应用于指导实际工作，仍是未来研究的一个重要方向。

1.4 研究内容

《五台山风景名胜区总体规划(2020—2035 年)》中，台怀片区规划界线与五台山世界遗产地台怀缓冲区界线相同。本书研究区域与该规划中的台怀片区规划界线保持一致。五台山风景名胜区旅游生态足迹、居民和僧尼生态足迹、生态承载力计算范围均以台怀片区规划界线为准。

五台山风景名胜区旅游生态足迹计算年份为 2005—2019 年，主要计算了六个部分，依次为旅游餐饮生态足迹、旅游住宿生态足迹、旅游交通生态足迹、旅游游览生态足迹、旅游购物生态足迹和旅游娱乐生态足迹。居民与僧尼生态足迹主要考虑了食物和能源消费所产生的生态足迹。综合生态承载力、旅游生态足迹、居民与僧尼生态足迹，计算了 2005—2019 年五台山风景名胜区生态盈余/赤字，对五台山风景名胜区可持续状况作出科学评价，并提出促进旅游业可持续发展建议。

1.5　研究方法

生态足迹是人类为满足其需求而利用的所有生物生产性土地的总和，由碳足迹（即碳吸收用地）、耕地、草地、林地、建设用地和渔业用地六部分组成（谢高地 等，2019；Lin 等，2019）。碳足迹表示扣除海洋碳吸收贡献后，吸收化石燃料燃烧排放 CO_2 所需的森林面积；耕地表示用来种植人类消费的食物和纤维，以及生产牲畜饲料、油料、橡胶等农产品所需的农田面积；草地表示支持肉、奶、毛、皮畜牧产品生产所需的草地面积；林地表示支持木材、纸浆，薪柴等林木产品生产所需的林地面积；建设用地表示交通、住房，工业构筑物、水电站水库等人类基础设施所占用的土地面积；渔业用地根据渔获数据推算的支持捕捞淡水与海水产品生产所需初级生产量来计算（谢高地 等，2019；Lin 等，2019）。生态承载力通过区域各类生物生产性土地面积与对应的产量因子和均衡因子相乘计算得到。Lin 等（2019）明确提出国家生态足迹和生态承载力的计算框架，见图 1-1。

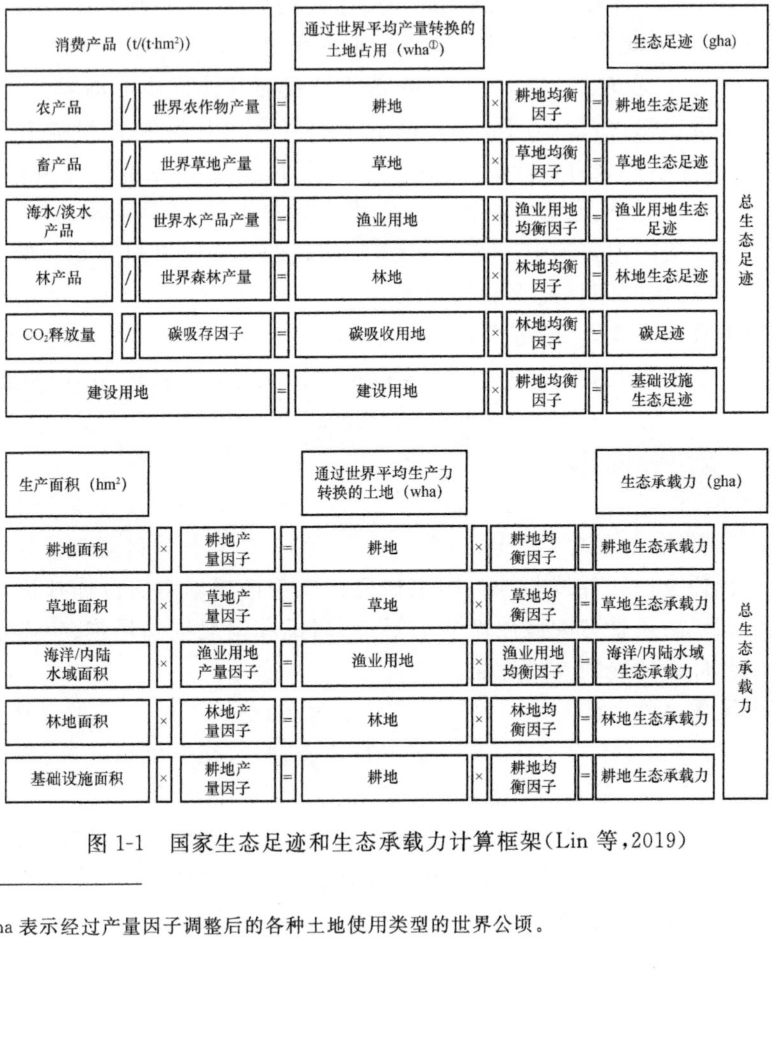

图 1-1　国家生态足迹和生态承载力计算框架（Lin 等，2019）

---

① wha 表示经过产量因子调整后的各种土地使用类型的世界公顷。

旅游生态足迹是指在一定时空范围内与旅游活动有关的各种资源消耗和废弃物吸收所必需的生物生产性土地面积(杨桂华和李鹏,2005;Hunter,2002;Gössling等,2002)。五台山风景名胜区旅游生态足迹、居民与僧尼生态足迹和五台山风景名胜区生态承载力主要参考 Lin 等(2019)提出的方法来计算。产量因子和均衡因子采用全球足迹网络(Global Footprint Network)数据。耕地、林地、草地、渔业用地、建设用地和碳足迹的均衡因子分别为 2.50 gha/hm^2、1.28 gha/hm^2、0.46 gha/hm^2、0.37 gha/hm^2、2.50 gha/hm^2 和 1.28 gha/hm^2;耕地、林地、草地、渔业用地和建设用地的产量因子依次为 2.02、1.18、0.81、1.00 和 2.02。

基于高分辨卫星遥感数据,采用 ArcGIS 10.2 计算五台山风景名胜区不同土地利用类型面积和生态承载力并作图;采用 SPSS 20 进行统计分析;采用 Origin 9 制作图表。

1.6 技术路线

本研究的技术路线如图 1-2 所示。

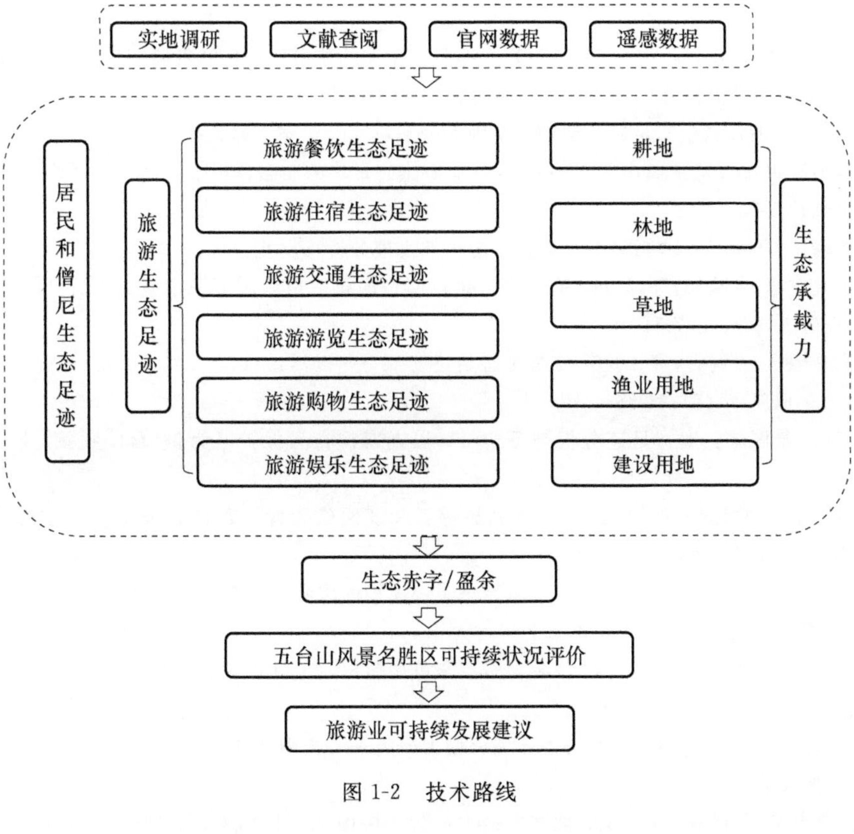

图 1-2 技术路线

参考文献

曹辉,陈秋华,2007. 福州市旅游生态足迹动态[J]. 生态学报,27(11):4686-4695.

陈珂,2015. 北京森林公园旅游生态足迹核算研究——基于1999—2011年森林公园统计数据[D]. 北京:北京林业大学.

丁志高,2014. 基于旅游生态足迹模型的青岛旅游可持续发展评估[J]. 青岛大学学报(自然科学版),27(4):74-78.

董雪旺,张捷,章锦河,等,2016. 区域旅游业碳排放和旅游消费碳足迹研究述评[J]. 生态学报,36(2):554-568.

窦银娣,刘云鹏,李伯华,等,2012. 旅游风景区旅游交通系统碳足迹评估——以南岳衡山为例[J]. 生态学报,32(17):5532-5541.

国家统计局,1999. 中国统计年鉴—1999[M]. 北京:中国统计出版社.

国家统计局,2006. 中国统计年鉴—2006[M]. 北京:中国统计出版社.

国家统计局,2020. 中国统计年鉴—2020[M]. 北京:中国统计出版社.

何欢,林文鹏,储德平,等,2013. 上海市旅游生态足迹分析[J]. 长江流域资源与环境,22(11):1375-1381.

胡志毅,管陈雷,杨天昊,等,2020. 中国旅游生态足迹研究可视化分析[J]. 生态学报,40(2):738-747.

蒋依依,王仰麟,彭建,等,2006. 基于旅游生态足迹模型的旅游区可持续发展度量——以云南省丽江纳西族自治县为例[J]. 地理研究,25(6):1134-1142.

李国志,2018. 浙江省生态足迹时空差异及因素分解研究[J]. 华东师范大学学报,(4):147-158.

李洪波,韦妮妮,2013. 武夷山2005—2009年旅游生态足迹的动态分析[J]. 华侨大学学报(哲学社会科学版),(4):38-48.

李俊,杜靖川,夏爽,2015. 新疆那拉提镇旅游生态足迹分析[J]. 生态经济,31(1):150-153.

李泽熙,武友德,吴映梅,等,2011. 基于生态足迹模型的拉萨市旅游环境承载力研究[J]. 云南地理环境研究,23(5):27-31.

鲁丰先,秦耀辰,徐两省,等,2006. 旅游生态足迹初探——以嵩山景区2005年"五一"黄金周为例[J]. 人文地理,21(5):31-35.

孟亚,2016. 景区旅游生态足迹分析与评价——以九寨沟自然保护区为例[D]. 上海:上海师范大学.

邵小慧,罗艳菊,袁建平,2010. 三亚市观光旅游者和度假旅游者生态足迹研究[J]. 安徽农业科学,38(32):18384-18387.

王鹏,况福民,邓育武,等,2014. 基于旅游生态足迹模型的旅游地生态安全评价——以南岳衡山为例[J]. 衡阳师范学院学报,35(3):54-60.

席建超,葛全胜,成升魁,等,2004. 旅游消费生态占用初探——以北京市海外入境旅游者为例[J]. 自然资源学报,19(2):224-229.

肖雄,2011. 基于生态足迹模型的旅游环境承载力研究——长阳清江风景名胜区为例[D]. 武汉:华中科技大学.

谢高地,曹淑艳,杨奇森,等,2019. 地球生命力报告·中国2015[DB/OL]. (2019-01-06)[2021-07-

02]. https://wenku. baidu. com/view/052bfdb948d7c1c709a1452b. html.

谢文亭,周丽君,2019. 基于生态足迹模型的吉林省旅游业可持续发展研究[J]. 现代交际,495(1):76-77.

徐坡,2012. 基于旅游生态足迹模型的陕西省旅游可持续发展研究[J]. 环境科学与管理,37(2):135-138.

徐秀美,郑言,2017. 基于旅游生态足迹的拉萨乡村旅游地生态补偿标准——以次角林村为例[J]. 经济地理,37(4):218-224.

杨桂华,李鹏,2005. 旅游生态足迹:测度旅游可持续发展的新方法[J]. 生态学报,25(6):1475-1480.

叶延琼,陈欢,章家恩,2014. 基于旅游生态足迹的海口市旅游可持续发展评价与分析[J]. 佛山科学技术学院学报(自然科学版),32(5):19-26.

章锦河,张捷,2004. 旅游生态足迹模型及黄山市实证分析[J]. 地理学报,(5):763-771.

张萌,杨煜,2011. 澳门旅游生态足迹研究[J]. 生态经济,(11):86-91.

张汝娇,唐业喜,周雅金,等,2018. 基于旅游生态足迹的张家界旅游业可持续发展分析[J]. 乡村旅游,29(19):106-108.

赵梅,邵玲,邓新芳,2016. 喀纳斯生态安全评价研究——基于生态足迹模型[J]. 价值工程,(29):45-47.

中国城市规划研究院,2019. 风景名胜区总体规划标准:GB/T 50298—2018[S]. 北京:中国建筑工业出版社.

朱赢,杨春宇,2018. 基于生态足迹的贵州省旅游环境税征收节点[J]. 内江师范学院学报,33(6):93-99.

Akadiri S S,Alola A A,Akadiri A C,2019. The role of globalization,real income,tourism in environmental sustainability target. Evidence from Turkey[J]. Science of the Total Environment,687:423-432.

Alola A A,Eluwole K K,Lasisi T T,et al,2021. Perspectives of globalization and tourism as drivers of ecological footprint in top 10 destination economies[J]. Environtal Science and Pollution Research,28:31607-31617.

Bojanic D C,Warnick R B,2020. The relationship between a country's level of tourism and environmental performance[J]. Journal of Travel Research,59(2):220-230.

Carbini L,Simpson M,Scott D,2009. From Davos to Copenhagen and beyond:advancing tourism's response to climate change[R]. The UNWTO Background.

Castellani V,Sala S,2012. Ecological footprint and life cycle assessment in the sustainability assessment of tourism activities[J]. Ecological Indicators,16:135-147.

Church J, Clark P, Cazenave A, et al, 2013. Climate change 2013: The physical science basis. Contribution of Working Group I to the fifth assessment report of the intergovernmental panel on climate change[C]. Stocker T F,Qin D,Plattner G K,et al. IPCC WGI Fifth Assessment Report. Chambridge:Chambridge University Press.

Cole V,Sinclair A J,2002. Measuring the ecological footprint of a himalayan tourist center[J]. Mountain Research and Development,22(2):132-141.

Gössling S, Hansson C B, Hoerstmeier O, et al, 2002. Ecological footprint analysis as a tool to assess tourism sustainability[J]. Ecological Economics, 43(2-3): 199-211.

Gokmenoglu K K, Eren B M, 2020. The role of international tourism on energy consumption: empirical evidence from Turkey[J]. Current Issues in Tourism, 23(9): 1059-1065.

Hunter C, 2002. Sustainable tourism and the touristic ecological footprint[J]. Environment, Development and Sustainability, 4(1): 7-20.

Hunter C, Shaw J, 2007. The ecological footprint as a key indicator of sustainable tourism[J]. Tourism Management, 28(1): 46-57.

Katircioglu S, Gokmenoglu K K, Eren B M, 2018. Testing the role of tourism development in ecological footprint quality: evidence from top 10 tourist destinations[J]. Environmental Science and Pollution Research, 25: 33611-33619.

Lin D, Hanscom L, Martindill M, et al, 2019. Working guidebook to the national footprint and biocapacityaccounts[M]. Oakland: Global Footprint Network.

Mikayilov J I, Mukhtarov S, Mammadov J, et al, 2019. Re-evaluating the environmental impacts of tourism: does EKC exist? [J]. Environmental Science and Pollution Research, 26: 19389-19402.

Ozturk I, Al-Mulali U, Saboori B, 2016. Investigating the environmental Kuznets curve hypothesis: the role of tourism and ecological foot print[J]. Environmental Science and Pollution Research, 23(2): 1916-1928.

Paramati S R, Shahbaz M, Alam M S, 2017. Does tourism degrade environmental quality? A comparative study of Eastern and Western European Union[J]. Transportation Research Part D, 50: 1-13.

Solarin S A, 2014. Tourist arrivals and macroeconomic determinants of CO_2 emissions in Malaysia [J]. Anatolia, 25(2): 228-241.

2　五台山风景名胜区基本概况

2.1　地理位置与行政区划

五台山风景名胜区位于山西省东北部，隶属于忻州市，是国家级重点风景名胜区、国家森林公园、国家地质公园、国家5A级旅游景区，也是中国第38处世界遗产地和第2处世界文化景观。景区现辖台怀镇、金岗库乡和石咀乡，总规划面积599 km^2，行政区划面积436 km^2，共有行政村63个(台怀镇22个，金岗库乡10个，石咀乡31个)(忻州市统计局和国家统计局忻州调查队，2018)。

2.2　人口

第七次全国人口普查数据显示：五台山风景名胜区常住人口为17 050人，男性人口占51.12%，女性人口占48.88%。家庭户5125户，集体户611户。

2.3　气候

五台山风景名胜区属温暖带半干旱型森林草原气候带北端，为明显的大陆性气候(侯文正，2003)。依据中国气象数据网五台山台站数据，1956—2019年五台山风景名胜区降水量基本呈现不断下降的趋势。1956—2019年五台山风景名胜区平均气温升高，1956—1997年其平均气温保持在0 ℃以下，但是在1998年其平均气温快速升高到2.9 ℃；1999—2019年其平均气温波动较小，变化范围为1.0～2.9 ℃；最低气温－44.8 ℃出现在1958年，最高气温29.6 ℃出现在2005年，平均最低气温－8.3 ℃出现在1956年，平均最高气温7.5 ℃出现在2019年。1956—2019年五台山风景名胜区日照时数变化范围为2286.6～3035.1 h；2004年其最大风速为30.1 m/s，极大风速为39.5 m/s；2019年其最大风速为23.4 m/s，极大风速为35.6 m/s；1956—2019年其平均相对湿度变化范围为54%～73%(表2-1)。

表 2-1 1956—2019 年五台山气象数据

年份	降水量(mm)	平均气温(℃)	最低气温(℃)	最高气温(℃)	平均最低气温(℃)	平均最高气温(℃)	日照时数(h)	最大风速(m/s)	极大风速(m/s)	平均相对湿度(%)
1956	1214.0	−5.3	−37.8	16.8	−8.3	−1.4	2574.7	—	—	72
1957	852.5	−4.6	−33.7	16.7	−7.7	−0.6	2914.6	—	—	65
1958	1112.0	−3.9	−44.8	17.6	−7.0	0.2	2726.0	—	—	65
1959	1606.0	−4.1	−39.7	16.8	−7.1	−0.1	2618.4	—	—	69
1960	796.9	−3.7	−33.9	17.4	−7.0	0.6	2829.5	—	—	63
1961	1001.0	−3.4	−32.3	19.8	−6.5	0.6	2763.1	—	—	69
1962	761.2	−4.3	−31.0	16.3	−7.6	−0.3	2914.1	—	—	66
1963	799.0	−4.3	−38.4	17.0	−7.4	−0.1	2785.2	—	—	69
1964	1103.0	−3.7	−32.2	15.4	−6.5	−0.1	2439.5	—	—	73
1965	497.8	−3.7	−33.3	20.0	−7.2	0.6	3035.1	—	—	61
1966	980.2	−3.9	−36.0	17.2	−7.3	0.0	2667.7	—	—	67
1967	1206.0	−4.6	−37.6	17.3	−7.6	−0.7	2599.1	—	—	67
1968	842.8	−4.2	−39.2	17.7	−7.4	0.0	2814.0	—	—	64
1969	942.4	−4.8	−35.0	17.0	−8.0	−0.8	2727.9	—	—	71
1970	690.5	−4.4	−36.0	17.5	−7.6	−0.4	2806.7	—	—	66
1971	741.7	−4.1	−34.0	19.7	−7.6	−0.1	2751.3	—	—	69
1972	543.7	−3.6	−36.0	18.5	−7.4	0.8	2832.6	—	—	64
1973	1012.0	−3.6	−34.5	17.4	−6.8	0.3	2688.4	—	—	69
1974	615.7	−4.1	−33.6	18.2	−7.6	0.1	2664.2	—	—	64
1975	741.0	−3.4	−32.0	18.5	−6.5	0.2	2529.6	—	—	67
1976	870.8	−4.9	−35.7	16.5	−8.0	−1.1	2585.4	—	—	71
1977	1002.0	−4.1	−35.2	16.7	−7.5	−0.2	2610.9	—	—	72
1978	889.1	−3.5	−33.6	19.1	−6.8	0.6	2732.3	—	—	67
1979	1093.0	−3.9	−33.3	17.3	−7.1	0.1	2675.6	—	—	70
1980	819.3	−4.5	−38.0	19.4	−8.0	−0.5	2794.1	—	—	70
1981	709.9	−4.1	−35.5	18.5	−7.4	−0.2	2549.0	—	—	67
1982	806.6	−3.6	−32.2	19.0	−6.7	0.4	2619.0	—	—	69
1983	772.7	−3.8	−39.5	18.3	−7.0	0.0	2483.4	—	—	70
1984	494.3	−4.7	−33.9	17.9	−8.2	−0.6	2685.6	—	—	67
1985	851.3	−4.4	−34.2	16.8	−7.9	−0.6	2680.5	—	—	69
1986	731.7	−4.1	−34.5	17.9	−7.8	0.0	2979.8	—	—	64
1987	841.7	−3.0	−33.4	19.1	−6.7	1.2	2870.9	—	—	65

续表

年份	降水量(mm)	平均气温(℃)	最低气温(℃)	最高气温(℃)	平均最低气温(℃)	平均最高气温(℃)	日照时数(h)	最大风速(m/s)	极大风速(m/s)	平均相对湿度(%)
1988	1060.0	−4.2	−37.8	17.7	−7.3	−0.3	2694.9	—	—	67
1989	715.8	−3.3	−28.3	17.6	−6.3	0.5	2805.7	—	—	67
1990	719.3	−2.8	−31.6	18.2	−5.9	1.0	2873.4	—	—	67
1991	626.1	−3.3	−37.2	19.9	−6.6	0.8	2853.3	—	—	70
1992	787.9	−3.5	−31.7	17.9	−6.9	0.7	2652.9	—	—	70
1993	566.8	−3.7	−33.4	17.7	−7.1	0.6	2844.3	—	—	66
1994	661.9	−2.7	−29.6	17.8	−6.2	1.3	2662.6	—	—	66
1995	642.6	−3.8	−28.7	17.0	−7.3	0.5	2786.1	—	—	67
1996	863.8	−3.9	−32.5	18.0	−7.2	0.1	2685.4	—	—	69
1997	325.5	−2.6	−32.1	18.3	−5.9	1.5	2819.0	—	—	66
1998	497.9	2.9	−29.9	24.5	−0.9	7.3	2849.6	—	—	60
1999	541.2	2.6	−27.4	26.3	−1.2	7.3	2838.0	—	—	57
2000	729.7	1.8	−29.0	25.0	−2.1	6.5	2837.8	—	—	61
2001	502.9	2.0	−30.0	24.0	−2.0	6.8	2754.0	—	—	60
2002	728.8	2.4	−25.9	24.8	−1.5	7.1	2750.3	—	—	62
2003	641.9	1.8	−27.6	23.3	−2.0	6.2	2637.1	—	—	67
2004	679.5	2.0	−26.1	23.3	−1.6	6.5	2738.2	30.1	39.5	59
2005	559.6	1.5	−27.7	29.6	−2.5	6.4	2790.1	26.5	40.6	58
2006	603.3	2.6	−24.7	23.8	−0.9	7.3	2512.9	25.7	33.0	61
2007	657.9	2.8	−22.7	24.1	−0.6	7.2	2688.6	22.6	33.6	58
2008	673.3	1.6	−31.8	23.3	−1.9	6.1	2620.3	22.3	30.8	58
2009	583.3	2.2	−32.3	25.4	−1.5	6.8	2578.1	26.6	39.2	54
2010	596.2	1.6	−26.6	28.6	−2.1	6.2	2582.5	30.3	43.4	64
2011	688.2	1.4	−25.6	23.2	−2.1	5.9	2612.4	26.0	37.7	59
2012	662.0	1.0	−29.0	23.0	−2.4	5.4	2645.1	24.0	32.9	60
2013	645.6	2.7	−28.2	24.3	−0.9	7.2	2547.0	25.8	40.6	57
2014	701.5	2.4	−22.5	23.4	−0.9	6.8	2286.6	23.3	35.0	59
2015	773.2	2.4	−22.7	23.7	−1.0	6.7	2461.3	24.5	35.7	61
2016	899.8	2.4	—	23.4	−1.0	6.7	—	21.0	31.8	62
2017	900.4	2.8	—	25.6	−0.7	7.1	2602.4	23.5	34.9	58
2018	—	2.3	—	25.1	−1.1	6.6	2486.1	27.1	39.1	60
2019	689.8	2.9	−21.6	23.3	−0.5	7.5	2678.2	23.4	35.6	57

2.4 土壤

中国土壤数据库数据表明，五台山海拔 1800～2700 m 地带分布有宁武棕麻砂土，属棕壤亚类棕麻土属。该土种母质为花岗岩、片麻岩风化残坡积物，剖面发育较好，为 O-Ah-Bt-C 型。土体厚度一般在 50 cm 左右。在 Ah 层上覆盖了一层厚度为 3～10 cm 的枯枝落叶层；Ah 层较厚，多在 18～28 cm，有机质质量分数较高，达 7.71%(n=24)，黏粒向下淋移淀积明显；Bt 层为棕色的黏化层，黏化值大于 1.2。据 26 个农化样分析结果统计，速效钾质量分数为 0.0125%，速效磷质量分数为 0.000 79%，全氮质量分数为 0.312%，有机质质量分数为 6.62%，为天然林业用地。

在五台山北台、中台、西台，海拔 2700 m 以上的山顶平台及缓坡分布有冷潮毡土，属草毡土亚类草毡麻土属。该土种母质为花岗岩、片麻岩风化的残积物，剖面为 As-Ah-Cu 型。土体中下部出现永冻层。地贡有 2～10 cm 厚的草毡层；Ah 层灰黄棕色至黑棕色砂质腔土，有机质质量分数高达 8.98%(n=12)；Cu 层潮湿滞水，锈纹、锈斑明显；Cu 层之下为母岩半风化物。通体无石灰反应；土壤 pH 值 6.6 左右，呈中性；阳离子交换量为 20～25 me/(100 g)。据 9 个农化样分析结果统计，有机质质量分数为 7.56%，全氮质量分数为 0.378%，速效磷质量分数为 0.0013%，速效钾质量分数为 0.0161%。其土壤肥沃，但因地处高寒，农业难以利用；草甸植被茂盛，是优良的季节性天然牧场。

2.5 冰缘地貌

在华北地区，只有五台山具有冰缘地貌。五台山中台顶的龙蟠石是冰缘地貌的遗迹。黛螺顶和菩萨顶也有典型冰缘地貌(侯文正，2003)。

2.6 生物资源

五台山有维管植物 98 科，348 属，578 种，其中草本植物 453 种，占比为 81.1%，乔、灌木 105 种，占比为 18.9%。维管植物中种类最多的是菊科，有 68 种，豆科次之，有 40 种，蔷薇科 36 种，禾本科 33 种。五台山植物区系具有典型的北温带性质，且具有森林与草原过渡性特点。五台山有鸟类 16 目，36 科，142 种，其中有 9 种鸟类为本省罕见，即黄斑苇鸡、栗苇鸡、红胸田鸡、凤头麦鸡、赭红尾鸲、项溪鸲、黑眉苇莺、棕肩尾莺和黑尾蜡嘴雀。五台山有兽类动物 4 目，19 科，51 种，主要有赤狐、石貂、果狸、金钱豹、狍子、青羊、野猪、狼和獾等。五台山有昆虫 1000 余种(侯文正，2003)。

2.7 历史沿革

1982年,五台山风景名胜区被国务院首批批准为44处国家重点风景名胜区之一。1992年,五台山风景名胜区被林业部批准为国家森林公园。1995年,五台山风景名胜区被评为山西省十佳旅游景点之首。1997年,五台山风景名胜区被作为中国的35张旅游王牌之一向世界推出,是全国文明风景旅游区示范点。2005年,五台山风景名胜区被国土资源部批准为国家地质公园。2007年,五台山风景名胜区被国家旅游局审定为国家首批5A级旅游景区。2009年,五台山在第33届世界遗产大会上以文化景观被正式列入《世界遗产名录》,成为中国第38个世界遗产地、第2处文化景观遗产。

1983年4月,忻州市五台山管理局成立。1988年11月30日,五台山风景名胜区人民政府成立,为副县级规格,隶属于五台县人民政府,下辖台怀镇和金岗库乡。1989年8月25日,五台山风景名胜区党委正式挂牌办公,与区政府共同行使副县级政府的若干职能,下辖若干相应办公机构;五台山管理局只保留名义,不再内设机构。2016年6月15日,中共五台山风景名胜区工作委员会、五台山风景名胜区管理委员会正式揭牌成立,五台山风景区不再由五台县和忻州市两级政府管理,而是由忻州市政府直管。

2.8 土特名产

五台山土特名产主要有台蘑、金莲花、六道木和礼麦等。五台山蘑菇也称台蘑,主要是指生长在五台山的香蕈和银盘品系,呈伞形、乳白色、肉质细嫩,富含氨基酸、维生素和蛋白质,营养价值很高,食用可舒肠胃、解肉腻,食用价值很高。“莜面窝窝儿、蘑菇汤汤儿”是五台山最具特色的菜品。金莲花属毛茛科金莲花属,6月盛开,花呈金黄色,形状似莲花,具有很高的观赏价值。金莲花被视为五台山佛教的象征,被视为教花,被认为是五台山的吉祥物。金莲花晒干后,可泡水饮用,有益于人体健康。六道木也称降龙木,是一种灌木,有六道纹路。礼麦属藜科,双子叶植物,被称为“素食之王”。礼麦是全谷全营养完全蛋白碱性食物,富含氨基酸、矿物质和维生素等,具有很高的营养价值。

2.9 登山名人

据《五台山志》记载,来五台山登山的名人有卢太翼、裴休、张商英、耶律楚材、元好问、陆深、乔宇、觉同、一江、陆光祖、徐霞客、王思任、胡来贡、顾炎武、傅山、高士奇、仓央嘉措、朱彝尊、嵇曾筠、爱新觉罗·玄烨、爱新觉罗·弘历、纳兰性德、王秉韬、西丹毕鉴赞、西丹毕嘉苏、蔡东藩、土登嘉错、白求恩、左权、任弼时、颜惠庆、将维乔、林伯渠、邓拓、喜饶嘉错、刘少奇、陈毅、梁思成、彭德怀、董必武、朱德、毛泽东、周恩来、叶剑英、班禅额尔德尼·确吉坚赞、胡耀邦、聂荣臻、彭真、邓小平和赵朴初等(侯文正,2003)。

参考文献

忻州市统计局,国家统计局忻州调查队,2018. 忻州市统计年鉴—2018[M]. 北京:中国统计出版社.
侯文正,2003. 五台山志[M]. 太原:山西人民出版社.

3 五台山风景名胜区旅游生态足迹

3.1 旅游餐饮生态足迹

3.1.1 研究方法

五台山风景名胜区旅游餐饮生态足迹主要包括两部分，一部分是在旅游期间游客消费食物的生态足迹，另一部分是饭店建成地产生的生态足迹。本章节中，饭店只统计提供餐饮服务或以提供餐饮服务为主，并且有工商注册信息的饭店。五台山风景名胜区饭店主要提供具有本地特色的菜肴，游客消费食物类型以忻州地区风味为主。因此，游客人均食物生态足迹采用忻州市人均食物生态足迹。

3.1.1.1 数据来源

五台山风景名胜区国内外游客人数主要由五台山旅游发展局与五台山风景名胜区规划编制研究中心提供。游客旅游平均天数通过实地调研获取。五台山风景名胜区饭店工商信息主要来自于五台山市场监督管理局。饭店面积通过实地调研获取。采用生产量代替消费量的方法对忻州市人均食物生态足迹进行计算。农、林产品消费量和牛肉、羊肉、牛奶消费量通过查阅《忻州统计年鉴》(忻州市统计局，2008、2009、2010、2011、2012；忻州市统计局和国家统计局忻州调查队，2013、2014、2015、2016、2017、2018、2019、2020)和《山西统计年鉴》(山西省统计局和国家统计局山西调查总队，2020)获取。水产品消费量通过查阅《山西统计年鉴》(山西省统计局和国家统计局山西调查总队，2006、2007、2008、2009、2010、2011、2012、2013、2014、2015、2016、2017、2018、2019、2020)获取。2005—2019 年农、林、水产品的全球平均生产力主要来自于联合国粮食及农业组织。水产品以鲤鱼为主，因此采用鲤鱼的全球平均生产力。牛肉、羊肉、牛奶的玉米和牧草消费量采用谢鸿宇 等(2008)的研究结果，生产 1 kg 牛肉需要消耗玉米 0.51 kg，需要牧草 280.15 m^2；生产 1 kg 羊肉需要消耗玉米 0.37 kg，需要牧草 470 m^2；奶类中 72%来自于饲养，28%来自于放牧，原料类型分别是玉米和牧草，1 kg 奶类的玉米消费量为 0.2731 kg，我国放牧生态系统草地平均牛奶产量为 34.0465 kg/hm^2。

3.1.1.2 计算公式

$$TEF_{catering} = TEF_{food} + TEF_{restaurant} \tag{3-1}$$

式中：$TEF_{catering}$为旅游餐饮生态足迹(gha)；TEF_{food}为游客在旅游期间消费食物的生态足迹(gha)；$TEF_{restaurant}$为饭店建成地生态足迹(gha)。

$$TEF_{food} = \sum N_t \times [(p_i / y_i) \times EQF_j] \tag{3-2}$$

式中：TEF_{food}与式(3-1)中相同；N_t为游客人数(人)；p_i为游客在旅游期间对第i种食物的消费量(kg/人)；y_i为第i种食物的全球平均生产力(kg/hm^2)；EQF_j为第j种土地利用类型的均衡因子(gha/hm^2)。

$$TEF_{restaurant} = N_r \times S_r \times EQF_{building} \tag{3-3}$$

式中：$TEF_{restaurant}$与式(3-1)中相同；N_r为饭店数量(个)；S_r为经过全球平均产量转换的饭店平均面积(hm^2/个)；$EQF_{building}$为建设用地的均衡因子(gha/hm^2)。

3.1.1.3 统计分析

采用 SPSS 软件中的 Kolmogorov-Smirnov 检验分析国内游客人数与收费金额是否服从正态分布。采用 Pearson 相关系数分析国内游客人数与收费金额之间的相关性。

3.1.2 计算结果

3.1.2.1 游客人数变化特征

(1)国内游客人数与收费金额

2000—2019 年，五台山风景名胜区国内游客收费人数呈不断增长的趋势。2000 年国内游客收费人数为 46 万人。到 2005 年超过了 93 万人，是 2000 年的 2.03 倍。2015 年国内游客收费人数超过 180 万人，是 2005 年的 1.93 倍。2019 年国内游客收费人数最多，超过 316 万人，是 2005 年国内游客收费人数的 3.39 倍，是 2000 年国内游客收费人数的 6.89 倍(图 3-1)。

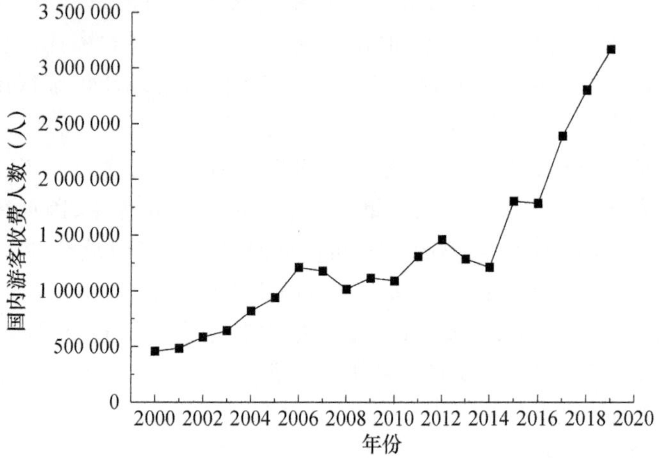

图 3-1 2000—2019 年五台山风景名胜区国内游客收费人数

随着游客人数的增长，景区收费金额也随之增加。2000 年收费金额为 2289 万元。2007 年收费金额突破 10 000 万元，是 2000 年收费金额的 4.67 倍。2017 年收费金额超过 30 000 万元，是 2000 年收费金额的 13.86 倍。2019 年收费金额显著增加，超过 40 000 万元，是 2000 年收费金额的 17.91 倍(图 3-2)。

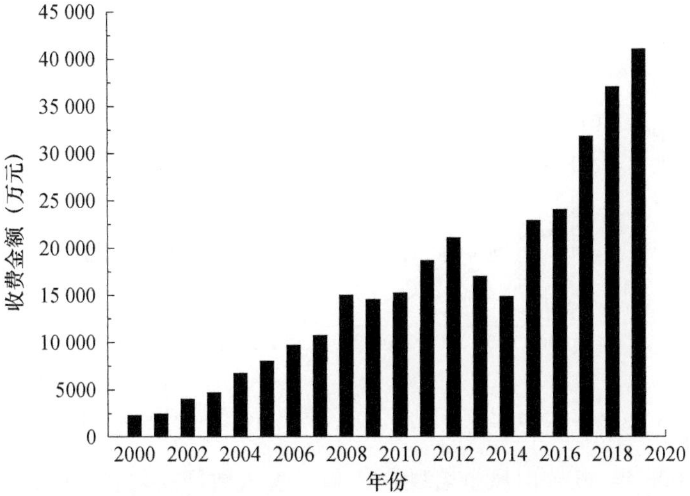

图 3-2　2000—2019 年五台山风景名胜区收费金额

Kolmogorov-Smirnov 检验结果显示国内游客收费人数和收费金额两组数据均符合正态分布($p>0.05$)，见表 3-1。Pearson 相关分析表明国内游客收费人数和收费金额存在显著正相关关系($R=0.98$，$p<0.01$)。

表 3-1　国内游客收费人数和收费金额 Kolmogorov-Smirnov 检验结果

假设检验汇总		
原假设	测试	Sig.
国内游客收费人数呈正态分布，平均值为 1 336 595.60，标准差为 734 772.83	单样本 Kolmogorov-Smirnov 检验	0.301
收费金额呈正态分布，平均值为 160 476 086.75，标准差为 110 621 397.97	单样本 Kolmogorov-Smirnov 检验	0.875

注：显示渐进显著性。显著性水平是 0.05。

(2)入境游客

入境游客指外国人，港、澳、台同胞和海外华侨。为了描述方便，将港、澳、台同胞和海外华侨统称为四种人。五台山风景名胜区入境游客中，外国人人数变化整体呈现先增加后降低，再趋于平稳的趋势。2000—2005 年，外国人人数持续增长，从 5911 人增加到 15 670 人。2006 年外国人人数明显减少。2006—2019 年，外国人人数为 950～5400 人。2000—2018 年,港、澳、台同胞和海外华侨人数变化不大,变化范围为 1300～5100 人,2019 年快速增长至 14 871 人(图 3-3)。

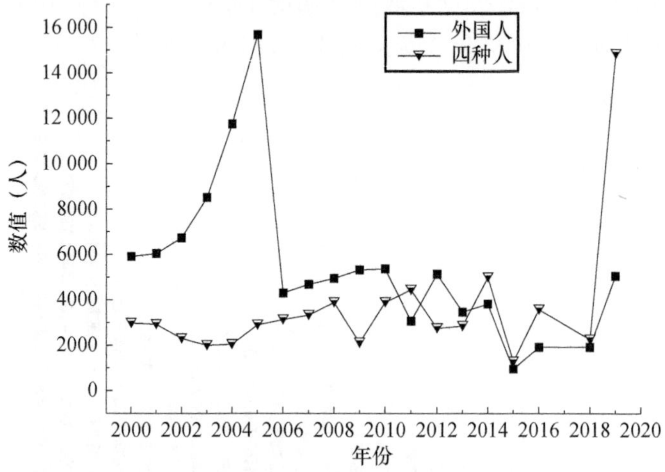

图 3-3　2000—2019 年五台山风景名胜区入境游客中外国人和四种人人数

2000—2005 年,五台山风景名胜区入境游客人数增长较快,2005 年达到 18 600 人。2006—2014 年入境游客人数趋于稳定,2015 年降至最低,为 2285 人。2017 年开始,入境游客人数呈现快速增长态势。至 2019 年,入境游客人数达到最大值,接近 20 000 人(图 3-4)。

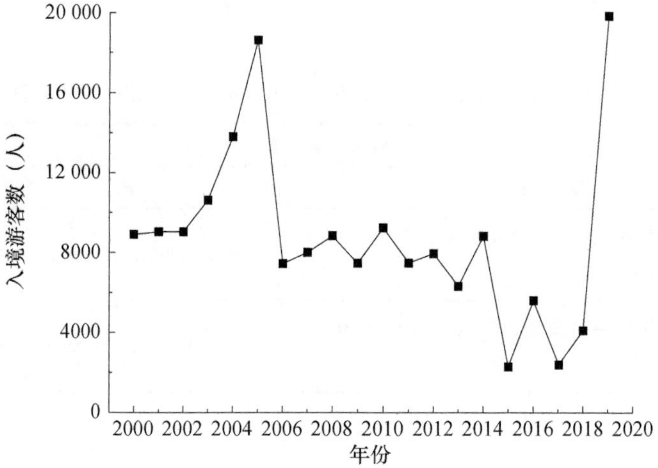

图 3-4　2000—2019 年五台山风景名胜区入境游客人数

(3)国内外游客

2000—2019 年,国内外游客总人数不断增长,且增长速度有加快的趋势。2000 年,总游客人数低于 50 万人。2006 年,总游客人数超过 100 万人。2017 年,总游客人数超过 200 万人。2019 年,总游客人数超过 300 万人,是 2000 年总游客人数的 6.8 倍(图 3-5)。

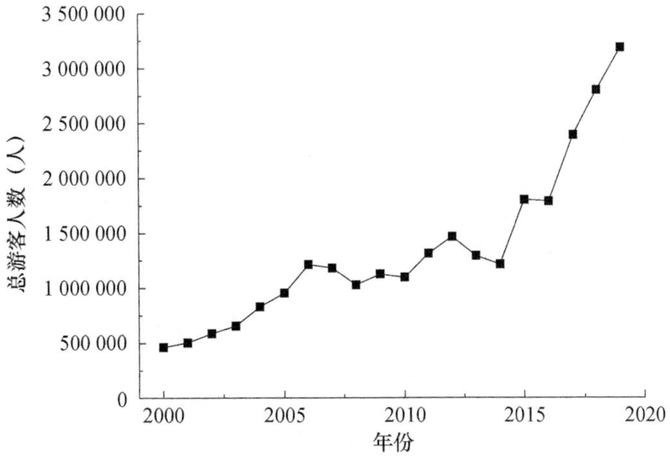

图 3-5　2000—2019 年五台山风景名胜区国内外游客人数

3.1.2.2　食物生态足迹

计入食物生态足迹计算的农产品有稻谷、小麦、玉米、谷子、高粱、豆类、马铃薯、蔬菜、花生、油菜、芝麻、胡麻、葵花籽和篦麻籽;林产品包括核桃、调料品、苹果、梨、葡萄、红枣、鲜柿、沙果和桃。牛肉、羊肉、牛奶和水产品也计入食物生态足迹计算。由于猪肉、禽肉和禽蛋主要通过消费农产品而获得,为避免重复,其生态足迹不作计算。

随着人类社会的发展、科学技术水平的进步,大多数农、林产品的全球平均生产力不断提高(表 3-2)。2005 年豆类的全球平均生产力为 7113 $hg/hm^2$①,2019 年提高到 8741 hg/hm^2。篦麻籽的全球平均生产力由 2005 年的 9416 hg/hm^2 提高到 2019 年的 12 149 hg/hm^2。2005—2019 年,红枣的全球平均生产力从 60 715 hg/hm^2 提高到 65 696 hg/hm^2,花生的全球平均生产力从 15 983 hg/hm^2 提高到 16 474 hg/hm^2。2005 年玉米的全球平均生产力为 48 190 hg/hm^2,2019 年提高到 58 238 hg/hm^2。2005 年谷子的全球平均生产力为 8716 hg/hm^2,2019 年提高到 8963 hg/hm^2。2005 年马铃薯的全球平均生产力为 169 374 hg/hm^2,2019 年提高到 213 619 hg/hm^2。2005 年稻谷的全球平均生产力为 40 847 hg/hm^2,2019 年提高到 46 618 hg/hm^2。2005 年高粱的全球平均生产力为 12 825 hg/hm^2,2019 年提高到 14 446 hg/hm^2。2005 年小麦的全球平均生产力为 28 287 hg/hm^2,2019 年提高到 35 468 hg/hm^2。2005 年葵花籽的全球平均生产力为 13 272 hg/hm^2,2019 年提高到 20 488 hg/hm^2。2005 年芝麻的全球平均生产力为 4651 hg/hm^2,2019 年提高到 5108 hg/hm^2。2005 年油菜的全球平均生产力为 17 847 hg/hm^2,2019 年提高到 20 720 hg/hm^2。2005—2019 年,蔬菜的全球平均生产力比较稳定,调料品、胡麻和鲜柿的全球平均生产力变化不大(表 3-2)。

① 1 hg=100 g,1 hg/hm^2=100 g/hm^2,下同。

表 3-2　2005—2019 年农、林产品的全球平均生产力(hg/hm^2)

年份	2005	2006	2007	2008	2009	2010	2011	2012	2013	2014	2015	2016	2017	2018	2019
稻谷	40 847	41 187	42 217	42 919	43 416	43 308	44 598	45 246	44 884	45 116	45 688	45 505	45 574	46 087	46 618
小麦	28 287	28 904	28 155	30 626	30 357	29 721	31 639	30 917	32 458	33 162	33 213	34 175	35 378	34 273	35 468
玉米	48 190	47 712	49 828	50 696	51 497	51 776	51 633	48 543	54 212	55 807	55 031	57 375	57 444	57 151	58 238
谷子	8716	8832	9422	9664	7651	9109	7964	8522	8462	8823	9540	8856	9214	9477	8963
高粱	12 825	13 310	13 991	14 691	13 931	14 273	13 460	14 601	14 099	15 296	15 863	14 312	14 124	14 261	14 446
豆类	7113	7517	7337	8123	8535	7994	7861	8369	8468	8795	8947	8317	8624	8396	8741
马铃薯	169 374	172 766	173 894	180 128	178 016	180 847	196 788	193 093	197 331	204 971	202 635	203 442	212 177	212 838	213 619
蔬菜	142 447	145 070	145 200	145 098	140 900	142 205	143 092	143 959	141 720	144 465	143 789	143 640	143 129	142 175	142 105
花生	15 983	15 486	16 482	15 976	15 466	16 657	16 378	16 586	17 222	16 682	16 802	16 120	16 384	17 133	16 474
油菜	17 847	17 883	17 163	18 899	19 663	18 646	18 591	18 056	20 040	20 483	20 396	20 781	21 425	20 332	20 720
芝麻	4651	4694	5095	4978	4910	5257	5614	6334	5343	5329	5471	5139	5141	5024	5108
胡麻	9833	9246	8385	9480	10 250	8904	9706	8342	10 160	10 099	10 544	10 526	9828	9448	9518
葵花籽	13 272	13 120	12 334	14 331	13 488	13 633	15 647	14 600	17 310	16 858	17 393	18 027	18 110	19 369	20 488
篦麻籽	9416	9094	10 118	10 654	10 232	11 362	12 581	12 930	13 269	13 854	13 181	11 184	13 154	14 518	12 149
核桃	26 376	25 260	26 357	26 884	28 168	27 488	28 577	30 189	30 758	31 657	32 777	34 141	35 486	34 701	34 462
调料品	21 740	22 323	19 366	19 152	20 263	20 385	21 827	21 101	21 750	22 506	18 950	20 632	25 034	18 648	20 242
苹果	127 997	133 967	135 750	147 874	150 894	146 212	155 341	156 046	161 817	167 651	159 168	174 721	179 927	184 750	184 925
梨	119 926	125 230	133 212	135 107	144 425	145 950	152 564	155 232	159 391	164 678	153 931	164 866	176 219	171 537	173 404
葡萄	91 959	91 610	91 795	93 571	95 529	95 616	99 896	99 621	108 830	105 141	107 718	107 858	107 639	116 586	111 374
红枣	60 715	59 139	58 934	59 405	59 881	58 723	64 564	66 771	65 087	64 485	72 071	68 900	67 361	66 288	65 696
鲜柿	47 340	47 401	49 614	49 673	47 199	46 746	44 899	46 513	45 020	46 859	46 422	46 477	47 481	42 924	43 027
水果	60 836	64 013	61 904	62 248	62 580	64 279	62 234	62 591	63 323	64 407	67 160	68 102	70 412	69 091	67 638
桃	119 698	121 455	126 897	131 266	133 496	133 588	137 161	137 982	139 428	146 926	146 486	150 670	161 139	162 946	168 546

数据来源:联合国粮食及农业组织,2019。

2005 年水果的全球平均生产力为 60 836 hg/hm²，2019 年提高到 67 638 hg/hm²。2005—2019 年，苹果的全球平均生产力从 127 997 hg/hm² 提高到 184 925 hg/hm²；葡萄的全球平均生产力从 91 959 hg/hm² 提高到 111 374 hg/hm²；桃的全球平均生产力从 119 698 hg/hm² 提高到 168 546 hg/hm²；梨的全球平均生产力从 119 926 hg/hm² 提高到 173 404 hg/hm²。2005 年核桃的全球平均生产力为 26 376 hg/hm²，2019 年提高到 34 462 hg/hm²。

2005—2019 年，忻州市玉米、蔬菜、豆类、谷子、高粱和马铃薯的人均消费量增加，稻谷的人均消费量减少，小麦的人均消费量趋于稳定。其中玉米的人均消费量最大，蔬菜、马铃薯和豆类的人均消费量较高，高粱、稻谷和小麦的人均消费量较低（表 3-3）。2005 年忻州市玉米的人均生态足迹为 0.136 739 gha，2019 年增长到 0.182 956 gha。2005—2019 年，蔬菜的人均生态足迹从 0.010 616 gha 增长到 0.023 900 gha。马铃薯的人均生态足迹在 2017 年和 2018 年较高，分别为 0.021 963 gha 和 0.020 135 gha，其他年份则较低。2005—2019 年，豆类的人均生态足迹从 0.052 683 gha 增长到 0.063 859 gha。2005 年谷子的人均生态足迹为 0.031 881 gha，2019 年增长到 0.194 467 gha，为 2005 年的 6.1 倍。高粱的人均生态足迹较低，2005 年为 0.005 551 gha，2018 年达到最大值为 0.035 163 gha，2019 年为 0.022 033 gha。稻谷的人均生态足迹降低，2005 年为 0.000 790 gha，2019 年降低到 0.000 252 gha。2005—2019 年小麦的人均生态足迹均很低，变动范围不大（表 3-4）。粮食和蔬菜生态足迹对应的土地利用类型为耕地。

表 3-3 2005—2019 年忻州市主要粮食和蔬菜人均消费量(kg)

年份	稻谷	小麦	玉米	谷子	高粱	豆类	马铃薯	蔬菜
2005	1.29	0.37	263.58	11.11	2.85	14.99	29.70	60.49
2006	1.20	0.33	290.01	11.92	2.49	11.98	25.21	52.31
2007	1.03	0.30	321.01	14.77	3.02	15.76	27.48	49.13
2008	1.12	0.38	298.80	13.56	2.91	15.15	28.34	65.21
2009	1.00	0.50	289.05	14.16	2.19	17.70	24.92	52.91
2010	0.63	0.29	378.78	23.26	2.21	20.15	31.98	58.95
2011	0.64	0.36	374.37	21.09	3.02	21.18	34.69	67.55
2012	0.51	0.28	407.04	23.13	2.34	22.11	46.39	85.21
2013	0.83	0.35	425.57	25.89	2.53	21.88	42.46	96.38
2014	0.55	0.26	439.76	38.79	2.12	18.95	42.38	99.53
2015	0.48	0.14	381.40	38.66	1.57	14.40	24.66	71.28
2016	0.45	0.21	426.93	50.88	2.76	20.53	34.57	93.42
2017	0.95	0.84	415.66	72.23	8.53	20.29	186.40	145.36
2018	0.97	0.83	448.26	68.92	20.06	18.84	171.42	127.55
2019	0.47	0.39	426.20	69.72	12.73	22.33	53.37	135.85

表 3-4 2005—2019 年忻州市粮食和蔬菜人均生态足迹(gha)

年份	稻谷	小麦	玉米	谷子	高粱	豆类	马铃薯	蔬菜
2005	0.000 790	0.000 329	0.136 739	0.031 881	0.005 551	0.052 683	0.004 384	0.010 616
2006	0.000 728	0.000 287	0.151 957	0.033 741	0.004 673	0.039 855	0.003 648	0.009 014
2007	0.000 612	0.000 270	0.161 060	0.039 184	0.005 404	0.053 692	0.003 951	0.008 460
2008	0.000 653	0.000 314	0.147 349	0.035 067	0.004 945	0.046 621	0.003 933	0.011 235
2009	0.000 577	0.000 410	0.140 321	0.046 259	0.003 924	0.051 852	0.003 500	0.009 388
2010	0.000 366	0.000 246	0.182 895	0.063 831	0.003 879	0.063 004	0.004 421	0.010 364
2011	0.000 359	0.000 283	0.181 266	0.066 192	0.005 606	0.067 350	0.004 407	0.011 802
2012	0.000 281	0.000 227	0.209 626	0.067 844	0.004 007	0.066 049	0.006 006	0.014 798
2013	0.000 464	0.000 267	0.196 251	0.076 478	0.004 489	0.064 603	0.005 379	0.017 002
2014	0.000 304	0.000 196	0.197 001	0.109 918	0.003 465	0.053 879	0.005 169	0.017 224
2015	0.000 261	0.000 103	0.173 268	0.101 318	0.002 477	0.040 239	0.003 042	0.012 393
2016	0.000 247	0.000 154	0.186 025	0.143 634	0.004 815	0.061 712	0.004 248	0.016 259
2017	0.000 521	0.000 596	0.180 899	0.195 983	0.015 093	0.058 811	0.021 963	0.025 390
2018	0.000 528	0.000 604	0.196 084	0.181 808	0.035 163	0.056 098	0.020 135	0.022 428
2019	0.000 252	0.000 272	0.182 956	0.194 467	0.022 033	0.063 859	0.006 246	0.023 900

忻州市主要油料有花生、油菜、芝麻、胡麻、葵花籽和篦麻籽。2005—2019 年，忻州市油料人均消费量整体偏低，变化幅度较小。胡麻是最具忻州特色的油料，人均消费量相对较高，2005 年人均消费量为 4.5171 kg，2019 年降低到 3.0332kg（表 3-5）。2005—2019 年，各种油料人均生态足迹均较低，变动幅度不大。2005 年花生的人均生态足迹为 0.000 992 gha，2019 年为 0.000 845 gha。胡麻的人均生态足迹在 2005 年和 2019 年分别为 0.011 484 gha 和 0.007 967 gha。2005 年葵花籽的人均生态足迹为 0.011 148 gha，2019 年则降低到 0.001 320 gha。油菜、芝麻和篦麻籽人均生态足迹较低（表 3-6）。油料生态足迹对应的土地利用类型为耕地。

表 3-5 2005—2019 年忻州市主要油料人均消费量(kg)

年份	花生	油菜	芝麻	胡麻	葵花籽	篦麻籽
2005	0.6342	0.0260	0.0270	4.5171	5.9180	1.0156
2006	0.7479	0.0772	0.0105	4.0979	3.7109	0.5725
2007	0.8843	0.0713	0.0120	6.3598	4.8734	0.9829
2008	0.9242	0.0667	0.0074	7.5184	2.9703	1.4199
2009	0.8545	0.0756	0.0168	6.9807	2.7830	0.6791
2010	0.8365	0.0068	0.0117	7.1217	2.4007	—
2011	0.8771	0.0016	0.0120	8.0052	3.2360	—

续表

年份	花生	油菜	芝麻	胡麻	葵花籽	篦麻籽
2012	0.8615	—	0.0187	9.6383	2.6541	—
2013	1.0137	—	0.0148	9.2721	2.5764	—
2014	0.9992	0.0080	0.0144	10.5325	2.2896	—
2015	0.4746	0.0258	0.0099	5.0852	1.3020	—
2016	0.6865	0.0292	0.0155	5.7798	2.5864	—
2017	0.6344	0.0404	0.0114	4.6487	1.6847	—
2018	0.7938	0.0322	0.0126	3.9502	1.6305	—
2019	0.5569	0.0555	0.0101	3.0332	1.0817	—

表 3-6 2005—2019 年忻州市主要油料人均生态足迹(gha)

年份	花生	油菜	芝麻	胡麻	葵花籽	篦麻籽
2005	0.000 992	0.000 036	0.000 145	0.011 484	0.011 148	0.002 696
2006	0.001 207	0.000 108	0.000 056	0.011 080	0.007 071	0.001 574
2007	0.001 341	0.000 104	0.000 059	0.018 962	0.009 878	0.002 429
2008	0.001 446	0.000 088	0.000 037	0.019 827	0.005 182	0.003 332
2009	0.001 381	0.000 096	0.000 085	0.017 026	0.005 158	0.001 659
2010	0.001 255	0.000 009	0.000 056	0.019 996	0.004 402	—
2011	0.001 339	0.000 002	0.000 053	0.020 619	0.005 170	—
2012	0.001 299	—	0.000 074	0.028 885	0.004 545	—
2013	0.001 471	—	0.000 069	0.022 815	0.003 721	—
2014	0.001 497	0.000 010	0.000 067	0.026 073	0.003 395	—
2015	0.000 706	0.000 032	0.000 045	0.012 057	0.001 871	—
2016	0.001 065	0.000 035	0.000 076	0.013 727	0.003 587	—
2017	0.000 968	0.000 047	0.000 055	0.011 825	0.002 326	—
2018	0.001 158	0.000 040	0.000 063	0.010 452	0.002 105	—
2019	0.000 845	0.000 067	0.000 049	0.007 967	0.001 320	—

忻州市林产品中，梨的人均消费量最大，2005 年梨的人均消费量为 4.8073 kg，2007 年为 11.4245 kg，2013 年达到 23.5265 kg，2019 年为 14.3017 kg。苹果的人均消费量仅次于梨，2005 年为 3.8447 kg，2013 年为 11.5512 kg，2019 年为 3.9053 kg。2005—2019 年，忻州市核桃和红枣的人均消费量涨幅很大，2019 年分别比 2005 年增长了 5.89 倍和 3.22 倍。调料品的人均消费量较低，2005 年为 0.0316 kg，2019 年为 0.0542 kg(表 3-7)。

表 3-7　2005—2019 年忻州市林产品人均消费量(kg)

年份	核桃	调料品	苹果	梨	葡萄	红枣	鲜柿	沙果	桃
2005	0.3278	0.0316	3.8447	4.8073	0.9922	1.9900	0.1998	0.0701	0.2195
2006	0.2359	0.0272	3.3405	4.3972	0.9275	2.4857	0.0510	0.0180	0.1868
2007	0.5119	0.0290	4.1971	11.4245	1.0698	1.9677	0.1959	0.1107	0.2086
2008	0.4627	0.0337	5.5729	9.2975	1.8403	1.7633	0.1861	0.0673	0.2573
2009	0.6500	0.0397	4.9269	12.8156	1.1296	2.4491	0.2422	0.0853	0.2890
2010	0.1945	0.0205	5.8162	8.0537	1.2577	3.1340	0.2453	0.1492	0.4867
2011	0.9109	0.0201	9.3848	19.8110	2.0522	4.2386	0.3047	0.1053	0.6237
2012	0.6159	0.0029	9.8361	20.5011	1.6055	9.1321	0.3920	0.0994	1.0377
2013	0.4441	0.0504	11.5512	23.5265	1.2933	8.6941	0.4123	0.0462	0.7745
2014	1.0053	0.0499	10.1700	16.5159	0.8892	8.9893	0.3855	0.0438	0.6092
2015	1.9788	0.0767	6.6956	17.1149	1.2173	9.3207	0.3578	0.1299	0.6504
2016	1.9586	0.0761	6.9623	14.5555	1.2652	9.5750	0.3309	0.2459	0.6497
2017	1.6759	0.0799	5.0308	15.0472	1.2704	7.5580	0.3066	0.1532	0.4023
2018	1.6025	0.0760	3.7607	13.8436	1.3001	8.9395	0.2913	0.1094	0.4130
2019	2.2591	0.0542	3.9053	14.3017	1.2002	8.4046	0.2616	0.0274	0.4375

2005 年，忻州市梨、红枣、苹果、核桃、葡萄、鲜柿、桃、调料品和沙果的人均生态足迹依次为 0.000 513 gha、0.000 420 gha、0.000 384 gha、0.000 159 gha、0.000 138 gha、0.000 054 gha、0.000 023 gha、0.000 019 gha 和 0.000 015 gha。2019 年，红枣、梨、核桃、苹果、葡萄、鲜柿、调料品、桃和沙果的人均生态足迹依次为 0.001 638 gha、0.001 056 gha、0.000 839 gha、0.000 270 gha、0.000 138 gha、0.000 078 gha、0.000 034 gha、0.000 033 gha 和 0.000 005 gha(表 3-8)。林产品生态足迹对应的土地利用类型为林地。

表 3-8　2005—2019 年忻州市林产品人均生态足迹(gha)

年份	核桃	调料品	苹果	梨	葡萄	红枣	鲜柿	沙果	桃
2005	0.000 159	0.000 019	0.000 384	0.000 513	0.000 138	0.000 420	0.000 054	0.000 015	0.000 023
2006	0.000 120	0.000 016	0.000 319	0.000 449	0.000 130	0.000 538	0.000 014	0.000 004	0.000 020
2007	0.000 249	0.000 019	0.000 396	0.001 098	0.000 149	0.000 427	0.000 051	0.000 023	0.000 021
2008	0.000 220	0.000 022	0.000 482	0.000 881	0.000 252	0.000 380	0.000 048	0.000 014	0.000 025
2009	0.000 295	0.000 025	0.000 418	0.001 136	0.000 151	0.000 524	0.000 066	0.000 017	0.000 028
2010	0.000 091	0.000 013	0.000 509	0.000 706	0.000 168	0.000 683	0.000 067	0.000 030	0.000 047
2011	0.000 408	0.000 012	0.000 773	0.001 662	0.000 263	0.000 840	0.000 087	0.000 022	0.000 058
2012	0.000 261	0.000 002	0.000 807	0.001 690	0.000 206	0.001 751	0.000 108	0.000 020	0.000 096
2013	0.000 185	0.000 030	0.000 914	0.001 889	0.000 152	0.001 710	0.000 117	0.000 009	0.000 071

续表

年份	核桃	调料品	苹果	梨	葡萄	红枣	鲜柿	沙果	桃
2014	0.000 406	0.000 028	0.000 776	0.001 284	0.000 108	0.001 784	0.000 105	0.000 009	0.000 053
2015	0.000 773	0.000 052	0.000 538	0.001 423	0.000 145	0.001 655	0.000 099	0.000 025	0.000 057
2016	0.000 734	0.000 047	0.000 510	0.001 130	0.000 150	0.001 779	0.000 091	0.000 046	0.000 055
2017	0.000 604	0.000 041	0.000 358	0.001 093	0.000 151	0.001 436	0.000 083	0.000 028	0.000 032
2018	0.000 591	0.000 052	0.000 261	0.001 033	0.000 143	0.001 726	0.000 087	0.000 020	0.000 032
2019	0.000 839	0.000 034	0.000 270	0.001 056	0.000 138	0.001 638	0.000 078	0.000 005	0.000 033

2005—2019 年忻州市牛肉、羊肉、牛奶和水产品人均消费量和人均生态足迹见表 3-9 和表 3-10。2005—2019 年忻州市牛肉、羊肉、牛奶和水产品人均消费量的平均值分别为 2.5190 kg、9.2489 kg、18.3829 kg 和 0.7682 kg。2005 年忻州市牛肉的人均生态足迹为 0.055 476 gha，2006 年降低到最小值为 0.020 275 gha，随后又增长，到 2019 年增长至 0.031 587 gha。2005 年羊肉人均生态足迹为 0.140 348 gha，2006 年降低到 0.070 758 gha，2015 年达到最大值 0.330 807 gha，2019 年为 0.122 692 gha。牛奶人均生态足迹变化幅度较小，2005 年为 0.067 869 gha，2019 年为 0.059 686 gha。牛肉、羊肉、牛奶生态足迹对应的土地利用类型为草地。2005—2019 年，水产品人均生态足迹均很低，平均值为 0.000 103 gha，其生态足迹对应的土地利用类型为渔业用地。

表 3-9　2005—2019 年忻州市肉类、牛奶和水产品人均消费量(kg)

年份	牛肉	羊肉	牛奶	水产品
2005	4.3048	6.4916	17.9402	0.7457
2006	1.5733	3.2728	16.9274	0.7547
2007	1.6247	3.3792	19.7006	0.7648
2008	2.1360	6.0140	22.3263	0.6045
2009	2.7187	6.4659	20.6639	0.6065
2010	2.3831	5.8129	22.1997	0.6117
2011	1.9796	8.5588	12.4311	0.6694
2012	2.3112	9.2863	16.3253	0.7360
2013	2.2916	9.7232	17.7216	0.8075
2014	2.3973	13.8680	17.6190	0.8723
2015	3.1659	15.3010	18.0311	0.9124
2016	2.5779	14.8360	18.6711	0.9403
2017	2.7972	14.9275	19.7101	0.9461
2018	3.0725	15.1214	19.6992	0.8216
2019	2.4511	5.6749	15.7770	0.7299

表 3-10　2005—2019 年忻州市肉类、牛奶和水产品人均生态足迹(gha)

年份	牛肉	羊肉	牛奶	水产品
2005	0.055 476	0.140 348	0.067 869	0.000 100
2006	0.020 275	0.070 758	0.064 037	0.000 101
2007	0.020 937	0.073 059	0.074 529	0.000 102
2008	0.027 527	0.130 022	0.084 462	0.000 081
2009	0.035 036	0.139 793	0.078 173	0.000 081
2010	0.030 711	0.125 675	0.083 983	0.000 082
2011	0.025 511	0.185 042	0.047 028	0.000 089
2012	0.029 784	0.200 770	0.061 760	0.000 098
2013	0.029 532	0.210 216	0.067 042	0.000 108
2014	0.030 894	0.299 826	0.066 654	0.000 117
2015	0.040 798	0.330 807	0.068 213	0.000 122
2016	0.033 221	0.320 754	0.070 634	0.000 126
2017	0.036 048	0.322 733	0.074 565	0.000 126
2018	0.039 595	0.326 924	0.074 523	0.000 110
2019	0.031 587	0.122 692	0.059 686	0.000 097

2005—2019 年，忻州市人均食物生态足迹呈现不断增长的趋势，其中耕地和草地所占比例较大，林地和渔业用地所占比例较小(表 3-11)。2005 年忻州市人均食物生态足迹为 0.534 992 gha，耕地所占比例为 50.37%，草地所占比例为 49.29%，林地和渔业用地所占比例分别为 0.32%和 0.02%。2012 年忻州市人均食物生态足迹增长到 0.700 994 gha，耕地、草地、林地和渔业用地所占比例分别为 57.58%、41.70%、0.71%和 0.01%。2018 年忻州市人均食物生态足迹达到最大值为 0.971 763 gha，其中耕地为 0.526 666 gha，林地为 0.003 945 gha，草地为 0.441 042 gha，渔业用地为 0.000 110 gha。2019 年忻州市人均食物生态足迹为 0.722 386 gha，耕地、草地、林地和渔业用地所占比例分别为 69.80%、29.62%、0.57%和 0.01%。

表 3-11　2005—2019 年忻州市人均食物生态足迹及其组成(gha)

年份	耕地	林地	草地	渔业用地	人均食物生态足迹
2005	0.269 474	0.001 725	0.263 693	0.000 100	0.534 992
2006	0.264 999	0.001 610	0.155 070	0.000 101	0.421 780
2007	0.305 406	0.002 433	0.168 525	0.000 102	0.476 466
2008	0.280 029	0.002 324	0.242 011	0.000 081	0.524 445
2009	0.281 636	0.002 660	0.253 002	0.000 081	0.537 379
2010	0.354 724	0.002 314	0.240 369	0.000 082	0.597 489

续表

年份	耕地	林地	草地	渔业用地	人均食物生态足迹
2011	0.364 448	0.004 125	0.257 581	0.000 089	0.626 243
2012	0.403 641	0.004 941	0.292 314	0.000 098	0.700 994
2013	0.393 009	0.005 077	0.306 790	0.000 108	0.704 984
2014	0.418 198	0.004 553	0.397 374	0.000 117	0.820 242
2015	0.347 812	0.004 767	0.439 818	0.000 122	0.792 519
2016	0.435 584	0.004 542	0.424 609	0.000 126	0.864 861
2017	0.514 477	0.003 826	0.433 346	0.000 126	0.951 775
2018	0.526 666	0.003 945	0.441 042	0.000 110	0.971 763
2019	0.504 233	0.004 091	0.213 965	0.000 097	0.722 386

五台山风景名胜区游客平均旅游天数为 2 d。2005—2019 年国内游客食物生态足迹不断增长，2005 年仅为 2740.92 gha，2011 年增长到 4476.37 gha，2016 年增长到 8449.40 gha，2018 年达到最大值为 14 906.91 gha，2019 年为 12 535.87 gha(表 3-12)。2005—2019 年入境游客食物生态足迹呈现不规则变化，2005 年为 54.53 gha，2006 年降低至 17.25 gha，随后又增长，2015 年出现最小值为 9.92 gha，2019 年达到最大值为 78.86 gha(表 3-13)。2005 年国内外游客总食物生态足迹为 2795.45 gha，2009 年增长到 3305.55 gha，2014 年为 5456.89 gha，2016 年达到 8475.90 gha，2017—2019 年均高于 10 000 gha，并在 2018 年达到最大值为 14 928.79 gha。在游客食物生态足迹中，耕地和草地为主要组成部分，林地较小，渔业用地最小(表 3-14)。

表 3-12 2005—2019 年国内游客食物生态足迹及其组成(gha)

年份	耕地	林地	草地	渔业用地	食物生态足迹
2005	1380.59	8.84	1350.98	0.51	2740.92
2006	1752.31	10.65	1025.40	0.67	2789.03
2007	1970.15	15.70	1087.14	0.66	3073.65
2008	1566.41	13.00	1353.74	0.45	2933.60
2009	1720.93	16.25	1545.96	0.49	3283.63
2010	2120.47	13.83	1436.88	0.49	3571.67
2011	2605.06	29.49	1841.18	0.64	4476.37
2012	3221.11	39.43	2332.71	0.78	5594.03
2013	2763.84	35.70	2157.50	0.76	4957.80
2014	2761.92	30.07	2624.39	0.77	5417.15
2015	3435.00	47.08	4343.66	1.20	7826.94
2016	4255.51	44.37	4148.29	1.23	8449.40

续表

年份	耕地	林地	草地	渔业用地	食物生态足迹
2017	6731.06	50.06	5669.60	1.65	12 452.37
2018	8079.09	60.52	6765.61	1.69	14 906.91
2019	8750.17	70.99	3713.03	1.68	12 535.87

表 3-13　2005—2019 年入境游客食物生态足迹及其组成(gha)

年份	耕地	林地	草地	渔业用地	食物生态足迹
2005	27.46	0.18	26.88	0.01	54.53
2006	10.84	0.07	6.34	0.00	17.25
2007	13.40	0.11	7.40	0.00	20.91
2008	13.59	0.11	11.75	0.00	25.45
2009	11.49	0.11	10.32	0.00	21.92
2010	18.01	0.12	12.20	0.00	30.33
2011	14.99	0.17	10.59	0.00	25.75
2012	17.51	0.21	12.68	0.00	30.40
2013	13.58	0.18	10.60	0.00	24.36
2014	20.26	0.22	19.25	0.01	39.74
2015	4.35	0.06	5.51	0.00	9.92
2016	13.35	0.14	13.01	0.00	26.50
2017	6.72	0.05	5.66	0.00	12.43
2018	11.86	0.09	9.93	0.00	21.88
2019	55.04	0.45	23.36	0.01	78.86

表 3-14　2005—2019 年国内外游客食物生态足迹及其组成(gha)

年份	耕地	林地	草地	渔业用地	食物生态足迹
2005	1408.05	9.02	1377.86	0.52	2795.45
2006	1763.15	10.72	1031.74	0.67	2806.28
2007	1983.55	15.81	1094.54	0.66	3094.56
2008	1580.00	13.11	1365.49	0.45	2959.05
2009	1732.42	16.36	1556.28	0.49	3305.55
2010	2138.48	13.95	1449.08	0.49	3602.00
2011	2620.05	29.66	1851.77	0.64	4502.12
2012	3238.62	39.64	2345.39	0.78	5624.43
2013	2777.42	35.88	2168.10	0.76	4982.16
2014	2782.18	30.29	2643.64	0.78	5456.89

续表

年份	耕地	林地	草地	渔业用地	食物生态足迹
2015	3439.35	47.14	4349.17	1.20	7836.86
2016	4268.86	44.51	4161.30	1.23	8475.90
2017	6737.78	50.11	5675.26	1.65	12 464.80
2018	8090.95	60.61	6775.54	1.69	14 928.79
2019	8805.21	71.44	3736.39	1.69	12 614.73

3.1.2.3　饭店生态足迹

随着旅游业的发展，五台山风景名胜区游客人数增多，饭店数量也随之增加，饭店占地面积也相应地不断扩大(图 3-6 和图 3-7)。2005—2019 年五台山风景名胜区饭店建成地生态足迹整体呈现不断增长趋势。2005 年饭店建成地生态足迹为 0.15 gha，2019 年增长到 27.66 gha(图 3-8)，饭店建成地生态足迹对应的土地利用类型为建设用地。

3.1.2.4　旅游餐饮生态足迹动态变化及其组成

2005—2019 年五台山风景名胜区旅游餐饮生态足迹大体呈增长趋势(图 3-9)。2005 年旅游餐饮生态足迹为 2795.60 gha，其中耕地为 1408.05 gha，林地为 9.02 gha，草地为 1377.86 gha，渔业用地为 0.52 gha，建设用地为 0.15 gha；耕地和草地是主要组成部分，二者所占比例之和超过 99%，而林地、渔业用地和建设用地所占比例较低，三者所占比例之和不足 1%。2019 年旅游餐饮生态足迹增长至 12 642.39 gha，耕地、林地、草地、渔业用地和建设用地分别为 8805.21 gha、71.44 gha、3736.39 gha、1.69 gha 和 27.66 gha，耕地所占比例接近 70%，草地所占比例接近 30%，林地、渔业用地和建设用地所占比例之和不足 1%(表 3-15 和表 3-16)。

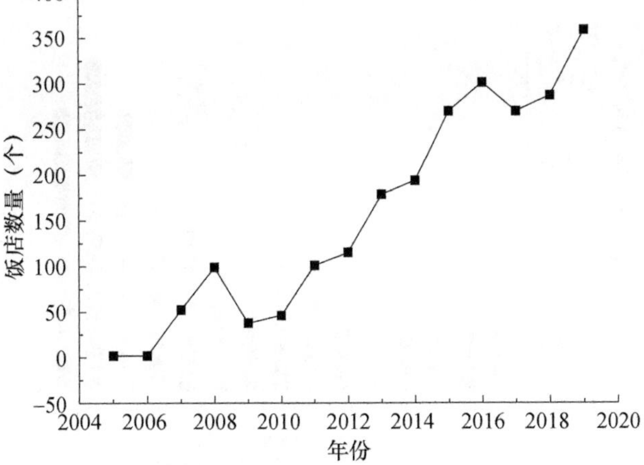

图 3-6　2005—2019 年五台山风景名胜区饭店数量

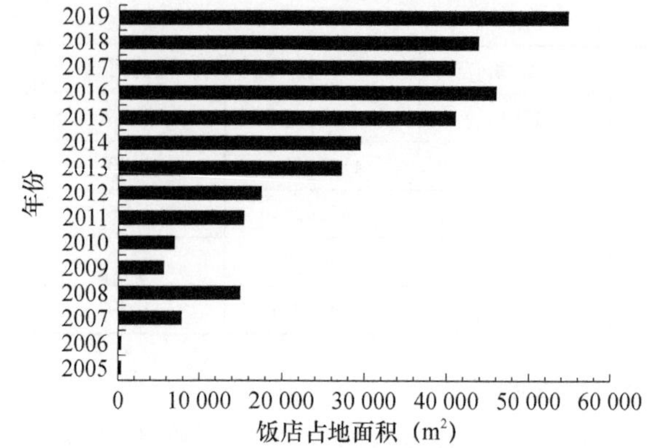

图 3-7 2005—2019 年五台山风景名胜区饭店占地面积

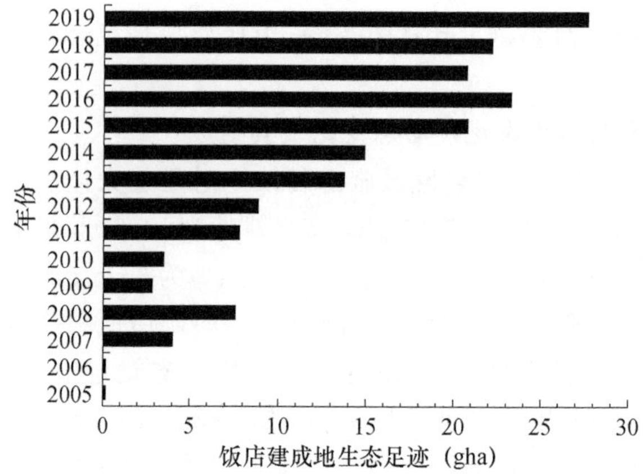

图 3-8 2005—2019 年五台山风景名胜区饭店建成地生态足迹

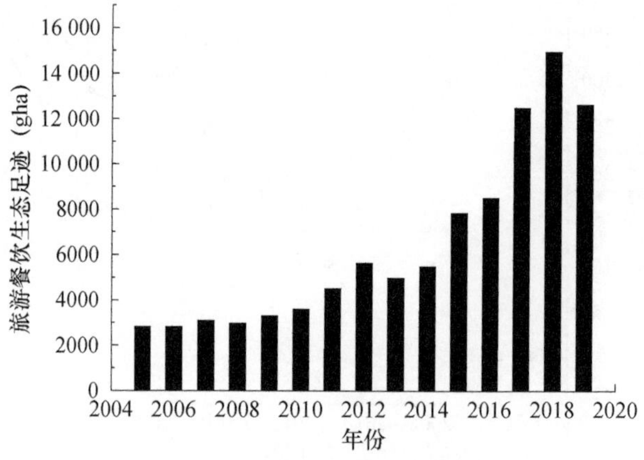

图 3-9 2005—2019 年五台山风景名胜区旅游餐饮生态足迹

表 3-15 2005—2019 年五台山风景名胜区旅游餐饮生态足迹及其组成(gha)

年份	耕地	林地	草地	渔业用地	建设用地	餐饮生态足迹
2005	1408.05	9.02	1377.86	0.52	0.15	2795.60
2006	1763.15	10.72	1031.74	0.67	0.15	2806.43
2007	1983.55	15.81	1094.54	0.66	4.02	3098.58
2008	1580.00	13.11	1365.49	0.45	7.57	2966.62
2009	1732.42	16.36	1556.28	0.49	2.86	3308.41
2010	2138.48	13.95	1449.08	0.49	3.55	3605.55
2011	2620.05	29.66	1851.77	0.64	7.80	4509.92
2012	3238.62	39.64	2345.39	0.78	8.89	5633.32
2013	2777.42	35.88	2168.10	0.76	13.75	4995.91
2014	2782.18	30.29	2643.64	0.78	14.91	5471.80
2015	3439.35	47.14	4349.17	1.20	20.78	7857.64
2016	4268.86	44.51	4161.30	1.23	23.26	8499.16
2017	6737.78	50.11	5675.26	1.65	20.71	12 485.51
2018	8090.95	60.61	6775.54	1.69	22.18	14 950.97
2019	8805.21	71.44	3736.39	1.69	27.66	12 642.39

表 3-16 2005—2019 年五台山风景名胜区旅游餐饮生态足迹百分比组成(%)

年份	耕地	林地	草地	渔业用地	建设用地
2005	50.367	0.323	49.287	0.018	0.005
2006	62.825	0.382	36.764	0.024	0.005
2007	64.015	0.510	35.324	0.021	0.130
2008	53.259	0.442	46.029	0.015	0.255
2009	52.364	0.495	47.040	0.015	0.086
2010	59.311	0.387	40.190	0.014	0.098
2011	58.095	0.658	41.060	0.014	0.173
2012	57.490	0.704	41.634	0.014	0.158
2013	55.594	0.718	43.398	0.015	0.275
2014	50.846	0.554	48.314	0.014	0.272
2015	43.771	0.600	55.350	0.015	0.264
2016	50.227	0.524	48.961	0.014	0.274
2017	53.965	0.401	45.455	0.013	0.166
2018	54.117	0.405	45.319	0.011	0.148
2019	69.648	0.565	29.555	0.013	0.219

3.2 旅游住宿生态足迹

五台山风景名胜区各类宾馆主要集中在台怀镇、金岗库乡和石咀乡，在台怀寺庙集中区周边的新坊、营坊、金界寺、新台怀、杨柏峪、尧子村和大车沟等村分布密度最高。五台山风景名胜区宾馆主要包括星级宾馆、大中型宾馆和旅游民宿。本章节中星级宾馆指二星级、三星级、四星级和五星级宾馆。旅游民宿（Homestay Inn）指利用当地民居等相关闲置资源，经营用客房不超过 4 层，建筑面积不超过 800 m^2，主人参与接待，为游客提供体验当地自然、文化与生产生活方式的小型住宿设施（全国旅游标准化技术委员会，2019）。五台山风景名胜区旅游民宿多为 2～3 层，住宿条件良好，可洗浴，冬季供暖，设有单间、标间、三人间和四人间，部分旅游民宿在一层设有餐厅，提供餐饮服务。五台山风景名胜区宾馆数量较多，但客房入住率总体较低，尤其是旅游淡季游客稀少，入住率更低，许多宾馆选择关张。

3.2.1 研究方法

五台山风景名胜区旅游住宿生态足迹主要包括两部分，一部分是宾馆占地面积产生的生态足迹，另一部分是由于制冷、采暖、空调、烹饪、照明、清洁等能源消费产生的碳足迹。采用 Gössling 等（2002）提出的方法计算床位的能源消耗，简单宾馆和私人宾馆的能源消耗值为 3×10^7 J/（床·晚），一星级、二星级和豪华宾馆的能源消耗值为 4×10^7 J/（床·晚），三星级、四星级宾馆的能源消耗值为 7×10^7 J/（床·晚），五星级宾馆的能源消耗值为 1.1×10^8 J/（床·晚）。

3.2.1.1 数据来源

宾馆占地面积部分通过实地调研获取，部分由五台山风景名胜区管理委员会提供。本章节中宾馆只包括正式注册、有工商信息的宾馆。宾馆工商信息主要来自于五台山市场监督管理局。

3.2.1.2 计算公式

采用式（3-4）计算旅游住宿生态足迹，采用式（3-5）计算游客住宿的碳足迹，采用式（3-6）计算宾馆建设用地生态足迹。宾馆使用的主要能源是电，每千瓦时电的 CO_2 排放量见表 3-17。

$$TEF_{\text{accommodation}} = TEF_{\text{C-a}} + TEF_{\text{hotel}} \tag{3-4}$$

式中：$TEF_{\text{accommodation}}$ 为旅游住宿生态足迹（gha）；$TEF_{\text{C-a}}$ 为游客住宿的碳足迹（gha）；TEF_{hotel} 为宾馆建设用地生态足迹（gha）。

$$TEF_{\text{C-a}} = [(1-28.1\%)\times0.27\times(E_s\times B_s\times R_i + E_l\times B_l\times R_i + E_h\times B_h\times R_i)/FS]\times EQF_{\text{forest}} \tag{3-5}$$

式中：$TEF_{\text{C-a}}$ 与式（3-4）中相同；E_s 为星级宾馆每晚床位的能源消耗值（J/床）；B_s 为星级宾馆年使用床位数（床/a）；R_i 为单位能源的 CO_2 排放量（t/J）；E_l 为大中型宾馆

每晚床位的能源消耗值(J/床);B_l为大中型宾馆年使用床位数(床/a);E_h为旅游民宿每晚床位的能源消耗值(J/床);B_h为旅游民宿年使用床位数(床/a);CO_2排放量中被海洋吸收部分占28.1%,FS是森林的碳吸存系数(Carbon Sequestration Factor),取值为0.73 t/(hm^2 · a)(Lin 等,2018);EQF_{forest}为林地的均衡因子(gha/hm^2)。

$$TEF_{hotel}=(S_{star}+S_{large}+S_{home})\times EQF_{building} \tag{3-6}$$

式中:TEF_{hotel}与式(3-4)中相同;S_{star}、S_{larger}、S_{home}分别为经过全球平均产量转换的星级宾馆、大中型宾馆、旅游民宿面积(hm^2);$EQF_{building}$为建设用地均衡因子(gha/hm^2)。

表 3-17 中国每千瓦时电的 CO_2 排放量(g/(kW · h))

年份	1990	1995	2000	2005	2010	2015	2017
排放量	914	919	897	848	750	650	623

数据来源:国际能源机构,2019。

3.2.2 计算结果

2005—2006年,五台山风景名胜区有四星级宾馆1个,为银海山庄;三星级宾馆3个,为友谊宾馆、银都山庄和五峰宾馆;二星级宾馆9个,为栖贤阁宾馆、云峰宾馆、圆缘宾馆、银馨宾馆、凉城山庄、龙泉山庄、佛山宾馆、金界山庄和社区服务中心(国家旅游局和全国旅游星级饭店评定委员会办公室,2005)。

2005年,星级宾馆建设用地生态足迹为19.49 gha,由于能源消费产生的CO_2排放量为6922.10 t,产生的碳足迹为2356.23 gha;大中型宾馆建设用地生态足迹为24.34 gha,由于能源消费产生的CO_2排放量为2491.30 t,产生的碳足迹为848.02 gha;旅游民宿建设用地生态足迹为0.21 gha,由于能源消费产生的CO_2排放量为1330.52 t,产生的碳足迹为452.90 gha。2005年旅游住宿生态足迹共计3701.19 gha,其中建设用地为44.04 gha,碳足迹为3657.15 gha。2005年星级宾馆、大中型宾馆和旅游民宿的生态足迹在旅游住宿生态足迹中所占的比例依次为64.19%、23.57%和12.24%。

2006年,星级宾馆建设用地生态足迹为19.49 gha,由于能源消费产生的CO_2排放量为6922.10 t,产生的碳足迹为2356.23 gha;大中型宾馆建设用地生态足迹为27.95 gha,由于能源消费产生的CO_2排放量为2783.86 t,产生的碳足迹为947.61 gha;旅游民宿建设用地生态足迹为0.31 gha,由于能源消费产生的CO_2排放量为2954.50 t,产生的碳足迹为1005.69 gha。2006年旅游住宿生态足迹共计4357.28 gha,其中建设用地为47.75 gha,碳足迹为4309.53 gha。2006年星级宾馆、大中型宾馆和旅游民宿的生态足迹在旅游住宿生态足迹中所占的比例依次为54.52%、22.39%和23.09%。

2007—2008年,五台山风景名胜区有四星级宾馆2个,三星级宾馆3个,二星级宾馆7个。银海山庄和五峰宾馆是四星级宾馆,银都山庄、凉城山庄和云峰宾馆是三星级宾馆,二星级宾馆为圆缘宾馆、银馨宾馆、龙泉山庄、佛山宾馆、金界山庄、鑫海宾馆和社区服务中心(国家旅游局和全国旅游星级饭店评定委员会办公室,2007)。

2007 年,星级宾馆建设用地生态足迹为 19.49 gha,由于能源消费产生的 CO_2 排放量为 6315.65 t,产生的碳足迹为 2149.80 gha;大中型宾馆建设用地生态足迹为 29.16 gha,由于能源消费产生的 CO_2 排放量为 3465.35 t,产生的碳足迹为 1179.58 gha;旅游民宿建设用地生态足迹为 6.21 gha,由于能源消费产生的 CO_2 排放量为 2682.69 t,产生的碳足迹为 913.17 gha。2007 年旅游住宿生态足迹共计 4297.41 gha,其中建设用地为 54.86 gha,碳足迹为 4242.55 gha。2007 年星级宾馆、大中型宾馆和旅游民宿的生态足迹在旅游住宿生态足迹中所占的比例依次为 50.48%、28.13%和 21.39%。

2008 年,星级宾馆建设用地生态足迹为 19.49 gha,由于能源消费产生的 CO_2 排放量为 6315.65 t,产生的碳足迹为 2149.80 gha;大中型宾馆建设用地生态足迹为 29.16 gha,由于能源消费产生的 CO_2 排放量为 3539.70 t,产生的碳足迹为 1204.89 gha;旅游民宿建设用地生态足迹为 9.42 gha,由于能源消费产生的 CO_2 排放量为 1526.53 t,产生的碳足迹为 519.62 gha。2008 年旅游住宿生态足迹共计 3932.38 gha,其中建设用地为 58.07 gha,碳足迹为 3874.31 gha。2008 年星级宾馆、大中型宾馆和旅游民宿的生态足迹在旅游住宿生态足迹中所占的比例依次为 55.17%、31.38%和 13.45%。

2009—2010 年,五台山风景名胜区有四星级宾馆 3 个,三星级宾馆 5 个,二星级宾馆 7 个。银海山庄、五峰宾馆、花卉山庄是四星级宾馆,银都山庄、凉城山庄、云峰宾馆、仰佛山庄、税苑山庄是三星级宾馆,二星级宾馆为圆缘宾馆、银馨宾馆、龙泉山庄、金界山庄、社区服务中心、鑫海宾馆和卧龙宾馆(国家旅游局和全国旅游星级饭店评定委员会办公室,2010)。

2009 年,星级宾馆建设用地生态足迹为 36.80 gha,由于能源消费产生的 CO_2 排放量为 7392.09 t,产生的碳足迹为 2516.21 gha;大中型宾馆建设用地生态足迹为 13.35 gha,由于能源消费产生的 CO_2 排放量为 3973.37 t,产生的碳足迹为 1352.50 gha;旅游民宿建设用地生态足迹为 1.04 gha,由于能源消费产生的 CO_2 排放量为 1432.30 t,产生的碳足迹为 487.54 gha。2009 年旅游住宿生态足迹共计 4407.44 gha,其中建设用地为 51.19 gha,碳足迹为 4356.25 gha。2009 年星级宾馆、大中型宾馆和旅游民宿的生态足迹在旅游住宿生态足迹中所占的比例依次为 57.92%、30.99%和 11.09%。

2010—2012 年,五台山风景名胜区星级宾馆数据采用 2009 年数据。

2010 年,星级宾馆建设用地生态足迹为 36.80 gha,由于能源消费产生的 CO_2 排放量为 6537.82 t,产生的碳足迹为 2225.42 gha;大中型宾馆建设用地生态足迹为 13.35 gha,由于能源消费产生的 CO_2 排放量为 3611.60 t,产生的碳足迹为 1229.36 gha;旅游民宿建设用地生态足迹为 2.48 gha,由于能源消费产生的 CO_2 排放量为 1053.66 t,产生的碳足迹为 358.66 gha。2010 年旅游住宿生态足迹共计 3866.07 gha,其中建设用地为 52.63 gha,碳足迹为 3813.44 gha。2010 年星级宾馆、大中型宾馆和旅游民宿的生态足迹在旅游住宿生态足迹中所占的比例依次为58.52%、32.14%和9.34%。

2011年，星级宾馆建设用地生态足迹为36.80 gha，由于能源消费产生的CO_2排放量为6537.82 t，产生的碳足迹为2225.42 gha；大中型宾馆建设用地生态足迹为19.24 gha，由于能源消费产生的CO_2排放量为4151.78 t，产生的碳足迹为1413.23 gha；旅游民宿建设用地生态足迹为13.56 gha，由于能源消费产生的CO_2排放量为1973.29 t，产生的碳足迹为671.69 gha。2011年旅游住宿生态足迹共计4379.94 gha，其中建设用地为69.60 gha，碳足迹为4310.34 gha。2011年星级宾馆、大中型宾馆和旅游民宿的生态足迹在旅游住宿生态足迹中所占的比例依次为51.65%、32.71%和15.64%。

2012年，星级宾馆建设用地生态足迹为36.80 gha，由于能源消费产生的CO_2排放量为6537.82 t，产生的碳足迹为2225.42 gha；大中型宾馆建设用地生态足迹为23.73 gha，由于能源消费产生的CO_2排放量为4518.90 t，产生的碳足迹为1538.20 gha；旅游民宿建设用地生态足迹为14.60 gha，由于能源消费产生的CO_2排放量为2650.51 t，产生的碳足迹为902.21 gha。2012年旅游住宿生态足迹共计4740.96 gha，其中建设用地为75.13 gha，碳足迹为4665.83 gha。2012年星级宾馆、大中型宾馆和旅游民宿的生态足迹在旅游住宿生态足迹中所占的比例依次为47.72%、32.94%和19.34%。

2013年，五台山风景名胜区有五星级宾馆1个，四星级宾馆2个，三星级宾馆5个，二星级宾馆3个。五峰宾馆是五星级宾馆，四星级宾馆有银海山庄和花卉山庄，三星级宾馆有凉城山庄、云峰宾馆、仰佛山庄、税苑山庄和鑫海宾馆，二星级宾馆有银馨宾馆、龙泉山庄和社区服务中心。

2013—2016年，五台山风景名胜区星级宾馆数据均采用2013年数据。

2013年，星级宾馆建设用地生态足迹为30.37 gha，由于能源消费产生的CO_2排放量为8122.72 t，产生的碳足迹为2764.91 gha；大中型宾馆建设用地生态足迹为34.86 gha，由于能源消费产生的CO_2排放量为5316.30 t，产生的碳足迹为1809.63 gha；旅游民宿建设用地生态足迹为24.95 gha，由于能源消费产生的CO_2排放量为1418.02 t，产生的碳足迹为482.68 gha。2013年旅游住宿生态足迹共计5147.40 gha，其中建设用地为90.18 gha，碳足迹为5057.22 gha。2013年星级宾馆、大中型宾馆和旅游民宿的生态足迹在旅游住宿生态足迹中所占的比例依次为54.31%、35.83%和9.86%。

2014年，星级宾馆建设用地生态足迹为30.37 gha，由于能源消费产生的CO_2排放量为8122.72 t，产生的碳足迹为2764.91 gha；大中型宾馆建设用地生态足迹为34.86 gha，由于能源消费产生的CO_2排放量为5316.30 t，产生的碳足迹为1809.63 gha；旅游民宿建设用地生态足迹为29.19 gha，由于能源消费产生的CO_2排放量为945.10 t，产生的碳足迹为321.70 gha。2014年旅游住宿生态足迹共计4990.66 gha，其中建设用地为94.42 gha，碳足迹为4896.24 gha。2014年星级宾馆、大中型宾馆和旅游民宿的生态足迹在旅游住宿生态足迹中所占的比例依次为56.01%、36.96%和7.03%。

2015年,星级宾馆建设用地生态足迹为30.37 gha,由于能源消费产生的CO_2排放量为7039.69 t,产生的碳足迹为2396.26 gha;大中型宾馆建设用地生态足迹为34.86 gha,由于能源消费产生的CO_2排放量为4544.14 t,产生的碳足迹为1546.79 gha;旅游民宿建设用地生态足迹为43.69 gha,由于能源消费产生的CO_2排放量为3964.95 t,产生的碳足迹为1349.64 gha。2015年旅游住宿生态足迹共计5401.61 gha,其中建设用地为108.92 gha,碳足迹为5292.69 gha。2015年星级宾馆、大中型宾馆和旅游民宿的生态足迹在旅游住宿生态足迹中所占的比例依次为44.92%、29.28%和25.80%。

2016年,星级宾馆建设用地生态足迹为30.37 gha,由于能源消费产生的CO_2排放量为7039.69 t,产生的碳足迹为2396.26 gha;大中型宾馆建设用地生态足迹为36.34 gha,由于能源消费产生的CO_2排放量为4786.86 t,产生的碳足迹为1629.41 gha;旅游民宿建设用地生态足迹为50.31 gha,由于能源消费产生的CO_2排放量为3798.49 t,产生的碳足迹为1292.98 gha。2016年旅游住宿生态足迹共计5435.67 gha,其中建设用地为117.02 gha,碳足迹为5318.65 gha。2016年星级宾馆、大中型宾馆和旅游民宿的生态足迹在旅游住宿生态足迹中所占的比例依次为44.64%、30.65%和24.71%。

依据山西省文化与旅游厅官网数据,2017年,五台山风景名胜区有五星级宾馆1个,四星级宾馆2个,三星级宾馆3个,二星级宾馆1个。五峰宾馆是五星级宾馆,银海山庄和花卉山庄是四星级宾馆,凉城山庄、云峰宾馆和鑫海宾馆是三星级宾馆,二星级宾馆是银馨宾馆。

2017—2019年五台山风景名胜区星级宾馆数据采用2017年数据。

2017年,星级宾馆建设用地生态足迹为16.66 gha,由于能源消费产生的CO_2排放量为5835.83 t,产生的碳足迹为1986.47 gha;大中型宾馆建设用地生态足迹为50.04 gha,由于能源消费产生的CO_2排放量为5190.34 t,产生的碳足迹为1766.75 gha;旅游民宿建设用地生态足迹为54.87 gha,由于能源消费产生的CO_2排放量为6766.16 t,产生的碳足迹为2303.15 gha。2017年旅游住宿生态足迹共计6177.94 gha,其中建设用地为121.57 gha,碳足迹为6056.37 gha。2017年星级宾馆、大中型宾馆和旅游民宿的生态足迹在旅游住宿生态足迹中所占的比例依次为32.42%、29.41%和38.17%。

2018年,星级宾馆建设用地生态足迹为16.66 gha,由于能源消费产生的CO_2排放量为5835.83 t,产生的碳足迹为1986.47 gha;大中型宾馆建设用地生态足迹为50.04 gha,由于能源消费产生的CO_2排放量为5190.34 t,产生的碳足迹为1766.75 gha;旅游民宿建设用地生态足迹为71.54 gha,由于能源消费产生的CO_2排放量为8915.06 t,产生的碳足迹为3034.62 gha。2018年旅游住宿生态足迹共计6926.08 gha,其中建设用地为138.24 gha,碳足迹为6787.84 gha。2018年星级宾馆、大中型宾馆和旅游民宿的生态足迹在旅游住宿生态足迹中所占的比例依次为28.92%、26.23%和44.85%。

2019年,星级宾馆建设用地生态足迹为16.66 gha,由于能源消费产生的CO_2排放量为5835.83 t,产生的碳足迹为1986.47 gha;大中型宾馆建设用地生态足迹为50.04 gha,由于能源消费产生的CO_2排放量为5190.34 t,产生的碳足迹为1766.75 gha;旅游民宿建设用地生态足迹为89.45 gha,由于能源消费产生的CO_2排放量为10 906.37 t,产生的碳足迹为3712.44 gha。2019年旅游住宿生态足迹共计7621.81 gha,其中建设用地为156.15 gha,碳足迹为7465.66 gha。2019年星级宾馆、大中型宾馆和旅游民宿的生态足迹在旅游住宿生态足迹中所占的比例依次为26.28%、23.84%和49.88%。

2005—2019年,五台山风景名胜区宾馆建设用地生态足迹(图3-10)、旅游住宿过程中能源消费产生的碳足迹(图3-11)和旅游住宿生态足迹(图3-12)均呈不断增长的趋势。

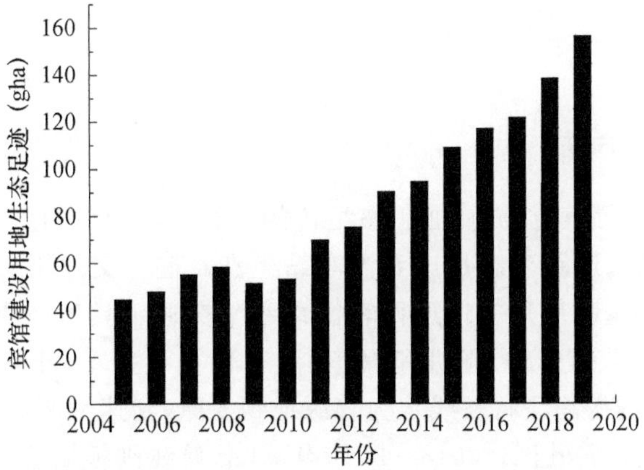

图3-10 2005—2019年五台山风景名胜区宾馆建设用地生态足迹

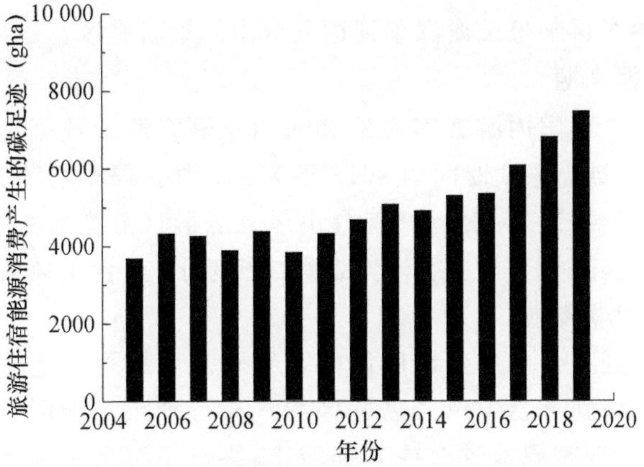

图3-11 2005—2019年五台山风景名胜区旅游住宿能源消费产生的碳足迹

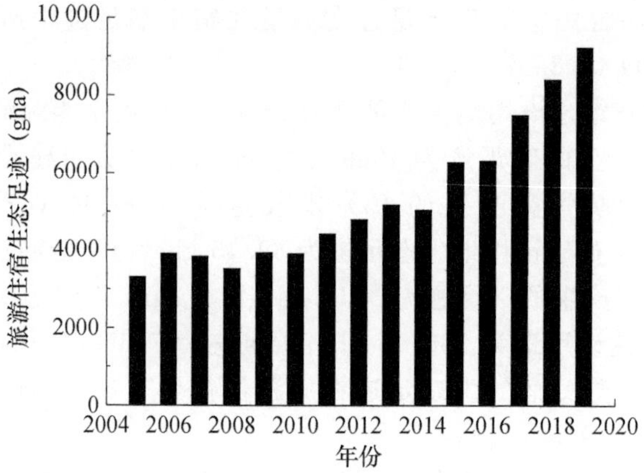

图 3-12 2005—2019 年五台山风景名胜区旅游住宿生态足迹

3.3 旅游交通生态足迹

3.3.1 研究方法

在五台山风景名胜区旅游交通生态足迹的计算中，全面考虑了交通工具生态足迹、停车场生态足迹、道路生态足迹和汽车站生态足迹。交通工具生态足迹指游客从客源地到达目的地和从目的地返回客源地乘坐交通工具所产生的碳足迹。游客选择的交通方式主要有火车、飞机和汽车，汽车包括私家车（小汽车）和长途汽车。2005—2015 年，国内游客飞行航线定为客源地到太原，到达太原后，游客再乘坐长途汽车到达五台山风景名胜区。2016—2019 年，飞行航线则根据忻州五台山机场的航班时刻表确定。若有相关航班，飞行航线确定为客源地到忻州五台山机场；若无相应航班，则采用 2016 年以前的飞行航线。入境游客飞行航线确定为客源地到中国北京，到达北京后，游客再乘坐长途汽车到达五台山风景名胜区。

3.3.1.1 数据来源

五台山风景名胜区国内游客客源地和入山车辆客源地数据由五台山风景名胜区管理委员会提供，数据采集时间为 2018 年 3—12 月。停车场和道路数据来自于五台山风景名胜区规划编制研究中心、五台山风景名胜区旅游发展局、五台山风景名胜区管理委员会及实地调研数据，特别是重点参考了《五台山风景名胜区总体规划（2020—2035 年）》相关数据。

从国内客源地到五台山风景名胜区的直线距离利用百度地图工具箱中的测距测出。从国内客源地到五台山风景名胜区的汽车行驶距离利用百度地图中驾车导航获取，选择的起点是客源地省会或其他城市，终点是五台山风景名胜区。与五台山风景名胜区距离较近的火车站有太原站、太原南站、忻州站、五台山站，为方便计算，统一选择忻州站作为终点站。从同一客源地出发，乘坐火车到达忻州站有多条线路，选择里程较短的线路作为火车行驶距离计算的依据。火车行驶里程通过火车票网获取。飞机航程通过中国南方航空公司官网和非常准（VariFlight）获取；通过中国南方航空公司官网的查询步骤如下：中国南方航空公司官网—明珠俱乐部—获取里程—飞行里程—城市间里程累积查询，然后输入起始地和到达地，即可查出标准里程；飞常准能够提供专业的航班出行服务，可以查询到全球航班实时动态信息，只要输入飞机航班号就可以获取到飞行里程。

3.3.1.2 计算公式

$$TEF_{\text{transportation}}=TEF_{\text{tool}}+TEF_{\text{parking}}+TEF_{\text{road}}+TEF_{\text{station}} \tag{3-7}$$

式中：$TEF_{\text{transportation}}$为旅游交通生态足迹（gha）；$TEF_{\text{tool}}$为交通工具生态足迹（gha）；$TEF_{\text{parking}}$为停车场生态足迹（gha）；$TEF_{\text{road}}$为道路生态足迹（gha）；$TEF_{\text{station}}$为汽车站生态足迹（gha）。

$$TEF_{\text{tool}}=2\times\sum[0.27\times(1-28.1\%)\times\beta_{m-i}\times N_{ij}\times D_{ij}/FS]\times EQF_{\text{forest}} \tag{3-8}$$

式中：TEF_{tool}与式（3-7）中相同；β_{m-i}为第 i 种交通方式的 CO_2 排放系数（t/（人 · km）），见表 3-18（Gössling 等，2005），其中汽车 CO_2 排放系数为长途汽车和小汽车的平均值；N_{ij}为第 j 个客源地采用第 i 种交通方式的游客人数（人/a）；D_{ij}为第 j 个客源地到五台山风景名胜区采用第 i 种交通方式所需要行驶距离（km）；FS 与式（3-5）中相同；EQF_{forest}为林地均衡因子（gha/hm²）。

$$TEF_{\text{parking}}=S_p\times EQF_{\text{building}} \tag{3-9}$$

式中：TEF_{parking}与式（3-7）中相同；S_p为经过全球平均产量转换的停车场面积（hm^2）；EQF_{building}为建设用地的均衡因子（gha/hm^2）。

表 3-18 不同交通工具的 CO_2 排放系数（kg/（人 · km））

交通工具	飞机（2000 km 及以内）	飞机（大于 2000 km）	火车	小汽车	长途汽车
CO_2 排放系数	0.140	0.120	0.025	0.075	0.018

3.3.1.3 统计分析方法

在 SPSS 软件分析工具中，利用 Spearman 相关分析对变量之间的相关性进行分析。利用线性模型、二次项模型、复合（U）模型、增长（H）模型、对数（T）模型、立方模型、S（S）模型、指数分布（E）模型、逆模型（N）、幂函数（W）模型和 Logistic 模型对交通工具碳足迹与游客人数之间的关系进行曲线拟合，根据拟合结果，选择最佳模型。

3.3.2 研究结果

3.3.2.1 国内游客交通工具生态足迹

五台山风景名胜区国内客源地以山西省为主，省内游客人数能够占到国内游客总量的45%以上。河北省与五台山风景名胜区的直线距离为130.8 km,该省游客人数在中国31个省(直辖市、自治区)中所占比例位居第二,为13.07%。北京市与五台山风景名胜区的直线距离为263.0 km,游客人数在国内游客中所占比例为12.17%,位居第三。天津市与五台山风景名胜区直线距离为312.6 km,游客人数在国内游客中所占比例低于北京市,为6.86%。内蒙古自治区、山东省、河南省与五台山风景名胜区距离较近,直线距离均小于500 km,游客人数在国内游客中的比例均在2%~4%。陕西省和宁夏回族自治区与五台山风景名胜区的直线距离接近,均小于700 km,游客占比分别为1.07%和0.41%。辽宁省、江苏省、湖北省、安徽省、甘肃省与五台山风景名胜区的直线距离小于1000 km,其中辽宁省和甘肃省游客人数在国内游客中所占比例分别为1.34%和0.37%。新疆维吾尔自治区、海南省、西藏自治区距离五台山风景名胜区直线距离均在2000 km以上,游客人数在国内游客中所占比例小,均在0.2%以下。广东省与五台山风景名胜区的直线距离为1761.8 km,但该省游客在国内游客中所占比例较高,为1.55%。其他13个省(直辖市、自治区)与五台山风景名胜区的直线距离为1000~2000 km,游客人数在国内游客中所占比例均在1%以下(表3-19)。

表3-19 国内客源地到五台山风景名胜区直线距离、汽车行程及其游客人数占比

编号	客源地	简称	城市	直线距离(km)	所占比例(%)	汽车行程(km)
1	山西省	晋	忻州市	96.5	45.22	126
2	河北省	冀	石家庄市	130.8	13.07	186
3	北京市	京	北京市	263.0	12.17	334
4	天津市	津	天津市	312.6	6.86	401
5	内蒙古自治区	蒙	呼和浩特市	262.8	3.74	440
6	山东省	鲁	济南市	403.1	3.00	494
7	河南省	豫	郑州市	469.6	2.71	599
8	广东省	粤	广州市	1761.8	1.55	2035
9	辽宁省	辽	沈阳市	888.8	1.34	1003
10	江苏省	苏	南京市	900.8	1.28	1081
11	陕西省	陕	西安市	661.0	1.07	790
12	上海市	沪	上海市	1120.6	0.88	1335
13	浙江省	浙	杭州市	1137.9	0.83	1350
14	黑龙江省	黑	哈尔滨市	1303.8	0.71	1550
15	湖北省	鄂	武汉市	933.8	0.66	1077
16	吉林省	吉	长春市	1115.5	0.55	1279
17	福建省	闽	福州市	1530.1	0.55	1866

续表

编号	客源地	简称	城市	直线距离 (km)	所占比例 (%)	汽车行程 (km)
18	四川省	川	成都市	1274.7	0.52	1521
19	安徽省	皖	合肥市	860.5	0.44	1056
20	宁夏回族自治区	宁	银川市	639.5	0.41	867
21	湖南省	湘	长沙市	1196.3	0.39	1393
22	甘肃省	甘	兰州市	918.2	0.37	1148
23	广西壮族自治区	桂	南宁市	1863.5	0.32	2252
24	重庆市	渝	重庆市	1229.1	0.28	1473
25	江西省	赣	南昌市	1163.7	0.27	1406
26	新疆维吾尔自治区	新	乌鲁木齐市	2222.1	0.19	2775
27	云南省	云	昆明市	1863.8	0.18	2267
28	青海省	青	西宁市	1069.1	0.15	1347
29	海南省	琼	海口市	2125.4	0.12	2547
30	贵州省	贵	贵阳市	1515.7	0.09	1836
31	西藏自治区	藏	拉萨市	2296.3	0.08	3261
	合计				100	

2018 年 3—12 月，入山车辆共计 948 920 辆。其中，山西省入山车辆高达 493 901 辆，占入山车辆的比例超过 50%。从西藏自治区乘坐汽车到五台山风景名胜区行驶距离最远，为 3261 km，入山车辆数最少，不足 100 辆，占入山车辆的比例仅为 0.01%。由于交通便利、行驶距离短，来自河北省、北京市和天津市的车辆占比分别为 10.44%、9.85%和 9.22%。山东省、河南省、内蒙古自治区与五台山风景名胜区的汽车行驶距离不足 600 km，入山车辆所占比例分别为 5.94%、2.56%、2.52%。辽宁省入山车辆为 11 706 辆，所占比例为 1.23%。江苏省、陕西省、黑龙江省、四川省、江西省入山车辆在 4000～8000 辆，所占比例在 0.4%～0.9%。宁夏回族自治区入山车辆数占比为 0.22%。吉林省、浙江省、湖北省、湖南省入山车辆约 3000 辆，所占比例约为 0.3%。安徽省、上海市、甘肃省、福建省、青海省、重庆市到五台山风景名胜区的汽车行程均在 1000 km 以上，入山车辆数占比在 0.1%～0.3%。从广东省和贵州省乘坐汽车到达五台山风景名胜区分别需要行驶 2035 km 和 1836 km，距离较远，入山车辆数分别为 1969 辆和 455 辆，在入山车辆中占比分别为 0.21%和 0.05%。从广西壮族自治区、新疆维吾尔自治区、云南省、海南省出发，到达五台山风景名胜区，汽车行程均在 2000 km 以上，入山车辆少，均不足 800 辆，所占比例均低于 0.1%(表 3-19，图 3-13)。

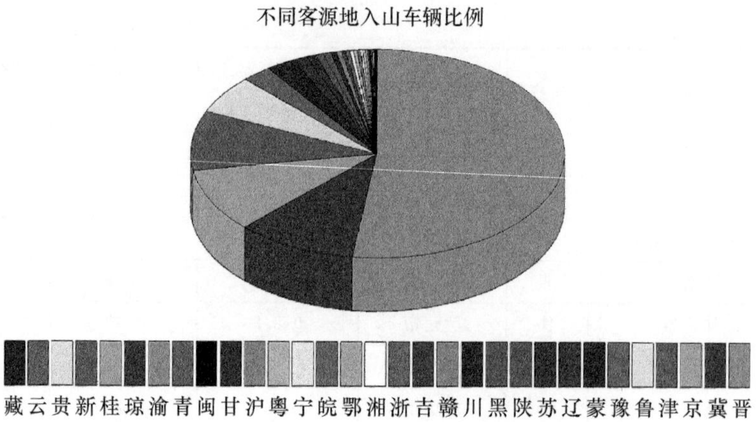

图 3-13 2018 年 3—12 月国内客源地入山车辆比例

火车具有安全、便捷、准时、环保、省时等优点，是许多游客优先选择的出行方式。高铁和动车具有环境舒适、行驶速度快等优点，但是费用略高。高铁行驶速度最快，可达 300 km/h；动车速度次之，约为 200 km/h；直达特快列车速度超过 140 km/h；特快列车速度为 120～140 km/h；普快和快速列车速度较慢，为 80～100 km/h。从国内客源地乘坐火车到达忻州站的行驶里程为 143～3329 km，2019 年票价为 9.5～1144.0 元，费用较低（表 3-20）。

表 3-20 国内客源地到五台山风景名胜区火车里程、火车票价和飞机航程

编号	客源地	火车里程(km)	火车票价(元)	飞机航程(km)
1	山西省	143	9.5	—
2	河北省	313	46.5	—
3	北京市	589	221.0	431
4	天津市	601	215.0	440
5	内蒙古自治区	544	124.0	351
6	山东省	599	202.0	710
7	河南省	721	320.0	346
8	广东省	2568	273.5	1624
9	辽宁省	1330	163.5	1032
10	江苏省	1412	586.0	974
11	陕西省	648	202.5	514
12	上海市	1707	715.5	1082
13	浙江省	1692	198.0	1084
14	黑龙江省	1830	527.5	1465
15	湖北省	1257	506.5	866

续表

编号	客源地	火车里程(km)	火车票价(元)	飞机航程(km)
16	吉林省	1590	486.5	1259
17	福建省	2138	452.5	1451
18	四川省	1314	465.5	1173
19	安徽省	1247	152.5	808
20	宁夏回族自治区	802	112.5	585
21	湖南省	1619	642.0	1064
22	甘肃省	1224	377.0	1087
23	广西壮族自治区	2464	918.5	1791
24	重庆市	1389	484.5	1129
25	江西省	1538	199.0	1090
26	新疆维吾尔自治区	2662	297.5	2277
27	云南省	2787	1144.0	1702
28	青海省	1412	435.0	1192
29	海南省	3081	436.0	2014
30	贵州省	2324	960.0	1731
31	西藏自治区	3329	337.5	2480

忻州五台山机场是山西省第六座民航机场，位于山西省忻州市定襄县宏道镇无畏庄村，是距离五台山风景名胜区最近的机场，于 2015 年 12 月 25 日正式通航。航站楼面积为 13 340.17 m^2，停车场面积为 3000 m^2。从忻州市到五台山机场可乘坐出租车或者机场巴士。从五台山风景名胜区到五台山机场可乘坐公共汽车或者机场巴士。

2016 年五台山机场夏秋季航班航程主要有：五台山⇌桂林⇌海口、上海浦东⇌五台山⇌银川、重庆⇌五台山⇌天津。2016—2017 年五台山机场冬春季航程主要有：五台山⇌上海浦东、五台山⇌银川、五台山⇌重庆、五台山⇌天津、五台山⇌广州、五台山⇌海口、五台山⇌昆明、五台山⇌哈尔滨。2017 年夏秋季五台山机场通航城市有：广州、上海、银川、重庆、天津、昆明、哈尔滨、济南、兰州、海口、桂林、厦门、南京。2017—2018 年五台山机场冬春季目的站包括：上海、银川、重庆、天津、广州、郑州、深圳、昆明、哈尔滨、海口、桂林、三亚。2018 年五台山机场夏秋季航程有：上海浦东⇌五台山⇌银川、五台山⇌郑州⇌广州、五台山⇌桂林⇌海口、五台山⇌长沙⇌厦门、西安⇌五台山⇌沈阳、杭州⇌五台山⇌兰州、青岛⇌五台山⇌西宁。2018—2019 年冬春季航程有：天津⇌五台山⇌贵阳、海口⇌五台山⇌沈阳、桂林⇌五台山⇌大连、天津⇌五台山⇌重庆、上海⇌五台山⇌银川、五台山⇌郑州⇌广州、杭州⇌五台山⇌包头、南宁⇌五台山⇌呼和浩特、宜昌⇌五台山⇌天津。2019 年夏秋季从五台山机场出发可以到达的城市有：上海、包头、广州、哈尔滨、呼和浩特、厦门、昆明、天津、长沙、银川、郑州、杭州、海口、珠海。2019—2020 年冬春季从五台山机场出发可以到达的城市有：上海、包头、银川、广州、天津、呼和浩特、贵阳、大连、成都、哈尔滨、桂林、杭州、南京、芽庄。

太原武宿国际机场位于山西省太原市小店区，始建于 1939 年，是山西省第一条国内民用航空线，同时也是赴五台山风景名胜区旅游的重要交通枢纽。国内游客乘坐飞机到达五台山风景名胜区的飞行距离少则数百千米，多则数千千米。2005 年国内游客从出发地到达目的地的飞机航程见表 3-20。

1990—2019 年，中国民用航空客运量持续增长。1990 年总客运量为 1660 万人，2000 年增长至 6722 万人，是 1990 年的 4.05 倍；2005 年民用航空总客运量突破 10 000 万人，2009 年突破 20 000 万人，2012 年突破 30 000 万人，2015 年突破 40 000 万人，2017 年突破 50 000 万人，2018 年突破 60 000 万人；2019 年总客运量达到最大值为 65 993 万人，是 1990 年的 39.75 倍。1990—2019 年，在民用航空总客运量中，国内航线客运量是主要组成部分，所占比例均在 80%以上，国际航线和港、澳、台地区航线客运量较少，二者之和所占比例不足 20%。1990—2019 年，国内航线客运量不断增长。1990 年国内航线客运量仅有 1346 万人，2005 年增长至 12 602 万人，增长了 8.36 倍；2015 年国内航线客运量为 39 411 万人，与 2005 年相比增长了 2.13 倍；2019 年国内航线客运量达到 58 568 万人，与 1990 年相比增长了 42.51 倍。1990 年国际航线客运量为 114 万人，2006 年增长至 1415 万人，2011 年增长至 2118 万人，2014 年增长至 3155 万人，2015 年增长至 4207 万人，2016 年达到 5162 万人；2019 年国际航线客运量达到最大值为 7425 万人，是 1990 年的 65.13 倍。1990—2000 年港、澳、台地区航线客运量低于 500 万人，2005—2013 年其客运量为 500～1000 万人，2014 年之后其客运量高于 1000 万人；1990—2019 年，港、澳、台地区客运量增长了 4.54 倍，见表 3-21(国家统计局，2008、2010、2013、2015、2017、2020)。

表 3-21 1990—2019 年中国民用航空运输量(万人)

年份	1990	1995	2000	2005	2006	2007	2008	2009	2010
客运量	1660	5117	6722	13 827	15 968	18 576	19 251	23 052	26 769
国际航线	114	368	690	1225	1415	1692	1519	1474	1931
国内航线	1346	4419	6031	12 602	14 553	16 884	17 732	21 578	24 838
港、澳、台地区航线	200	330	403	509	536	541	500	517	672
年份	2011	2012	2013	2014	2015	2016	2017	2018	2019
客运量	29 317	31 936	35 397	39 195	43 618	48 796	55 156	61 174	65 993
国际航线	2118	2336	2655	3155	4207	5162	5545	5367	7425
国内航线	27 199	29 600	32 742	36 040	39 411	43 634	49 611	54 807	58 568
港、澳、台地区航线	760	834	904	1005	1020	985	1027	1127	1108

1952—2019 年,中国全社会客运量从 24 518 万人增长到 1 760 436 万人,铁路、公路、水运、民航运转的客运量总体表现出不断增长的趋势。在客运量构成中,1952—1993 年铁路客运量的比例呈现下降趋势,但是整体占比较高,达到 10%以上;1994—2012 年铁路客运量的比例仍然呈现下降趋势,所占比例较低,在 4%～10%波动;然而从 2013 年起,铁路客运量占比开始增长,2019 年达到 20.79%。1952—1970 年公路客运量所占比例低于 50%;但在 1975—2019 年公路成为了主要的交通途径,在客运量构成中的占比均高于 50%,尤其是在 1996—2012 年,公路客运量在客运量构成中的比例均在 90%以上。水运客运量在总客运量中所占比例较低,1952—1995 年所占比例呈明显下降趋势,1996—2019 年所占比例均不足 2%。选择飞机出行的人数较少,1952—2012 年民航客运量在总客运量中占比不足 1%;2013—2019 年,虽然乘坐飞机人数有所增长,但占比仍然低于 4%,见表 3-22(国家统计局,2020;国家发展计划委员会,2002)。

表 3-22 1952—2019 年中国全社会客运量及其构成

年份	总客运量(万人)	铁路(万人)	铁路占比(%)	公路(万人)	公路占比(%)	水运(万人)	水运占比(%)	民航(万人)	民航占比(%)
1952	24 518	16 352	66.69	4559	18.60	3605	14.70	2	0.01
1957	63 821	31 262	48.98	23 772	37.25	8780	13.76	7	0.01
1962	122 154	75 003	61.40	30 737	25.16	16 397	13.42	17	0.02
1965	96 334	41 245	42.81	43 693	45.36	11 369	11.80	27	0.03
1970	130 056	52 455	40.33	61 812	47.53	15 767	12.12	22	0.02
1975	192 969	70 465	36.52	101 350	52.52	21 015	10.89	139	0.07
1978	253 993	81 491	32.09	149 229	58.75	23 042	9.07	231	0.09
1980	341 785	92 204	26.98	222 799	65.19	26 439	7.73	343	0.10
1985	620 206	112 110	18.08	476 486	76.83	30 863	4.97	747	0.12
1990	772 682	95 712	12.39	648 085	83.87	27 225	3.52	1660	0.22
1991	806 048	95 080	11.80	682 681	84.69	26 109	3.24	2178	0.27
1992	860 855	99 693	11.58	731 774	85.01	26 502	3.08	2886	0.33
1993	996 634	105 458	10.58	860 719	86.36	27 074	2.72	3383	0.34
1994	1 092 882	108 738	9.95	953 940	87.29	26 165	2.39	4039	0.37
1995	1 172 596	102 745	8.76	1 040 810	88.76	23 924	2.04	5117	0.44
1996	1 245 357	94 797	7.61	1 122 110	90.10	22 895	1.84	5555	0.45
1997	1 326 094	93 308	7.04	1 204 583	90.84	22 573	1.70	5630	0.42
1998	1 378 717	95 085	6.90	1 257 332	91.19	20 545	1.49	5755	0.42
1999	1 394 413	100 164	7.18	1 269 004	91.01	19 151	1.37	6094	0.44
2000	1 478 573	105 073	7.11	1 347 392	91.13	19 386	1.31	6722	0.45
2001	1 534 122	105 155	6.85	1 402 798	91.44	18 645	1.22	7524	0.49

续表

年份	总客运量（万人）	铁路（万人）	铁路占比（%）	公路（万人）	公路占比（%）	水运（万人）	水运占比（%）	民航（万人）	民航占比（%）
2002	1 608 150	105 606	6.57	1 475 257	91.74	18 693	1.16	8594	0.53
2003	1 587 497	97 260	6.13	1 464 335	92.24	17 142	1.08	8759	0.55
2004	1 767 453	111 764	6.32	1 624 526	91.91	19 040	1.08	12 123	0.69
2005	1 847 018	115 583	6.26	1 697 381	91.90	20 227	1.09	13 827	0.75
2006	2 024 158	125 656	6.21	1 860 487	91.91	22 047	1.09	15 968	0.79
2007	2 227 761	135 670	6.09	2 050 680	92.05	22 835	1.03	18 576	0.83
2008	2 867 892	146 193	5.10	2 682 114	93.52	20 334	0.71	19 251	0.67
2009	2 976 898	152 451	5.12	2 779 081	93.36	22 314	0.75	23 052	0.77
2010	3 269 508	167 609	5.13	3 052 738	93.37	22 392	0.68	26 769	0.82
2011	3 526 319	186 226	5.28	3 286 220	93.19	24 556	0.70	29 317	0.83
2012	3 804 035	189 337	4.98	3 557 010	93.50	25 752	0.68	31 936	0.84
2013	2 122 992	210 597	9.92	1 853 463	87.30	23 535	1.11	35 397	1.67
2014	2 032 218	230 460	11.34	1 736 270	85.44	26 293	1.29	39 195	1.93
2015	1 943 271	253 484	13.04	1 619 097	83.32	27 072	1.39	43 618	2.25
2016	1 900 194	281 405	14.81	1 542 759	81.19	27 234	1.43	48 796	2.57
2017	1 848 620	308 379	16.68	1 456 784	78.81	28 300	1.53	55 156	2.98
2018	1 793 820	337 495	18.81	1 367 170	76.22	27 981	1.56	61 174	3.41
2019	1 760 436	366 002	20.79	1 301 173	73.91	27 267	1.55	65 993	3.75

2005—2019 年五台山风景名胜区国内游客的交通方式构成参考中国全社会客运量构成数据。考虑到国内游客采用水运到达五台山风景名胜区的人数极少，所以将水运客运量并入公路客运量中，并假定公路客运量中选择小轿车和长途汽车出行的人数各占一半。五台山风景名胜区国内游客主要乘坐汽车出行，所占比例一直保持在 75%以上；选择火车出行的国内游客人数逐年增长，2005 年占比为 6.26%，2014 年增至 11.34%，2019 年又增长到 20.79%；选择飞机出行的国内游客人数有逐渐增长的趋势，但是所占比例最小，2005—2019 年所占比例均低于 4%。

2015 年底忻州五台山机场通航，再加上太原武宿机场及周边的国际航空港，衔接紧密、方便快捷的立体化交通格局更为成熟完善，使得国内外游客的选择增多，游客人数增长较快。同时，受地域及出行成本影响，忻州五台山机场的通航对周边游客的出行方式选择影响不大。考虑到便捷通达、降低成本等因素，山西省及邻近的河北省游客仍以汽车和火车为主要交通工具。因此，在计算交通工具碳足迹时，假定 2005—2019 年山西省和河北省游客只选择汽车和火车作为交通工具。汽车 CO_2 排放量和汽车碳足迹分别指以汽车为交通工具产生的 CO_2 排放量和产生的碳足迹；火车 CO_2 排放量和火车碳足迹分别指以火车为主要交通工具，以汽车为辅助交通工具产生的CO_2排放量和产生的碳足迹；飞机CO_2排放量和飞机碳足迹分别指以飞机为主要交通工具，汽车为辅助交通工具产生的CO_2排放量和产生的碳足迹。

2005年，国内游客选择公路作为交通途径单程产生的CO_2排放量共计15 613 176.00 kg，选择铁路作为主要交通途径单程产生的CO_2排放量为1 092 356.98 kg，选择航空作为主要交通途径单程产生的CO_2排放量为302 746.53 kg；国内游客单程交通工具碳足迹共计5789.48 gha，单程汽车碳足迹、火车碳足迹和飞机碳足迹分别为5314.60 gha、371.82 gha和103.06 gha。从空间分布来看，山西省游客主要选择公路和铁路作为交通途径，旅行距离最近；但是由于游客人数最多，其单程交通工具碳足迹在中国31个省(直辖市、自治区)中居于首位，并且是以汽车产生碳足迹为主。北京市游客单程交通工具碳足迹总量为636.94 gha，仅次于山西省，位居第二。广东省游客单程交通工具碳足迹排列在第三位，总量为468.45 gha。西藏自治区、海南省、贵州省、青海省均与五台山风景名胜区相距甚远，但是因为游客人数少，单程交通工具碳足迹很小，总量低于45 gha。内蒙古自治区、山东省、河南省、辽宁省和江苏省单程交通工具碳足迹较大，为200～250 gha。安徽省、宁夏回族自治区、湖南省、甘肃省、重庆市、江西省、新疆维吾尔自治区和云南省的游客单程交通工具碳足迹较小，为50～100 gha，见表3-23。

采用SPSS软件中的Spearman相关分析对2005年中国31个省(直辖市、自治区)单程的交通工具碳足迹与其他变量的关系作统计学分析(表3-24)，结果表明：交通工具碳足迹与汽车碳足迹、火车碳足迹、飞机碳足迹、汽车CO_2排放量、火车CO_2排放量、飞机CO_2排放量、交通工具CO_2排放量都有显著正相关关系($p<0.01$)，但是与直线距离、汽车行程、火车里程、飞机航程均有显著负相关关系($p<0.01$)，交通工具碳足迹与游客人数也有显著正相关关系($R=0.958, p<0.01, n=31$)。

采用SPSS软件中多个模型对单程交通工具碳足迹与游客人数之间关系进行拟合(表3-25)，结果显示：幂函数(W)模型是所选择11个模型中的最优模型。因此单程交通工具碳足迹与游客人数之间的回归模型为：$y=0.938x^{0.550}$ ($R^2=0.877, p=0, n=31$)。

2006年山西省游客人数最多，单程汽车CO_2排放量和火车CO_2排放量分别为3 005 288.74 kg和336 153.88 kg，单程汽车碳足迹和火车碳足迹分别为1022.98 gha和114.42 gha，单程交通工具碳足迹为1137.40 gha。北京市、天津市和河北省游客单程交通工具碳足迹分别为823.04 gha、547.56 gha和483.62 gha。广东省游客出行产生的单程交通工具碳足迹为605.05 gha，仅次于山西省游客和北京市游客出行产生的值。内蒙古自治区、山东省、河南省和陕西省距离五台山风景名胜区距离较近，游客较多，出行产生的单程交通工具碳足迹较高，分别为321.49 gha、293.24 gha、313.02 gha和161.21 gha。上海市、浙江省、黑龙江省和福建省游客出行产生的单程交通工具碳足迹分别为225.52 gha、215.71 gha、211.28 gha和196.32 gha。来自湖北省、吉林省、四川省、湖南省和广西壮族自治区的游客单程交通工具碳足迹分别为

表 3-23　2005 年国内游客交通工具的 CO_2 排放量和碳足迹（单程）

编号	客源地	CO_2 排放量（kg）				碳足迹（gha）			
		汽车	火车	飞机	交通工具	汽车	火车	飞机	交通工具
1	山西省	2 328 204.58	262 544.24	0.00	2 590 748.82	792.50	89.37	0.00	881.87
2	河北省	993 175.15	108 373.47	0.00	1 101 548.62	338.07	36.89	0.00	374.96
3	北京市	1 661 466.25	150 123.89	59 612.75	1 871 202.89	565.55	51.10	20.29	636.94
4	天津市	1 124 982.73	85 870.94	34 226.43	1 245 080.10	382.94	29.23	11.65	423.82
5	内蒙古自治区	672 215.49	43 644.56	15 372.08	731 232.13	228.82	14.86	5.23	248.91
6	山东省	606 064.63	37 464.45	22 925.73	666 454.81	206.30	12.75	7.80	226.85
7	河南省	662 497.79	38 605.87	10 995.58	712 099.24	225.51	13.14	3.74	242.39
8	广东省	1 286 610.17	63 883.55	25 697.47	1 376 191.19	437.95	21.75	8.75	468.45
9	辽宁省	550 190.86	31 109.50	14 493.96	595 794.32	187.28	10.59	4.93	202.80
10	江苏省	565 811.26	31 221.16	13 100.61	610 133.03	192.60	10.63	4.46	207.69
11	陕西省	346 411.27	14 159.74	6129.21	366 700.22	117.92	4.82	2.09	124.83
12	上海市	477 916.80	25 135.33	9889.04	512 941.17	162.68	8.56	3.37	174.61
13	浙江省	457 679.72	23 621.44	9381.35	490 682.51	155.79	8.04	3.19	167.02
14	黑龙江省	448 256.85	21 579.01	10 649.76	480 485.62	152.58	7.35	3.63	163.56
15	湖北省	290 049.09	14 569.45	6041.87	310 660.41	98.73	4.96	2.06	105.75
16	吉林省	287 265.37	14 828.83	7159.42	309 253.62	97.78	5.05	2.44	105.27

续表

编号	客源地	CO_2 排放量(kg)				碳足迹(gha)			
		汽车	火车	飞机	交通工具	汽车	火车	飞机	交通工具
17	福建省	419 106.47	19 236.14	8195.45	446 538.06	142.66	6.55	2.79	152.00
18	四川省	321 144.40	11 853.38	6294.09	339 291.87	109.32	4.03	2.14	115.49
19	安徽省	190 057.22	9672.16	3786.93	203 516.31	64.69	3.29	1.29	69.27
20	宁夏回族自治区	144 256.73	6290.41	2609.53	153 156.67	49.10	2.14	0.89	52.13
21	湖南省	224 835.32	10 823.93	4388.78	240 048.03	76.53	3.68	1.49	81.70
22	甘肃省	174 453.90	8041.46	4216.05	186 711.41	59.38	2.74	1.44	63.56
23	广西壮族自治区	291 926.58	12 615.46	5788.91	310 330.95	99.37	4.29	1.97	105.63
24	重庆市	170 987.72	6828.53	3337.68	181 153.93	58.20	2.32	1.14	61.66
25	江西省	157 188.21	7173.06	3109.77	167 471.04	53.51	2.44	1.06	57.01
26	新疆维吾尔自治区	215 761.05	8117.98	4380.00	228 259.03	73.44	2.76	1.49	77.69
27	云南省	167 742.30	8056.74	3146.11	178 945.15	57.10	2.74	1.07	60.91
28	青海省	83 832.36	3712.34	1883.67	89 428.37	28.54	1.26	0.64	30.44
29	海南省	121 781.23	5709.54	2391.38	129 882.15	41.45	1.94	0.81	44.20
30	贵州省	68 687.95	3453.32	1616.77	73 758.04	23.38	1.18	0.55	25.11
31	西藏自治区	102 616.55	4037.10	1926.15	108 579.80	34.93	1.37	0.66	36.96
	合计	15 613 176.00	1 092 356.98	302 746.53	17 008 279.51	5 314.60	371.82	103.06	5 789.48

表 3-24　2005 年不同变量之间相关性分析结果(单程)

			相关系数												
			游客人数	直线距离	汽车行程	火车里程	飞机航程	汽车 CO_2 排放量	火车 CO_2 排放量	飞机 CO_2 排放量	交通工具 CO_2 排放量	汽车碳足迹	火车碳足迹	飞机碳足迹	交通工具碳足迹
Spearman 的 rho	游客人数	相关系数	1.000	−0.768**	−0.790**	−0.711**	−0.790**	0.955**	0.960**	0.594**	0.958**	0.955**	0.961**	0.594**	0.958**
		Sig.(双侧)	—	0.000	0.000	0.000	0.000	0.000	0.000	0.000	0.000	0.000	0.000	0.000	0.000
		n	31	31	31	31	31	31	31	31	31	31	31	31	31
	直线距离	相关系数	−0.768**	1.000	0.995**	0.955**	0.958**	−0.579**	−0.606**	−0.230	−0.584**	−0.579**	−0.609**	−0.228	−0.584**
		Sig.(双侧)	0.000	—	0.000	0.000	0.000	0.001	0.000	0.213	0.001	0.001	0.000	0.217	0.001
		n	31	31	31	31	31	31	31	31	31	31	31	31	31
	汽车行程	相关系数	−0.790**	0.995**	1.000	0.950**	0.963**	−0.604**	−0.633**	−0.257	−0.610**	−0.604**	−0.636**	−0.254	−0.610**
		Sig.(双侧)	0.000	0.000	—	0.000	0.000	0.000	0.000	0.163	0.000	0.000	0.000	0.167	0.000
		n	31	31	31	31	31	31	31	31	31	31	31	31	31
	火车里程	相关系数	−0.711**	0.955**	0.950**	1.000	0.930**	−0.531**	−0.535**	−0.180	−0.537**	−0.531**	−0.539**	−0.178	−0.537**
		Sig.(双侧)	0.000	0.000	0.000	—	0.000	0.002	0.002	0.333	0.002	0.002	0.002	0.337	0.002
		n	31	31	31	31	31	31	31	31	31	31	31	31	31
	飞机航程	相关系数	−0.790**	0.958**	0.963**	0.930**	1.000	−0.619**	−0.636**	−0.247	−0.625**	−0.619**	−0.638**	−0.244	−0.625**
		Sig.(双侧)	0.000	0.000	0.000	0.000	—	0.000	0.000	0.180	0.000	0.000	0.000	0.186	0.000
		n	31	31	31	31	31	31	31	31	31	31	31	31	31
	汽车 CO_2 排放量	相关系数	0.955**	−0.579**	−0.604**	−0.531**	−0.619**	1.000	0.989**	0.661**	1.000**	1.000**	0.990**	0.661**	1.000**
		Sig.(双侧)	0.000	0.001	0.000	0.002	0.000	—	0.000	0.000	0.000	—	0.000	0.000	0.000
		n	31	31	31	31	31	31	31	31	31	31	31	31	31
	火车 CO_2 排放量	相关系数	0.960**	−0.606**	−0.633**	−0.535**	−0.636**	0.989**	1.000	0.638**	0.990**	0.989**	1.000**	0.638**	0.990**
		Sig.(双侧)	0.000	0.000	0.000	0.002	0.000	0.000	—	0.000	0.000	0.000	0.000	0.000	0.000
		n	31	31	31	31	31	31	31	31	31	31	31	31	31

续表

		相关系数												
		游客人数	直线距离	汽车行程	火车里程	飞机航程	汽车 CO_2 排放量	火车 CO_2 排放量	飞机 CO_2 排放量	交通工具 CO_2 排放量	汽车碳足迹	火车碳足迹	飞机碳足迹	交通工具碳足迹
飞机 CO_2 排放量	相关系数	0.594**	−0.230	−0.257	−0.180	−0.247	0.661**	0.638**	1.000	0.662**	0.661**	0.639**	1.000**	0.662**
	Sig.(双侧)	0.000	0.213	0.163	0.333	0.180	0.000	0.000	—	0.000	0.000	0.000	0.000	0.000
	n	31	31	31	31	31	31	31	31	31	31	31	31	31
交通工具 CO_2 排放量	相关系数	0.958**	−0.584**	−0.610**	−0.537**	−0.625**	1.000**	0.990**	0.662**	1.000	1.000**	0.990**	0.662**	1.000**
	Sig.(双侧)	0.000	0.001	0.000	0.002	0.000	0.000	0.000	0.000	—	0.000	0.000	0.000	—
	n	31	31	31	31	31	31	31	31	31	31	31	31	31
汽车碳足迹	相关系数	0.955**	−0.579**	−0.604**	−0.531**	−0.619**	1.000**	0.989**	0.661**	1.000**	1.000	0.990**	0.661**	1.000**
	Sig.(双侧)	0.000	0.001	0.000	0.002	0.000	—	0.000	0.000	0.000	—	0.000	0.000	0.000
	n	31	31	31	31	31	31	31	31	31	31	31	31	31
火车碳足迹	相关系数	0.961**	−0.609**	−0.636**	−0.539**	−0.638**	0.990**	1.000**	0.639**	0.990**	0.990**	1.000	0.638**	0.990**
	Sig.(双侧)	0.000	0.000	0.000	0.002	0.000	0.000	0.000	0.000	0.000	0.000	—	0.000	0.000
	n	31	31	31	31	31	31	31	31	31	31	31	31	31
飞机碳足迹	相关系数	0.594**	−0.228	−0.254	−0.178	−0.244	0.661**	0.638**	1.000**	0.662**	0.661**	0.638**	1.000	0.662**
	Sig.(双侧)	0.000	0.217	0.167	0.337	0.186	0.000	0.000	0.000	0.000	0.000	0.000	—	0.000
	n	31	31	31	31	31	31	31	31	31	31	31	31	31
交通工具碳足迹	相关系数	0.958**	−0.584**	−0.610**	−0.537**	−0.625**	1.000**	0.990**	0.662**	1.000**	1.000**	0.990**	0.662**	1.000
	Sig.(双侧)	0.000	0.001	0.000	0.002	0.000	0.000	0.000	0.000	—	0.000	0.000	0.000	—
	n	31	31	31	31	31	31	31	31	31	31	31	31	31

注：** 表示在置信度(双测)为 0.01 时，相关性是显著的。

表 3-25　2005 年国内游客交通工具碳足迹和游客人数之间的回归模型(单程)

模型汇总和参数估计值

因变量:交通工具碳足迹

方程	模型汇总					参数估计值			
	R^2	F	df1	df2	Sig.	常数	b1	b2	b3
线性	0.723	75.722	1	29	0.000	124.170	0.002		
对数	0.796	113.071	1	29	0.000	−819.383	112.977		
倒数	0.283	11.430	1	29	0.002	274.550	−298 222.657		
二次	0.829	67.812	2	28	0.000	90.427	0.005	0.000	
三次	0.871	60.992	3	27	0.000	56.004	0.010	0.000	0.000
复合	0.377	17.536	1	29	0.000	101.820	1.000		
幂	0.877	207.563	1	29	0.000	0.938	0.550		
S	0.615	46.405	1	29	0.000	5.433	−2039.304		
增长	0.377	17.536	1	29	0.000	4.623	0.000		
指数	0.377	17.536	1	29	0.000	101.820	0.000		
Logistic	0.377	17.536	1	29	0.000	0.010	1.000		

注:自变量为游客人数。

136.59 gha、135.99 gha、149.18 gha、105.53 gha 和 136.44 gha。与山西省距离较远的省(直辖市、自治区)，如安徽省、宁夏回族自治区、甘肃省、重庆市、江西省、云南省、青海省、海南省、贵州省和西藏自治区，游客人数较少，单程交通工具碳足迹均不超过 100 gha。2006 年，从客源地到达目的地，五台山风景名胜区的国内游客以公路、铁路和航空作为主要出行途径产生的 CO_2 排放量分别为 20 153 722.18 kg、1 398 620.81 kg 和 411 587.56 kg，碳足迹分别为 6860.19 gha、476.08 gha 和 140.11 gha，共计 7476.38 gha，见表 3-26。

采用 SPSS 软件中的 Spearman 相关分析对 2006 年中国 31 个省(直辖市、自治区)单程的交通工具碳足迹等 13 个变量之间的相关性进行分析，结果表明：交通工具碳足迹与飞机碳足迹、火车碳足迹、汽车碳足迹之间均有显著正相关关系，并且相关性依次增强。游客人数与交通工具碳足迹也存在显著正相关关系($R=0.958$，$p<0.01$，$n=31$)。直线距离、汽车行程、火车里程、飞机航程与交通工具碳足迹均有显著负相关关系($p<0.01$)(表 3-27)。进一步对游客人数与单程交通工具碳足迹之间关系进行分析，得到二者之间的最佳模型为：$y=1.055x^{0.550}$($R^2=0.877$，$p=0$，$n=31$)(表 3-28)，这表明游客人数能够解释单程交通工具碳足迹变化的 87.7%。

2007 年国内游客以汽车、火车和飞机作为主要交通方式单程产生的 CO_2 排放量分别为 19 678 275.34 kg、1 338 081.90 kg 和 421 863.59 kg，碳足迹分别为 6698.34 gha、455.45 gha 和 143.61 gha，共计 7297.40 gha。山西省游客和北京市游客单程交通工具碳足迹在国内游客单程交通工具碳足迹中占比分别为 15.19%和 11.01%，二者之和为 26.20%。河北省、天津市和广东省的游客单程交通工具碳足迹在国内游客单程交通工具碳足迹中的占比较大，分别为 6.46%、7.33%和 8.10%，三者之和为 21.89%。内蒙古自治区、山东省和河南省游客单程交通工具碳足迹在国内游客单程交通工具碳足迹中的占比较大，分别为 4.30%、3.93%和 4.19%，三者之和为 12.42%。宁夏回族自治区、江西省和海南省游客单程交通工具碳足迹较低，占比均低于 1%。来自贵州省、青海省和西藏自治区的游客人数少，单程交通工具碳足迹很低，均不足 50 gha，所占比例较低，均在 0.70%以下。其他省(直辖市、自治区)游客单程交通工具碳足迹占比为 1.0%～3.6%。山西省、河北省、北京市、天津市、内蒙古自治区、山东省、河南省和广东省游客单程交通工具碳足迹是国内游客单程交通工具碳足迹的主要来源，所占比例之和为 60.51%(表 3-29)。

Spearman 相关分析的结果表明：汽车 CO_2 排放量、火车 CO_2 排放量、飞机 CO_2 排放量和交通工具 CO_2 排放量均与游客人数有显著正相关关系，相关系数分别为 $R=0.955$、$R=0.960$、$R=0.594$ 和 $R=0.958$($p<0.01$，$n=31$)；交通工具碳足迹与游客人数之间存在显著正相关关系，相关系数 $R=0.958$($p<0.01$，$n=31$)；游客人数与直线距离、汽车行程、火车里程、飞机航程之间均有显著负相关关系($p<0.01$)(表 3-30)。回归分析结果表明，单程交通工具碳足迹与游客人数之间最优模型仍为幂函数(W)模型：$y=1.046x^{0.549}$($R^2=0.877$，$p=0$，$n=31$)(表 3-31)。

表 3-26　2006 年国内游客交通工具的 CO_2 排放量和碳足迹(单程)

编号	客源地	CO_2 排放量(kg)				碳足迹(gha)			
		汽车	火车	飞机	交通工具	汽车	火车	飞机	交通工具
1	山西省	3 005 288.74	336 153.88	0.00	3 341 442.62	1022.98	114.42	0.00	1137.40
2	河北省	1 282 012.90	138 758.66	0.00	1 420 771.56	436.39	47.23	0.00	483.62
3	北京市	2 144 657.46	192 214.79	81 044.71	2 417 916.96	730.02	65.43	27.59	823.04
4	天津市	1 452 135.72	109 945.68	46 530.97	1 608 612.37	494.30	37.42	15.84	547.56
5	内蒙古自治区	867 708.19	55 881.22	20 898.58	944 487.99	295.36	19.02	7.11	321.49
6	山东省	782 326.56	47 968.83	31 168.17	861 463.56	266.30	16.33	10.61	293.24
7	河南省	855 192.14	49 431.43	14 949.16	919 572.73	291.10	16.83	5.09	313.02
8	广东省	1 660 782.65	81 794.75	34 936.18	1 777 513.58	565.32	27.84	11.89	605.05
9	辽宁省	710 182.46	39 830.90	19 704.38	769 717.74	241.74	13.56	6.71	262.01
10	江苏省	730 398.38	39 976.78	17 811.43	788 186.59	248.62	13.61	6.06	268.29
11	陕西省	447 140.62	18 129.18	8332.51	473 602.31	152.20	6.17	2.84	161.21
12	上海市	616 906.33	32 182.67	13 444.36	662 533.36	209.99	10.95	4.58	225.52
13	浙江省	590 734.09	30 241.77	12 753.08	633 728.94	201.08	10.29	4.34	215.71
14	黑龙江省	578 589.27	27 627.75	14 477.80	620 694.82	196.95	9.40	4.93	211.28
15	湖北省	374 392.80	18 653.90	8213.85	401 260.55	127.44	6.35	2.80	136.59
16	吉林省	370 818.46	18 986.96	9733.64	399 539.06	126.22	6.46	3.31	135.99

续表

编号	客源地	CO_2 排放量(kg)				碳足迹(gha)			
		汽车	火车	飞机	交通工具	汽车	火车	飞机	交通工具
17	福建省	541 006.45	24 630.12	11 142.17	576 778.74	184.15	8.38	3.79	196.32
18	四川省	414 520.94	15 176.05	8556.54	438 253.53	141.10	5.17	2.91	149.18
19	安徽省	245 328.49	12 383.91	5148.38	262 860.78	83.51	4.22	1.75	89.48
20	宁夏回族自治区	186 185.85	8053.04	3547.25	197 786.14	63.38	2.74	1.21	67.33
21	湖南省	290 192.35	13 857.25	5966.01	310 015.61	98.78	4.72	2.03	105.53
22	甘肃省	225 203.71	10 296.75	5732.18	241 232.64	76.66	3.50	1.95	82.11
23	广西壮族自治区	376 808.87	16 151.80	7869.79	400 830.46	128.26	5.50	2.68	136.44
24	重庆市	220 711.20	8742.93	4537.56	233 991.69	75.13	2.98	1.54	79.65
25	江西省	202 928.57	9185.40	4228.35	216 342.32	69.08	3.13	1.44	73.65
26	新疆维吾尔自治区	278 493.89	10 393.49	5954.37	294 841.75	94.80	3.54	2.03	100.37
27	云南省	216 512.90	10 315.04	4276.95	231 104.89	73.70	3.51	1.46	78.67
28	青海省	108 157.73	4750.77	2559.59	115 468.09	36.82	1.62	0.87	39.31
29	海南省	157 308.40	7315.49	3253.41	167 877.30	53.55	2.49	1.11	57.15
30	贵州省	88 677.97	4422.25	2198.38	95 298.60	30.19	1.51	0.75	32.45
31	西藏自治区	132 418.09	5167.37	2617.81	140 203.27	45.07	1.76	0.89	47.72
	合计	20 153 722.18	1 398 620.81	411 587.56	21 963 930.55	6860.19	476.08	140.11	7476.38

表 3-27　2006 年不同变量之间相关性分析结果(单程)

			相关系数												
			游客人数	直线距离	汽车行程	火车里程	飞机航程	汽车 CO_2 排放量	火车 CO_2 排放量	飞机 CO_2 排放量	交通工具 CO_2 排放量	汽车碳足迹	火车碳足迹	飞机碳足迹	交通工具碳足迹
Spearman 的 rho	游客人数	相关系数	1.000	-0.768**	-0.790**	-0.711**	-0.790**	0.955**	0.960**	0.594**	0.958**	0.955**	0.960**	0.594**	0.958**
		Sig.(双侧)	—	0.000	0.000	0.000	0.000	0.000	0.000	0.000	0.000	0.000	0.000	0.000	0.000
		n	31	31	31	31	31	31	31	31	31	31	31	31	31
	直线距离	相关系数	-0.768**	1.000	0.995**	0.955**	0.958**	-0.579**	-0.606**	-0.230	-0.584**	-0.579**	-0.606**	-0.228	-0.584**
		Sig.(双侧)	0.000	—	0.000	0.000	0.000	0.001	0.000	0.213	0.001	0.001	0.000	0.217	0.001
		n	31	31	31	31	31	31	31	31	31	31	31	31	31
	汽车行程	相关系数	-0.790**	0.995**	1.000	0.950**	0.963**	-0.604**	-0.633**	-0.257	-0.610**	-0.604**	-0.633**	-0.254	-0.610**
		Sig.(双侧)	0.000	0.000	—	0.000	0.000	0.000	0.000	0.163	0.000	0.000	0.000	0.167	0.000
		n	31	31	31	31	31	31	31	31	31	31	31	31	31
	火车里程	相关系数	-0.711**	0.955**	0.950**	1.000	0.930**	-0.531**	-0.535**	-0.180	-0.537**	-0.531**	-0.535**	-0.178	-0.537**
		Sig.(双侧)	0.000	0.000	0.000	—	0.000	0.002	0.002	0.333	0.002	0.002	0.002	0.337	0.002
		n	31	31	31	31	31	31	31	31	31	31	31	31	31
	飞机航程	相关系数	-0.790**	0.958**	0.963**	0.930**	1.000	-0.619**	-0.636**	-0.247	-0.625**	-0.619**	-0.636**	-0.244	-0.625**
		Sig.(双侧)	0.000	0.000	0.000	0.000	—	0.000	0.000	0.180	0.000	0.000	0.000	0.186	0.000
		n	31	31	31	31	31	31	31	31	31	31	31	31	31
	汽车 CO_2 排放量	相关系数	0.955**	-0.579**	-0.604**	-0.531**	-0.619**	1.000	0.989**	0.661**	1.000**	1.000**	0.989**	0.661**	1.000**
		Sig.(双侧)	0.000	0.001	0.000	0.002	0.000	—	0.000	0.000	0.000	—	0.000	0.000	0.000
		n	31	31	31	31	31	31	31	31	31	31	31	31	31
	火车 CO_2 排放量	相关系数	0.960**	-0.606**	-0.633**	-0.535**	-0.636**	0.989**	1.000	0.638**	0.990**	0.989**	1.000**	0.638**	0.990**
		Sig.(双侧)	0.000	0.000	0.000	0.002	0.000	0.000	—	0.000	0.000	0.000	—	0.000	0.000
		n	31	31	31	31	31	31	31	31	31	31	31	31	31

续表

			相关系数												
			游客人数	直线距离	汽车行程	火车里程	飞机航程	汽车 CO_2 排放量	火车 CO_2 排放量	飞机 CO_2 排放量	交通工具 CO_2 排放量	汽车碳足迹	火车碳足迹	飞机碳足迹	交通工具碳足迹
Spearman 的 rho	飞机 CO_2 排放量	相关系数	0.594**	−0.230	−0.257	−0.180	−0.247	0.661**	0.638**	1.000	0.662**	0.661**	0.638**	1.000**	0.662**
		Sig.（双侧）	0.000	0.213	0.163	0.333	0.180	0.000	0.000	—	0.000	0.000	0.000	0.000	0.000
		n	31	31	31	31	31	31	31	31	31	31	31	31	31
	交通工具 CO_2 排放量	相关系数	0.958**	−0.584**	−0.610**	−0.537**	−0.625**	1.000**	0.990**	0.662**	1.000	1.000**	0.990**	0.662**	1.000**
		Sig.（双侧）	0.000	0.001	0.000	0.002	0.000	0.000	0.000	0.000	—	0.000	0.000	0.000	—
		n	31	31	31	31	31	31	31	31	31	31	31	31	31
	汽车碳足迹	相关系数	0.955**	−0.579**	−0.604**	−0.531**	−0.619**	1.000**	0.989**	0.661**	1.000**	1.000	0.989**	0.661**	1.000**
		Sig.（双侧）	0.000	0.001	0.000	0.002	0.000	—	0.000	0.000	0.000	—	0.000	0.000	0.000
		n	31	31	31	31	31	31	31	31	31	31	31	31	31
	火车碳足迹	相关系数	0.960**	−0.606**	−0.633**	−0.535**	−0.636**	0.989**	1.000**	0.638**	0.990**	0.989**	1.000	0.638**	0.990**
		Sig.（双侧）	0.000	0.000	0.000	0.002	0.000	0.000	—	0.000	0.000	0.000	—	0.000	0.000
		n	31	31	31	31	31	31	31	31	31	31	31	31	31
	飞机碳足迹	相关系数	0.594**	−0.228	−0.254	−0.178	−0.244	0.661**	0.638**	1.000**	0.662**	0.661**	0.638**	1.000	0.662**
		Sig.（双侧）	0.000	0.217	0.167	0.337	0.186	0.000	0.000	0.000	0.000	0.000	0.000	—	0.000
		n	31	31	31	31	31	31	31	31	31	31	31	31	31
	交通工具碳足迹	相关系数	0.958**	−0.584**	−0.610**	−0.537**	−0.625**	1.000**	0.990**	0.662**	1.000**	1.000**	0.990**	0.662**	1.000
		Sig.（双侧）	0.000	0.001	0.000	0.002	0.000	0.000	0.000	0.000	—	0.000	0.000	0.000	—
		n	31	31	31	31	31	31	31	31	31	31	31	31	31

注：** 表示在置信度（双测）为 0.01 时，相关性是显著的。

表 3-28　2006 年国内游客交通工具碳足迹和游客人数之间的回归模型(单程)

模型汇总和参数估计值

因变量:交通工具碳足迹

方程	模型汇总					参数估计值			
	R^2	F	df1	df2	Sig.	常数	b1	b2	b3
线性	0.722	75.395	1	29	0.000	160.444	0.002		
对数	0.796	113.124	1	29	0.000	−1094.659	145.819		
倒数	0.283	11.442	1	29	0.002	354.522	−496 955.902		
二次	0.828	67.581	2	28	0.000	116.815	0.005	0.000	
三次	0.871	60.807	3	27	0.000	72.314	0.010	0.000	0.000
复合	0.377	17.516	1	29	0.000	131.532	1.000		
幂	0.877	207.341	1	29	0.000	1.055	0.550		
S	0.615	46.413	1	29	0.000	5.689	−2631.615		
增长	0.377	17.516	1	29	0.000	4.879	0.000		
指数	0.377	17.516	1	29	0.000	131.532	0.000		
Logistic	0.377	17.516	1	29	0.000	0.008	1.000		

注:自变量为游客人数。

表 3-29 2007 年国内游客交通工具的 CO_2 排放量和碳足迹(单程)

编号	客源地	CO_2 排放量(kg)				碳足迹(gha)			
		汽车	火车	飞机	交通工具	汽车	火车	飞机	交通工具
1	山西省	2 934 368.78	321 602.10	0.00	3 255 970.88	998.84	109.47	0.00	1108.31
2	河北省	1 251 755.50	132 751.51	0.00	1 384 507.01	426.09	45.19	0.00	471.28
3	北京市	2 094 046.33	183 893.94	83 067.40	2 361 007.67	712.80	62.60	28.28	803.68
4	天津市	1 417 878.26	105 187.02	47 692.64	1 570 757.92	482.63	35.80	16.23	534.66
5	内蒙古自治区	847 223.02	53 461.63	21 419.95	922 104.60	288.39	18.20	7.29	313.88
6	山东省	763 873.52	45 892.82	31 946.43	841 712.77	260.02	15.62	10.87	286.51
7	河南省	834 990.14	47 290.41	15 321.87	897 602.42	284.22	16.10	5.22	305.54
8	广东省	1 621 615.26	78 255.11	35 808.65	1 735 679.02	551.99	26.64	12.19	590.82
9	辽宁省	693 417.35	38 106.33	20 195.98	751 719.66	236.03	12.97	6.87	255.87
10	江苏省	713 150.63	38 245.60	18 255.67	769 651.90	242.75	13.02	6.21	261.98
11	陕西省	436 604.11	17 344.99	8540.77	462 489.87	148.62	5.90	2.91	157.43
12	上海市	602 369.02	30 790.57	13 780.37	646 939.96	205.04	10.48	4.69	220.21
13	浙江省	576 831.79	28 934.55	13 072.23	618 838.57	196.35	9.85	4.45	210.65
14	黑龙江省	564 914.95	26 430.81	14 838.60	606 184.36	192.29	9.00	5.05	206.34
15	湖北省	365 527.21	17 844.90	8418.15	391 790.26	124.42	6.07	2.87	133.36
16	吉林省	362 073.03	18 165.30	9976.72	390 215.05	123.25	6.18	3.40	132.83

续表

编号	客源地	CO_2 排放量(kg)				碳足迹(gha)			
		汽车	火车	飞机	交通工具	汽车	火车	飞机	交通工具
17	福建省	528 247.28	23 564.25	11 420.42	563 231.95	179.81	8.02	3.89	191.72
18	四川省	404 763.43	14 519.97	8770.63	428 054.03	137.78	4.94	2.99	145.71
19	安徽省	239 533.86	11 847.56	5276.75	256 658.17	81.54	4.03	1.80	87.37
20	宁夏回族自治区	181 794.51	7704.53	3635.83	193 134.87	61.88	2.62	1.24	65.74
21	湖南省	283 372.89	13 258.72	6115.53	302 747.14	96.46	4.51	2.08	103.05
22	甘肃省	219 923.21	9852.53	5876.15	235 651.89	74.86	3.35	2.00	80.21
23	广西壮族自治区	367 970.69	15 454.87	8067.38	391 492.94	125.25	5.26	2.75	133.26
24	重庆市	215 552.52	8366.39	4651.89	228 570.80	73.37	2.85	1.58	77.80
25	江西省	198 120.89	8786.94	4333.47	211 241.30	67.44	2.99	1.48	71.91
26	新疆维吾尔自治区	271 935.08	9944.04	6103.27	287 982.39	92.56	3.38	2.08	98.02
27	云南省	211 442.83	9870.35	4384.51	225 697.69	71.97	3.36	1.49	76.82
28	青海省	105 599.01	4544.84	2623.32	112 767.17	35.95	1.55	0.89	38.39
29	海南省	153 543.84	6996.43	3333.48	163 873.75	52.27	2.38	1.13	55.78
30	贵州省	86 585.60	4230.83	2253.26	93 069.69	29.47	1.44	0.77	31.68
31	西藏自治区	129 250.80	4942.06	2682.27	136 875.13	44.00	1.68	0.91	46.59
	合计	19 678 275.34	1 338 081.90	421 863.59	21 438 220.83	6 698.34	455.45	143.61	7 297.40

表 3-30 2007 年不同变量之间相关性分析结果(单程)

			游客人数	直线距离	汽车行程	火车里程	飞机航程	汽车 CO_2 排放量	火车 CO_2 排放量	飞机 CO_2 排放量	交通工具 CO_2 排放量	汽车碳足迹	火车碳足迹	飞机碳足迹	交通工具碳足迹
Spearman 的 rho	游客人数	相关系数	1.000	−0.768**	−0.790**	−0.711**	−0.790**	0.955**	0.960**	0.594**	0.958**	0.955**	0.960**	0.594**	0.958**
		Sig.(双侧)	—	0.000	0.000	0.000	0.000	0.000	0.000	0.000	0.000	0.000	0.000	0.000	0.000
		n	31	31	31	31	31	31	31	31	31	31	31	31	31
	直线距离	相关系数	−0.768**	1.000	0.995**	0.955**	0.958**	−0.579**	−0.606**	−0.230	−0.584**	−0.579**	−0.606**	−0.228	−0.584**
		Sig.(双侧)	0.000	—	0.000	0.000	0.000	0.001	0.000	0.213	0.001	0.001	0.000	0.217	0.001
		n	31	31	31	31	31	31	31	31	31	31	31	31	31
	汽车行程	相关系数	−0.790**	0.995**	1.000	0.950**	0.963**	−0.604**	−0.633**	−0.257	−0.610**	−0.604**	−0.633**	−0.254	−0.610**
		Sig.(双侧)	0.000	0.000	—	0.000	0.000	0.000	0.000	0.163	0.000	0.000	0.000	0.167	0.000
		n	31	31	31	31	31	31	31	31	31	31	31	31	31
	火车里程	相关系数	−0.711**	0.955**	0.950**	1.000	0.930**	−0.531**	−0.535**	−0.180	−0.537**	−0.531**	−0.535**	−0.178	−0.537**
		Sig.(双侧)	0.000	0.000	0.000	—	0.000	0.002	0.002	0.333	0.002	0.002	0.002	0.337	0.002
		n	31	31	31	31	31	31	31	31	31	31	31	31	31
	飞机航程	相关系数	−0.790**	0.958**	0.963**	0.930**	1.000	−0.619**	−0.636**	−0.247	−0.625**	−0.619**	−0.636**	−0.244	−0.625**
		Sig.(双侧)	0.000	0.000	0.000	0.000	—	0.000	0.000	0.180	0.000	0.000	0.000	0.186	0.000
		n	31	31	31	31	31	31	31	31	31	31	31	31	31
	汽车 CO_2 排放量	相关系数	0.955**	−0.579**	−0.604**	−0.531**	−0.619**	1.000	0.989**	0.661**	1.000**	1.000**	0.989**	0.661**	1.000**
		Sig.(双侧)	0.000	0.001	0.000	0.002	0.000	—	0.000	0.000	0.000	—	0.000	0.000	0.000
		n	31	31	31	31	31	31	31	31	31	31	31	31	31
	火车 CO_2 排放量	相关系数	0.960**	−0.606**	−0.633**	−0.535**	−0.636**	0.989**	1.000	0.638**	0.990**	0.989**	1.000**	0.638**	0.990**
		Sig.(双侧)	0.000	0.000	0.000	0.002	0.000	0.000	—	0.000	0.000	0.000	—	0.000	0.000
		n	31	31	31	31	31	31	31	31	31	31	31	31	31

续表

			相关系数												
			游客人数	直线距离	汽车行程	火车里程	飞机航程	汽车 CO_2 排放量	火车 CO_2 排放量	飞机 CO_2 排放量	交通工具 CO_2 排放量	汽车碳足迹	火车碳足迹	飞机碳足迹	交通工具碳足迹
Spearman 的 rho	飞机 CO_2 排放量	相关系数	0.594**	−0.230	−0.257	−0.180	−0.247	0.661**	0.638**	1.000	0.662**	0.661**	0.638**	1.000**	0.662**
		Sig.（双侧）	0.000	0.213	0.163	0.333	0.180	0.000	0.000	—	0.000	0.000	0.000	0.000	0.000
		n	31	31	31	31	31	31	31	31	31	31	31	31	31
	交通工具 CO_2 排放量	相关系数	0.958**	−0.584**	−0.610**	−0.537**	−0.625**	1.000**	0.990**	0.662**	1.000	1.000**	0.990**	0.662**	1.000**
		Sig.（双侧）	0.000	0.001	0.000	0.002	0.000	0.000	0.000	0.000	—	0.000	0.000	0.000	—
		n	31	31	31	31	31	31	31	31	31	31	31	31	31
	汽车碳足迹	相关系数	0.955**	−0.579**	−0.604**	−0.531**	−0.619**	1.000**	0.989**	0.661**	1.000**	1.000	0.989**	0.661**	1.000**
		Sig.（双侧）	0.000	0.001	0.000	0.002	0.000	—	0.000	0.000	0.000	—	0.000	0.000	0.000
		n	31	31	31	31	31	31	31	31	31	31	31	31	31
	火车碳足迹	相关系数	0.960**	−0.606**	−0.633**	−0.535**	−0.636**	0.989**	1.000**	0.638**	0.990**	0.989**	1.000	0.638**	0.990**
		Sig.（双侧）	0.000	0.000	0.000	0.002	0.000	0.000	—	0.000	0.000	0.000	—	0.000	0.000
		n	31	31	31	31	31	31	31	31	31	31	31	31	31
	飞机碳足迹	相关系数	0.594**	−0.228	−0.254	−0.178	−0.244	0.661**	0.638**	1.000**	0.662**	0.661**	0.638**	1.000	0.662**
		Sig.（双侧）	0.000	0.217	0.167	0.337	0.186	0.000	0.000	0.000	0.000	0.000	0.000	—	0.000
		n	31	31	31	31	31	31	31	31	31	31	31	31	31
	交通工具碳足迹	相关系数	0.958**	−0.584**	−0.610**	−0.537**	−0.625**	1.000**	0.990**	0.662**	1.000**	1.000**	0.990**	0.662**	1.000
		Sig.（双侧）	0.000	0.001	0.000	0.002	0.000	0.000	0.000	0.000	—	0.000	0.000	0.000	—
		n	31	31	31	31	31	31	31	31	31	31	31	31	31

注：** 表示在置信度（双测）为 0.01 时，相关性是显著的。

表 3-31 2007 年国内游客交通工具碳足迹和游客人数之间的回归模型(单程)

模型汇总和参数估计值

因变量:交通工具碳足迹

方程	模型汇总					参数估计值			
	R^2	F	df1	df2	Sig.	常数	b1	b2	b3
线性	0.721	74.974	1	29	0.000	156.733	0.002		
对数	0.796	113.182	1	29	0.000	−1063.851	142.210		
倒数	0.283	11.457	1	29	0.002	345.979	−472 938.569		
二次	0.828	67.253	2	28	0.000	114.099	0.005	0.000	
三次	0.871	60.545	3	27	0.000	70.596	0.010	0.000	0.000
复合	0.376	17.485	1	29	0.000	128.446	1.000		
幂	0.877	206.960	1	29	0.000	1.046	0.549		
S	0.616	46.435	1	29	0.000	5.665	−2566.416		
增长	0.376	17.485	1	29	0.000	4.856	0.000		
指数	0.376	17.485	1	29	0.000	128.446	0.000		
Logistic	0.376	17.485	1	29	0.000	0.008	1.000		

注:自变量为游客人数。

2008 年五台山风景名胜区国内游客从客源地到达目的地使用交通工具排放的 CO_2 总量为 18 541 078.23 kg，其中以公路作为出行途径的排放量是主要组成部分，占比为 93.17%，采用铁路和航空作为主要出行途径的排放量占比分别为 5.24% 和 1.59%。国内游客单程交通工具碳足迹为 6311.19 gha，单程汽车碳足迹、火车碳足迹和飞机碳足迹分别为 5879.97 gha、330.72 gha 和 100.50 gha。山西省游客和北京市游客单程交通工具碳足迹之和为 1647.26 gha，占总量的 26.1%。河北省、天津市和广东省游客产生的单程交通工具碳足迹为 400～600 gha。内蒙古自治区、山东省、河南省、辽宁省和江苏省游客单程交通工具碳足迹为 200～300 gha。陕西省、上海市、浙江省、黑龙江省、湖北省、吉林省、福建省、四川省和广西壮族自治区游客单程交通工具碳足迹为 100～200 gha。其他 12 个省(直辖市、自治区)的游客产生的单程交通工具碳足迹均在 100 gha 以下(表 3-32)。

采用 SPSS 软件中的 Spearman 相关分析对单程的 13 个变量之间的相关关系进行分析，结果表明：2008 年游客人数与直线距离、汽车行程、火车里程、飞机航程均有显著负相关关系($p<0.01$)，游客人数与汽车 CO_2 排放量、火车 CO_2 排放量、飞机 CO_2 排放量、交通工具 CO_2 排放量、汽车碳足迹、火车碳足迹、飞机碳足迹均有显著正相关关系($p<0.01$)。单程交通工具碳足迹与游客人数之间有显著正相关关系($p<0.01$)见表 3-33，二者之间的幂函数(W)模型为：$y=0.993x^{0.548}$ ($R^2=0.876$，$p=0$)，表明游客人数可以解释单程交通工具碳足迹变化的 87.6%，见表 3-34。

2009 年五台山风景名胜区国内游客从客源地到达目的地因乘坐交通工具产生的 CO_2 排放量为 20 280 292.76 kg，碳足迹为 6903.29 gha；选择公路作为交通途径出行产生的 CO_2 排放量为 18 843 880.98 kg，碳足迹为 6414.32 gha；选择铁路作为交通途径出行产生的 CO_2 排放量为 1 065 580.56 kg，碳足迹为 362.73 gha；选择航空作为交通途径出行产生的 CO_2 排放量为 370 831.22 kg，碳足迹为 126.24 gha。山西省作为最主要的客源地，游客出行交通工具单程产生的 CO_2 排放量为 3 066 070.83 kg，碳足迹为 1043.67 gha，占国内游客单程交通工具碳足迹的 15.12%。与山西省的数值相比，北京市游客乘坐交通工具出行单程产生的 CO_2 排放量减少了 841 355.88 kg，产生的碳足迹减少了 286.39 gha；天津市游客乘坐交通工具单程产生的 CO_2 排放量减少了 1 582 637.48 kg，产生的碳足迹减少了 538.72 gha；河北省游客乘坐交通工具单程产生的 CO_2 排放量减少了 1 761 670.07 kg，产生的碳足迹减少了 599.66 gha；广东省游客乘坐交通工具单程产生的 CO_2 排放量减少了 1 419 390.05 kg，产生的碳足迹减少了 483.16 gha。山西省单程交通工具碳足迹分别是内蒙古自治区、山东省和河南省单程交通工具碳足迹的 3 倍多，分别是辽宁省和江苏省单程交通工具碳足迹的 4 倍多，是上海市单程交通工具碳足迹的 5 倍，分别是浙江省、黑龙江省和福建省单程交通工具碳足迹的 5 倍多，是陕西省单程交通工具碳足迹的 6 倍多，是四川省单程交通工具碳足迹的 7 倍多，分别是湖北省、吉林省和广西壮族自治区单程交通工具碳足迹的 8 倍多。安徽省、宁夏回族自治区、湖南省、甘肃省、重庆市、江西省、新疆维吾尔

表 3-32 2008 年国内游客交通工具的 CO_2 排放量和碳足迹(单程)

编号	客源地	CO_2 排放量(kg)				碳足迹(gha)			
		汽车	火车	飞机	交通工具	汽车	火车	飞机	交通工具
1	山西省	2 575 889.08	233 534.70	0.00	2 809 423.78	876.81	79.49	0.00	956.30
2	河北省	1 098 836.39	96 399.12	0.00	1 195 235.51	374.04	32.81	0.00	406.85
3	北京市	1 838 229.85	133 536.81	58 144.42	2 029 911.08	625.72	45.45	19.79	690.96
4	天津市	1 244 658.77	76 382.45	33 383.10	1 354 424.32	423.67	26.00	11.36	461.03
5	内蒙古自治区	743 731.83	38 822.26	14 993.43	797 547.52	253.16	13.21	5.10	271.47
6	山东省	670 548.67	33 325.27	22 361.20	726 235.14	228.25	11.34	7.61	247.20
7	河南省	732 984.44	34 340.50	10 724.80	778 049.74	249.50	11.69	3.65	264.84
8	广东省	1 423 544.65	56 827.17	25 065.43	1 505 437.25	484.56	19.34	8.53	512.43
9	辽宁省	608 700.47	27 671.08	14 136.37	650 507.92	207.20	9.42	4.81	221.43
10	江苏省	626 019.20	27 772.05	12 778.15	666 569.40	213.09	9.45	4.35	226.89
11	陕西省	383 254.16	12 594.85	5978.06	401 827.07	130.46	4.29	2.03	136.78
12	上海市	528 751.42	22 357.68	9645.26	560 754.36	179.98	7.61	3.28	190.87
13	浙江省	506 352.49	21 010.70	9149.92	536 513.11	172.36	7.15	3.11	182.62
14	黑龙江省	495 902.71	19 193.05	10 386.52	525 482.28	168.80	6.53	3.54	178.87
15	湖北省	320 866.35	12 958.02	5892.30	339 716.67	109.22	4.41	2.01	115.64
16	吉林省	317 832.18	13 190.59	6983.18	338 005.95	108.19	4.49	2.38	115.06

续表

编号	客源地	CO_2 排放量(kg)				碳足迹(gha)			
		汽车	火车	飞机	交通工具	汽车	火车	飞机	交通工具
17	福建省	463 701.99	17 111.00	7993.70	488 806.69	157.84	5.82	2.72	166.38
18	四川省	355 268.24	10 542.44	6138.32	371 949.00	120.93	3.59	2.09	126.61
19	安徽省	210 269.98	8603.19	3693.53	222 566.70	71.57	2.93	1.26	75.76
20	宁夏回族自治区	159 581.18	5594.58	2544.88	167 720.64	54.32	1.90	0.87	57.09
21	湖南省	248 747.48	9627.69	4280.54	262 655.71	84.67	3.28	1.46	89.41
22	甘肃省	193 049.88	7154.29	4112.97	204 317.14	65.71	2.44	1.40	69.55
23	广西壮族自治区	322 947.76	11 220.30	5 645.67	339 813.73	109.93	3.82	1.92	115.67
24	重庆市	189 185.48	6074.25	3255.57	198 515.30	64.40	2.07	1.11	67.58
25	江西省	173 917.51	6380.73	3033.28	183 331.52	59.20	2.17	1.03	62.40
26	新疆维吾尔自治区	238 670.79	7219.67	4271.30	250 161.76	81.24	2.46	1.45	85.15
27	云南省	185 641.68	7168.61	3069.50	195 879.79	63.19	2.44	1.04	66.67
28	青海省	92 705.53	3300.53	1836.37	97 842.43	31.56	1.12	0.63	33.31
29	海南省	134 798.14	5080.98	2333.53	142 212.65	45.88	1.73	0.79	48.40
30	贵州省	76 027.61	3073.06	1577.61	80 678.28	25.88	1.05	0.54	27.47
31	西藏自治区	113 516.87	3590.50	1878.42	118 985.79	38.64	1.22	0.64	40.50
	合计	17 274 132.78	971 658.12	295 287.33	18 541 078.23	5879.97	330.72	100.50	6311.19

表 3-33　2008 年不同变量之间相关性分析结果(单程)

			相关系数												
			游客人数	直线距离	汽车行程	火车里程	飞机航程	汽车 CO_2 排放量	火车 CO_2 排放量	飞机 CO_2 排放量	交通工具 CO_2 排放量	汽车碳足迹	火车碳足迹	飞机碳足迹	交通工具碳足迹
Spearman 的 rho	游客人数	相关系数	1.000	-0.768**	-0.790**	-0.711**	-0.790**	0.955**	0.960**	0.594**	0.955**	0.955**	0.961**	0.594**	0.955**
		Sig.(双侧)	—	0.000	0.000	0.000	0.000	0.000	0.000	0.000	0.000	0.000	0.000	0.000	0.000
		n	31	31	31	31	31	31	31	31	31	31	31	31	31
	直线距离	相关系数	-0.768**	1.000	0.995**	0.955**	0.958**	-0.579**	-0.606**	-0.230	-0.579**	-0.579**	-0.609**	-0.230	-0.579**
		Sig.(双侧)	0.000	—	0.000	0.000	0.000	0.001	0.000	0.213	0.001	0.001	0.000	0.213	0.001
		n	31	31	31	31	31	31	31	31	31	31	31	31	31
	汽车行程	相关系数	-0.790**	0.995**	1.000	0.950**	0.963**	-0.604**	-0.633**	-0.257	-0.604**	-0.604**	-0.636**	-0.257	-0.604**
		Sig.(双侧)	0.000	0.000	—	0.000	0.000	0.000	0.000	0.163	0.000	0.000	0.000	0.163	0.000
		n	31	31	31	31	31	31	31	31	31	31	31	31	31
	火车里程	相关系数	-0.711**	0.955**	0.950**	1.000	0.930**	-0.531**	-0.535**	-0.180	-0.531**	-0.531**	-0.539**	-0.180	-0.531**
		Sig.(双侧)	0.000	0.000	0.000	—	0.000	0.002	0.002	0.333	0.002	0.002	0.002	0.333	0.002
		n	31	31	31	31	31	31	31	31	31	31	31	31	31
	飞机航程	相关系数	-0.790**	0.958**	0.963**	0.930**	1.000	-0.619**	-0.636**	-0.247	-0.619**	-0.619**	-0.638**	-0.247	-0.619**
		Sig.(双侧)	0.000	0.000	0.000	0.000	—	0.000	0.000	0.180	0.000	0.000	0.000	0.180	0.000
		n	31	31	31	31	31	31	31	31	31	31	31	31	31
	汽车 CO_2 排放量	相关系数	0.955**	-0.579**	-0.604**	-0.531**	-0.619**	1.000	0.989**	0.661**	1.000**	1.000**	0.990**	0.661**	1.000**
		Sig.(双侧)	0.000	0.001	0.000	0.002	0.000	—	0.000	0.000	—	—	0.000	0.000	—
		n	31	31	31	31	31	31	31	31	31	31	31	31	31
	火车 CO_2 排放量	相关系数	0.960**	-0.606**	-0.633**	-0.535**	-0.636**	0.989**	1.000	0.638**	0.989**	0.989**	1.000**	0.638**	0.989**
		Sig.(双侧)	0.000	0.000	0.000	0.002	0.000	0.000	—	0.000	0.000	0.000	0.000	0.000	0.000
		n	31	31	31	31	31	31	31	31	31	31	31	31	31

续表

			相关系数												
			游客人数	直线距离	汽车行程	火车里程	飞机航程	汽车 CO_2 排放量	火车 CO_2 排放量	飞机 CO_2 排放量	交通工具 CO_2 排放量	汽车碳足迹	火车碳足迹	飞机碳足迹	交通工具碳足迹
Spearman 的 rho	飞机 CO_2 排放量	相关系数	0.594**	−0.230	−0.257	−0.180	−0.247	0.661**	0.638**	1.000	0.661**	0.661**	0.639**	1.000**	0.661**
		Sig.（双侧）	0.000	0.213	0.163	0.333	0.180	0.000	0.000	—	0.000	0.000	0.000	—	0.000
		n	31	31	31	31	31	31	31	31	31	31	31	31	31
	交通工具 CO_2 排放量	相关系数	0.955**	−0.579**	−0.604**	−0.531**	−0.619**	1.000**	0.989**	0.661**	1.000	1.000**	0.990**	0.661**	1.000**
		Sig.（双侧）	0.000	0.001	0.000	0.002	0.000	—	0.000	0.000	—	—	0.000	0.000	—
		n	31	31	31	31	31	31	31	31	31	31	31	31	31
	汽车碳足迹	相关系数	0.955**	−0.579**	−0.604**	−0.531**	−0.619**	1.000**	0.989**	0.661**	1.000**	1.000	0.990**	0.661**	1.000**
		Sig.（双侧）	0.000	0.001	0.000	0.002	0.000	—	0.000	0.000	—	—	0.000	0.000	—
		n	31	31	31	31	31	31	31	31	31	31	31	31	31
	火车碳足迹	相关系数	0.961**	−0.609**	−0.636**	−0.539**	−0.638**	0.990**	1.000**	0.639**	0.990**	0.990**	1.000	0.639**	0.990**
		Sig.（双侧）	0.000	0.000	0.000	0.002	0.000	0.000	0.000	0.000	0.000	0.000	—	0.000	0.000
		n	31	31	31	31	31	31	31	31	31	31	31	31	31
	飞机碳足迹	相关系数	0.594**	−0.230	−0.257	−0.180	−0.247	0.661**	0.638**	1.000**	0.661**	0.661**	0.639**	1.000	0.661**
		Sig.（双侧）	0.000	0.213	0.163	0.333	0.180	0.000	0.000	—	0.000	0.000	0.000	—	0.000
		n	31	31	31	31	31	31	31	31	31	31	31	31	31
	交通工具碳足迹	相关系数	0.955**	−0.579**	−0.604**	−0.531**	−0.619**	1.000**	0.989**	0.661**	1.000**	1.000**	0.990**	0.661**	1.000
		Sig.（双侧）	0.000	0.001	0.000	0.002	0.000	—	0.000	0.000	—	—	0.000	0.000	—
		n	31	31	31	31	31	31	31	31	31	31	31	31	31

注：** 表示在置信度（双测）为 0.01 时，相关性是显著的。

表 3-34　2008 年国内游客交通工具碳足迹和游客人数之间的回归模型(单程)

模型汇总和参数估计值

因变量:交通工具碳足迹

方程	模型汇总					参数估计值			
	R^2	F	df1	df2	Sig.	常数	b1	b2	b3
线性	0.721	74.774	1	29	0.000	135.799	0.002		
对数	0.796	113.172	1	29	0.000	−898.937	122.590		
倒数	0.284	11.508	1	29	0.002	299.079	−354 178.683		
二次	0.826	66.624	2	28	0.000	99.188	0.005	0.000	
三次	0.870	60.099	3	27	0.000	61.465	0.010	0.000	0.000
复合	0.376	17.449	1	29	0.000	111.373	1.000		
幂	0.876	205.528	1	29	0.000	0.993	0.548		
S	0.616	46.531	1	29	0.000	5.521	−2222.188		
增长	0.376	17.449	1	29	0.000	4.713	0.000		
指数	0.376	17.449	1	29	0.000	111.373	0.000		
Logistic	0.376	17.449	1	29	0.000	0.009	1.000		

注:自变量为游客人数。

自治区和云南省单程交通工具碳足迹均不足山西省单程交通工具碳足迹的 1/10。山西省单程交通工具碳足迹是贵州省单程交通工具碳足迹的 34.74 倍，是青海省单程交通工具碳足迹的 28.60 倍，是西藏自治区单程交通工具碳足迹的 23.58 倍，是海南省单程交通工具碳足迹的 19.71 倍(表 3-35)。

采用 SPSS 软件中的 Spearman 相关分析对单程交通工具碳足迹等 13 个变量之间的相关关系进行分析，结果表明：2009 年游客人数与直线距离、汽车行程、火车里程、飞机航程均有显著负相关关系($p<0.01$)，游客人数与汽车 CO_2 排放量、火车 CO_2 排放量、飞机 CO_2 排放量、交通工具 CO_2 排放量、汽车碳足迹、火车碳足迹、飞机碳足迹均有显著正相关关系($p<0.01$)。单程交通工具碳足迹与游客人数之间存在显著正相关关系($p<0.01$)，二者之间的最优模型为：$y=1.035x^{0.548}$ ($R^2=0.876$，$p=0$)，见表 3-36 和表 3-37。

2010 年来自中国 31 个省(直辖市、自治区)的游客单程交通工具 CO_2 排放量为 19 856 596.30 kg，其中汽车 CO_2 排放量为 18 425 050.80 kg，火车 CO_2 排放量为 1 044 484.34kg，飞机 CO_2 排放量为 387 061.16 kg；单程交通工具碳足迹为 6759.02 gha，其中汽车碳足迹、火车碳足迹和飞机碳足迹分别为 6271.76 gha、355.53 gha 和 131.73 gha(表 3-38)。

采用 SPSS 统计分析软件对中国 31 个省(直辖市、自治区)单程的交通工具碳足迹、汽车碳足迹、火车碳足迹、飞机碳足迹、游客人数、直线距离、汽车行程和火车里程等进行了 Spearman 相关分析，结果如下：交通工具碳足迹与游客人数成正比，相关系数 $R=0.955$($p<0.01$，$n=31$)；交通工具碳足迹与直线距离、汽车行程、火车里程、飞机航程均呈显著负相关关系($p<0.01$，$n=31$)。交通工具碳足迹与汽车碳足迹、火车碳足迹和飞机碳足迹均有显著正相关关系($p<0.01$，$n=31$)，且与汽车碳足迹相关性最强，与飞机碳足迹相关性最弱(表 3-39)。采用多个模型对单程交通工具碳足迹与游客人数之间关系进行曲线拟合分析(表 3-40)，发现幂函数(W)模型为最佳模型。因此，选择幂函数(W)模型对二者关系进行描述，关系式为：$y=1.027x^{0.548}$ ($R^2=0.876$，$p=0$，$n=31$)。

2011 年五台山风景名胜区国内游客从客源地到达目的地交通工具 CO_2 排放量为 23 747 654.23 kg，其中选择公路作为交通途径所产生的 CO_2 排放量是主要部分，所占比例为 92.62%；选择铁路作为主要交通途径产生的 CO_2 排放量所占比例为 5.41%；在交通工具中飞机单位距离碳排放量最大，但由于乘坐飞机游客少，选择飞机作为主要交通工具产生的 CO_2 排放量所占比例最低，只占总量的 1.97%。从客源地到达目的地国内游客交通工具碳足迹为 8083.57 gha，其中以汽车、火车和飞机为主要交通工具产生的碳足迹分别为 7486.67 gha、437.57 gha 和 159.33 gha。在中国 31 个省(直辖市、自治区)中，只有山西省单程交通工具碳足迹在 1000 gha 以上，北京市单程交通工具碳足迹为 888.15 gha，河北省、天津市和广东省单程交通工具碳足迹依次为 519.65 gha、591.83 gha 和 656.05 gha。单程交通工具碳足迹在 300～400 gha

表 3-35　2009 年国内游客交通工具的 CO_2 排放量和碳足迹（单程）

编号	客源地	CO_2 排放量(kg)				碳足迹(gha)			
		汽车	火车	飞机	交通工具	汽车	火车	飞机	交通工具
1	山西省	2 809 962.27	256 108.56	0.00	3 066 070.83	956.49	87.18	0.00	1043.67
2	河北省	1 198 683.94	105 716.82	0.00	1 304 400.76	408.02	35.99	0.00	444.01
3	北京市	2 005 274.29	146 444.93	72 995.73	2 224 714.95	682.58	49.85	24.85	757.28
4	天津市	1 357 758.20	83 765.48	41 909.67	1 483 433.35	462.17	28.51	14.27	504.95
5	内蒙古自治区	811 321.32	42 575.20	18 823.18	872 719.70	276.17	14.49	6.41	297.07
6	山东省	731 475.66	36 546.23	28 072.44	796 094.33	248.99	12.44	9.56	270.99
7	河南省	799 607.22	37 660.66	13 464.39	850 732.27	272.18	12.82	4.58	289.58
8	广东省	1 552 893.56	62 319.79	31 467.43	1 646 680.78	528.59	21.21	10.71	560.51
9	辽宁省	664 020.06	30 346.11	17 747.24	712 113.41	226.03	10.33	6.04	242.40
10	江苏省	682 909.28	30 456.69	16 042.01	729 407.98	232.46	10.37	5.46	248.29
11	陕西省	418 084.02	13 812.40	7505.02	439 401.44	142.31	4.70	2.55	149.56
12	上海市	576 791.51	24 518.47	12 108.67	613 418.65	196.34	8.35	4.12	208.81
13	浙江省	552 344.37	23 040.76	11 486.56	586 871.69	188.01	7.84	3.91	199.76
14	黑龙江省	541 011.20	21 050.05	13 040.53	575 101.78	184.16	7.17	4.44	195.77
15	湖北省	350 051.09	14 211.67	7397.88	371 660.64	119.15	4.84	2.52	126.51
16	吉林省	346 695.05	14 464.83	8766.34	369 926.22	118.01	4.92	2.98	125.91

续表

编号	客源地	CO_2 排放量(kg)				碳足迹(gha)			
		汽车	火车	飞机	交通工具	汽车	火车	飞机	交通工具
17	福建省	505 811.55	18 763.96	10 034.90	534 610.41	172.17	6.39	3.42	181.98
18	四川省	387 605.52	11 563.09	7707.24	406 875.85	131.94	3.94	2.62	138.50
19	安徽省	229 408.63	9436.07	4637.56	243 482.26	78.09	3.21	1.58	82.88
20	宁夏回族自治区	174 085.43	6135.46	3194.95	183 415.84	59.26	2.09	1.09	62.44
21	湖南省	271 322.56	10 557.20	5373.30	287 253.06	92.36	3.59	1.83	97.78
22	甘肃省	210 604.73	7846.29	5163.80	223 614.82	71.69	2.67	1.76	76.12
23	广西壮族自治区	352 381.98	12 307.94	7089.45	371 779.37	119.95	4.19	2.41	126.55
24	重庆市	206 383.70	6661.62	4087.25	217 132.57	70.25	2.27	1.39	73.91
25	江西省	189 720.83	6997.48	3808.03	200 526.34	64.58	2.38	1.30	68.26
26	新疆维吾尔自治区	260 432.90	7919.78	5363.80	273 716.48	88.65	2.70	1.83	93.18
27	云南省	202 430.21	7858.40	3851.97	214 140.58	68.91	2.67	1.31	72.89
28	青海省	101 156.26	3620.52	2426.83	107 203.61	34.43	1.23	0.83	36.49
29	海南省	147 003.25	5570.45	2928.68	155 502.38	50.04	1.90	1.00	52.94
30	贵州省	82 905.99	3368.88	1979.84	88 254.71	28.22	1.15	0.67	30.04
31	西藏自治区	123 744.40	3934.77	2356.53	130 035.70	42.12	1.34	0.80	44.26
	合计	18 843 880.98	1 065 580.56	370 831.22	20 280 292.76	6414.32	362.73	126.24	6903.29

表 3-36　2009 年不同变量之间相关性分析结果(单程)

			相关系数												
			游客人数	直线距离	汽车行程	火车里程	飞机航程	汽车 CO_2 排放量	火车 CO_2 排放量	飞机 CO_2 排放量	交通工具 CO_2 排放量	汽车碳足迹	火车碳足迹	飞机碳足迹	交通工具碳足迹
Spearman 的 rho	游客人数	相关系数	1.000	−0.768**	−0.790**	−0.711**	−0.790**	0.955**	0.960**	0.596**	0.955**	0.955**	0.961**	0.595**	0.955**
		Sig.(双侧)	—	0.000	0.000	0.000	0.000	0.000	0.000	0.000	0.000	0.000	0.000	0.000	0.000
		n	31	31	31	31	31	31	31	31	31	31	31	31	31
	直线距离	相关系数	−0.768**	1.000	0.995**	0.955**	0.958**	−0.579**	−0.606**	−0.237	−0.579**	−0.579**	−0.609**	−0.235	−0.579**
		Sig.(双侧)	0.000	—	0.000	0.000	0.000	0.001	0.000	0.200	0.001	0.001	0.000	0.204	0.001
		n	31	31	31	31	31	31	31	31	31	31	31	31	31
	汽车行程	相关系数	−0.790**	0.995**	1.000	0.950**	0.963**	−0.604**	−0.633**	−0.262	−0.604**	−0.604**	−0.636**	−0.260	−0.604**
		Sig.(双侧)	0.000	0.000	—	0.000	0.000	0.000	0.000	0.154	0.000	0.000	0.000	0.158	0.000
		n	31	31	31	31	31	31	31	31	31	31	31	31	31
	火车里程	相关系数	−0.711**	0.955**	0.950**	1.000	0.930**	−0.531**	−0.535**	−0.186	−0.531**	−0.531**	−0.539**	−0.184	−0.531**
		Sig.(双侧)	0.000	0.000	0.000	—	0.000	0.002	0.002	0.317	0.002	0.002	0.002	0.321	0.002
		n	31	31	31	31	31	31	31	31	31	31	31	31	31
	飞机航程	相关系数	−0.790**	0.958**	0.963**	0.930**	1.000	−0.619**	−0.636**	−0.251	−0.619**	−0.619**	−0.638**	−0.248	−0.619**
		Sig.(双侧)	0.000	0.000	0.000	0.000	—	0.000	0.000	0.173	0.000	0.000	0.000	0.179	0.000
		n	31	31	31	31	31	31	31	31	31	31	31	31	31
	汽车 CO_2 排放量	相关系数	0.955**	−0.579**	−0.604**	−0.531**	−0.619**	1.000	0.989**	0.661**	1.000**	1.000**	0.990**	0.661**	1.000**
		Sig.(双侧)	0.000	0.001	0.000	0.002	0.000	—	0.000	0.000	—	—	0.000	0.000	—
		n	31	31	31	31	31	31	31	31	31	31	31	31	31
	火车 CO_2 排放量	相关系数	0.960**	−0.606**	−0.633**	−0.535**	−0.636**	0.989**	1.000	0.638**	0.989**	0.989**	1.000**	0.637**	0.989**
		Sig.(双侧)	0.000	0.000	0.000	0.002	0.000	0.000	—	0.000	0.000	0.000	0.000	0.000	0.000
		n	31	31	31	31	31	31	31	31	31	31	31	31	31

续表

			相关系数												
			游客人数	直线距离	汽车行程	火车里程	飞机航程	汽车 CO_2 排放量	火车 CO_2 排放量	飞机 CO_2 排放量	交通工具 CO_2 排放量	汽车碳足迹	火车碳足迹	飞机碳足迹	交通工具碳足迹
Spearman 的 rho	飞机 CO_2 排放量	相关系数	0.596**	−0.237	−0.262	−0.186	−0.251	0.661**	0.638**	1.000	0.661**	0.661**	0.638**	1.000**	0.661**
		Sig.(双侧)	0.000	0.200	0.154	0.317	0.173	0.000	0.000	—	0.000	0.000	0.000	0.000	0.000
		n	31	31	31	31	31	31	31	31	31	31	31	31	31
	交通工具 CO_2 排放量	相关系数	0.955**	−0.579**	−0.604**	−0.531**	−0.619**	1.000**	0.989**	0.661**	1.000	1.000**	0.990**	0.661**	1.000**
		Sig.(双侧)	0.000	0.001	0.000	0.002	0.000	—	0.000	0.000	—	—	0.000	0.000	—
		n	31	31	31	31	31	31	31	31	31	31	31	31	31
	汽车碳足迹	相关系数	0.955**	−0.579**	−0.604**	−0.531**	−0.619**	1.000**	0.989**	0.661**	1.000**	1.000	0.990**	0.661**	1.000**
		Sig.(双侧)	0.000	0.001	0.000	0.002	0.000	—	0.000	0.000	—	—	0.000	0.000	—
		n	31	31	31	31	31	31	31	31	31	31	31	31	31
	火车碳足迹	相关系数	0.961**	−0.609**	−0.636**	−0.539**	−0.638**	0.990**	1.000**	0.638**	0.990**	0.990**	1.000	0.638**	0.990**
		Sig.(双侧)	0.000	0.000	0.000	0.002	0.000	0.000	0.000	0.000	0.000	0.000	—	0.000	0.000
		n	31	31	31	31	31	31	31	31	31	31	31	31	31
	飞机碳足迹	相关系数	0.595**	−0.235	−0.260	−0.184	−0.248	0.661**	0.637**	1.000**	0.661**	0.661**	0.638**	1.000	0.661**
		Sig.(双侧)	0.000	0.204	0.158	0.321	0.179	0.000	0.000	0.000	0.000	0.000	0.000	—	0.000
		n	31	31	31	31	31	31	31	31	31	31	31	31	31
	交通工具碳足迹	相关系数	0.955**	−0.579**	−0.604**	−0.531**	−0.619**	1.000**	0.989**	0.661**	1.000**	1.000**	0.990**	0.661**	1.000
		Sig.(双侧)	0.000	0.001	0.000	0.002	0.000	—	0.000	0.000	—	—	0.000	0.000	—
		n	31	31	31	31	31	31	31	31	31	31	31	31	31

注：** 表示在置信度(双测)为 0.01 时，相关性是显著的。

表 3-37　2009 年国内游客交通工具碳足迹和游客人数之间的回归模型(单程)

模型汇总和参数估计值

因变量:交通工具碳足迹

方程	模型汇总					参数估计值			
	R^2	F	df1	df2	Sig.	常数	b1	b2	b3
线性	0.719	74.143	1	29	0.000	148.682	0.002		
对数	0.796	113.266	1	29	0.000	−994.285	133.999		
倒数	0.284	11.522	1	29	0.002	327.076	−422 879.500		
二次	0.826	66.239	2	28	0.000	108.499	0.005	0.000	
三次	0.869	59.783	3	27	0.000	67.156	0.010	0.000	0.000
复合	0.375	17.409	1	29	0.000	121.858	1.000		
幂	0.876	205.292	1	29	0.000	1.035	0.548		
S	0.616	46.538	1	29	0.000	5.610	−2426.376		
增长	0.375	17.409	1	29	0.000	4.803	0.000		
指数	0.375	17.409	1	29	0.000	121.858	0.000		
Logistic	0.375	17.409	1	29	0.000	0.008	1.000		

注:自变量为游客人数。

表 3-38　2010 年国内游客交通工具的 CO_2 排放量和碳足迹(单程)

编号	客源地	CO_2 排放量(kg)				碳足迹(gha)			
		汽车	火车	飞机	交通工具	汽车	火车	飞机	交通工具
1	山西省	2 747 492.77	251 037.38	0.00	2 998 530.15	935.23	85.45	0.00	1020.68
2	河北省	1 172 041.30	103 624.04	0.00	1 275 665.34	398.95	35.27	0.00	434.22
3	北京市	1 960 699.38	143 545.57	76 048.15	2 180 293.10	667.41	48.86	25.89	742.16
4	天津市	1 327 576.80	82 107.06	43 662.18	1 453 346.04	451.90	27.95	14.86	494.71
5	内蒙古自治区	793 268.94	41 731.36	19 609.86	854 610.16	270.02	14.21	6.68	290.91
6	山东省	715 211.83	35 822.48	29 246.16	780 280.47	243.45	12.19	9.96	265.60
7	河南省	781 812.85	36 914.09	14 027.06	832 754.00	266.12	12.57	4.77	283.46
8	广东省	1 518 335.63	61 084.40	32 782.44	1 612 202.47	516.83	20.79	11.16	548.78
9	辽宁省	649 258.00	29 745.24	18 489.32	697 492.56	221.00	10.13	6.29	237.42
10	江苏省	667 733.39	29 853.89	16 712.94	714 300.22	227.29	10.16	5.69	243.14
11	陕西省	408 782.48	13 538.67	7818.70	430 139.85	139.15	4.61	2.66	146.42
12	上海市	563 974.55	24 033.24	12 615.11	600 622.90	191.97	8.18	4.29	204.44
13	浙江省	540 056.26	22 584.17	11 966.66	574 607.09	183.83	7.69	4.07	195.59
14	黑龙江省	528 939.08	20 631.50	13 584.66	563 155.24	180.05	7.02	4.62	191.69
15	湖北省	342 247.94	13 929.41	7706.74	363 884.09	116.50	4.74	2.62	123.86
16	吉林省	338 991.51	14 178.58	9855.76	363 025.85	115.39	4.83	3.35	123.57

续表

编号	客源地	CO_2 排放量(kg)				碳足迹(gha)			
		汽车	火车	飞机	交通工具	汽车	火车	飞机	交通工具
17	福建省	494 572.45	18 392.63	10 454.62	523 419.70	168.35	6.26	3.56	178.17
18	四川省	378 995.37	11 334.34	8029.65	398 359.36	129.01	3.86	2.73	135.60
19	安徽省	224 292.10	9248.55	4831.11	238 371.76	76.35	3.15	1.64	81.14
20	宁夏回族自治区	170 237.14	6014.75	3328.97	179 580.86	57.95	2.05	1.13	61.13
21	湖南省	265 328.72	10 349.64	5598.78	281 277.14	90.32	3.52	1.91	95.75
22	甘肃省	205 874.97	7689.14	5378.47	218 942.58	70.08	2.62	1.83	74.53
23	广西壮族自治区	344 529.68	12 063.59	7385.49	363 978.76	117.28	4.11	2.51	123.90
24	重庆市	201 781.33	6529.26	4257.85	212 568.44	68.68	2.22	1.45	72.35
25	江西省	185 518.11	6859.48	3967.57	196 345.16	63.15	2.33	1.35	66.83
26	新疆维吾尔自治区	254 651.94	7763.23	5588.27	268 003.44	86.68	2.64	1.90	91.22
27	云南省	198 013.64	7706.06	4014.73	209 734.43	67.40	2.62	1.37	71.39
28	青海省	98 899.45	3548.54	2528.10	104 976.09	33.66	1.21	0.86	35.73
29	海南省	143 772.72	5461.58	3051.93	152 286.23	48.94	1.86	1.04	51.84
30	贵州省	81 076.47	3302.72	2062.97	86 442.16	27.60	1.12	0.70	29.42
31	西藏自治区	121 084.00	3859.75	2456.91	127 400.66	41.22	1.31	0.84	43.37
	合计	18 425 050.80	1 044 484.34	387 061.16	19 856 596.30	6271.76	355.53	131.73	6759.02

表 3-39　2010 年不同变量之间相关性分析结果(单程)

			相关系数												
			游客人数	直线距离	汽车行程	火车里程	飞机航程	汽车 CO_2 排放量	火车 CO_2 排放量	飞机 CO_2 排放量	交通工具 CO_2 排放量	汽车碳足迹	火车碳足迹	飞机碳足迹	交通工具碳足迹
Spearman 的 rho	游客人数	相关系数	1.000	−0.768**	−0.790**	−0.711**	−0.790**	0.955**	0.960**	0.596**	0.955**	0.955**	0.961**	0.596**	0.955**
		Sig.(双侧)	—	0.000	0.000	0.000	0.000	0.000	0.000	0.000	0.000	0.000	0.000	0.000	0.000
		n	31	31	31	31	31	31	31	31	31	31	31	31	31
	直线距离	相关系数	−0.768**	1.000	0.995**	0.955**	0.958**	−0.579**	−0.606**	−0.237	−0.579**	−0.579**	−0.609**	−0.237	−0.579**
		Sig.(双侧)	0.000	—	0.000	0.000	0.000	0.001	0.000	0.200	0.001	0.001	0.000	0.200	0.001
		n	31	31	31	31	31	31	31	31	31	31	31	31	31
	汽车行程	相关系数	−0.790**	0.995**	1.000	0.950**	0.963**	−0.604**	−0.633**	−0.262	−0.604**	−0.604**	−0.636**	−0.262	−0.604**
		Sig.(双侧)	0.000	0.000	—	0.000	0.000	0.000	0.000	0.154	0.000	0.000	0.000	0.154	0.000
		n	31	31	31	31	31	31	31	31	31	31	31	31	31
	火车里程	相关系数	−0.711**	0.955**	0.950**	1.000	0.930**	−0.531**	−0.535**	−0.186	−0.531**	−0.531**	−0.539**	−0.186	−0.531**
		Sig.(双侧)	0.000	0.000	0.000	—	0.000	0.002	0.002	0.317	0.002	0.002	0.002	0.317	0.002
		n	31	31	31	31	31	31	31	31	31	31	31	31	31
	飞机航程	相关系数	−0.790**	0.958**	0.963**	0.930**	1.000	−0.619**	−0.636**	−0.251	−0.619**	−0.619**	−0.638**	−0.251	−0.619**
		Sig.(双侧)	0.000	0.000	0.000	0.000	—	0.000	0.000	0.173	0.000	0.000	0.000	0.173	0.000
		n	31	31	31	31	31	31	31	31	31	31	31	31	31
	汽车 CO_2 排放量	相关系数	0.955**	−0.579**	−0.604**	−0.531**	−0.619**	1.000	0.989**	0.661**	1.000**	1.000**	0.990**	0.661**	1.000**
		Sig.(双侧)	0.000	0.001	0.000	0.002	0.000	—	0.000	0.000	—	—	0.000	0.000	—
		n	31	31	31	31	31	31	31	31	31	31	31	31	31
	火车 CO_2 排放量	相关系数	0.960**	−0.606**	−0.633**	−0.535**	−0.636**	0.989**	1.000	0.638**	0.989**	0.989**	1.000**	0.638**	0.989**
		Sig.(双侧)	0.000	0.000	0.000	0.002	0.000	0.000	—	0.000	0.000	0.000	0.000	0.000	0.000
		n	31	31	31	31	31	31	31	31	31	31	31	31	31

续表

			相关系数												
			游客人数	直线距离	汽车行程	火车里程	飞机航程	汽车 CO_2 排放量	火车 CO_2 排放量	飞机 CO_2 排放量	交通工具 CO_2 排放量	汽车碳足迹	火车碳足迹	飞机碳足迹	交通工具碳足迹
Spearman 的 rho	飞机 CO_2 排放量	相关系数	0.596**	−0.237	−0.262	−0.186	−0.251	0.661**	0.638**	1.000	0.661**	0.661**	0.638**	1.000**	0.661**
		Sig.(双侧)	0.000	0.200	0.154	0.317	0.173	0.000	0.000	—	0.000	0.000	0.000	—	0.000
		n	31	31	31	31	31	31	31	31	31	31	31	31	31
	交通工具 CO_2 排放量	相关系数	0.955**	−0.579**	−0.604**	−0.531**	−0.619**	1.000**	0.989**	0.661**	1.000	1.000**	0.990**	0.661**	1.000**
		Sig.(双侧)	0.000	0.001	0.000	0.002	0.000	—	0.000	0.000	—	—	0.000	0.000	—
		n	31	31	31	31	31	31	31	31	31	31	31	31	31
	汽车碳足迹	相关系数	0.955**	−0.579**	−0.604**	−0.531**	−0.619**	1.000**	0.989**	0.661**	1.000**	1.000	0.990**	0.661**	1.000**
		Sig.(双侧)	0.000	0.001	0.000	0.002	0.000	—	0.000	0.000	—	—	0.000	0.000	—
		n	31	31	31	31	31	31	31	31	31	31	31	31	31
	火车碳足迹	相关系数	0.961**	−0.609**	−0.636**	−0.539**	−0.638**	0.990**	1.000**	0.638**	0.990**	0.990**	1.000	0.638**	0.990**
		Sig.(双侧)	0.000	0.000	0.000	0.002	0.000	0.000	0.000	0.000	0.000	0.000	—	0.000	0.000
		n	31	31	31	31	31	31	31	31	31	31	31	31	31
	飞机碳足迹	相关系数	0.596**	−0.237	−0.262	−0.186	−0.251	0.661**	0.638**	1.000**	0.661**	0.661**	0.638**	1.000	0.661**
		Sig.(双侧)	0.000	0.200	0.154	0.317	0.173	0.000	0.000	—	0.000	0.000	0.000	—	0.000
		n	31	31	31	31	31	31	31	31	31	31	31	31	31
	交通工具碳足迹	相关系数	0.955**	−0.579**	−0.604**	−0.531**	−0.619**	1.000**	0.989**	0.661**	1.000**	1.000**	0.990**	0.661**	1.000
		Sig.(双侧)	0.000	0.001	0.000	0.002	0.000	—	0.000	0.000	—	—	0.000	0.000	—
		n	31	31	31	31	31	31	31	31	31	31	31	31	31

注：** 表示在置信度(双测)为 0.01 时，相关性是显著的。

表 3-40　2010 年国内游客交通工具碳足迹和游客人数之间的回归模型(单程)

模型汇总和参数估计值

因变量:交通工具碳足迹

方程	模型汇总					参数估计值			
	R^2	F	df1	df2	Sig.	常数	b1	b2	b3
线性	0.718	73.833	1	29	0.000	145.647	0.002		
对数	0.796	113.333	1	29	0.000	−970.260	131.158		
倒数	0.285	11.538	1	29	0.002	320.275	−405 261.154		
二次	0.825	66.049	2	28	0.000	106.241	0.005	0.000	
三次	0.869	59.625	3	27	0.000	65.726	0.010	0.000	0.000
复合	0.375	17.391	1	29	0.000	119.338	1.000		
幂	0.876	205.096	1	29	0.000	1.027	0.548		
S	0.616	46.570	1	29	0.000	5.589	−2374.792		
增长	0.375	17.391	1	29	0.000	4.782	0.000		
指数	0.375	17.391	1	29	0.000	119.338	0.000		
Logistic	0.375	17.391	1	29	0.000	0.008	1.000		

注:自变量为游客人数。

的省(直辖市、自治区)有 3 个,分别为内蒙古自治区、山东省和河南省。其余 23 个省(直辖市、自治区)单程交通工具碳足迹均在 300 gha 以下,其中单程交通工具碳足迹在 200～300 gha 的省(直辖市)有 6 个,分别为辽宁省、江苏省、上海市、浙江省、黑龙江省和福建省;单程交通工具碳足迹在 100～200 gha 的省、自治区有 7 个,分别为陕西省、湖北省、吉林省、四川省、湖南省、广西壮族自治区和新疆维吾尔自治区;单程交通工具碳足迹在 100 gha 以下的省(直辖市、自治区)有 10 个,分别为安徽省、宁夏回族自治区、甘肃省、重庆市、江西省、云南省、青海省、海南省、贵州省和西藏自治区(表 3-41)。

采用 SPSS 统计分析软件中的 Spearman 相关系数对中国 31 个省(直辖市、自治区)单程的交通工具碳足迹、汽车碳足迹、火车碳足迹、飞机碳足迹、游客人数、直线距离、汽车行程、火车里程和飞机航程等之间关系进行分析(表 3-42)。在 $p<0.01$ 的水平上,中国 31 个省(直辖市、自治区)交通工具碳足迹与游客人数存在显著正相关关系,$R=0.958$;交通工具碳足迹与直线距离、汽车行程、火车里程、飞机航程均有显著负相关关系,相关系数分别为 $R=-0.584$、$R=-0.610$、$R=-0.537$、$R=-0.598$。从相关系数判断,交通工具碳足迹与汽车行程的相关性最强。汽车碳足迹与游客人数有显著正相关关系,$R=0.955$;与汽车行程有显著负相关关系,$R=-0.604$。火车碳足迹与游客人数有显著正相关关系,$R=0.960$;与火车里程存在显著负相关关系,$R=-0.535$。飞机碳足迹与游客人数存在显著正相关关系,$R=0.596$;与飞机航程无显著相关关系。在回归模型中(表 3-43),选择幂函数(W)模型对单程交通工具碳足迹与游客人数之间关系进行描述,关系式为:$y=1.109x^{0.548}$ ($R^2=0.876$, $p=0$, $n=31$),说明游客人数能够解释单程交通工具碳足迹变化的 87.6%。

2012 年五台山风景名胜区国内游客从客源地到达目的地交通工具 CO_2 排放量为 26 513 108.96 kg,其中选择公路作为交通途径所产生的 CO_2 排放量是主要部分,为 24 630 703.60 kg,选择铁路作为主要交通途径所产生的 CO_2 排放量为 1 353 575.52kg,以飞机作为主要交通方式产生的 CO_2 排放量为 528 829.84 kg。从客源地到达目的地国内游客交通工具碳足迹为 9024.85 gha,主要交通工具采用汽车、火车和飞机产生的碳足迹占比分别为 92.90%、5.11%和 1.99%。山西省和北京市单程交通工具碳足迹分别为 1360.95 gha 和 990.91 gha,广东省、天津市和河北省单程交通工具碳足迹分别为 733.12 gha 、660.64 gha 和 579.03 gha,以上 5 个省(直辖市)游客单程交通工具碳足迹在中国 31 个省(直辖市、自治区)中排列在前五位。内蒙古自治区、山东省、河南省、辽宁省和江苏省单程交通工具碳足迹接近,为 300～400 gha。上海市、浙江省、黑龙江省和福建省单程交通工具碳足迹接近,为 200～300 gha。剩余 17 个省(直辖市、自治区)单程交通工具碳足迹均在 200 gha 以下,陕西省、湖北省、吉林省、四川省、安徽省、湖南省、广西壮族自治区和新疆维吾尔自治区单程交通工具碳足迹分别为 195.62 gha、165.47 gha、165.11 gha、181.19 gha、108.40 gha、127.91 gha、165.52 gha 和 121.88 gha;宁夏回族自治区、甘肃省、重庆市、江西省、云南省、青海省、海南省、贵州省和西藏自治区单程交通工具碳足迹分别为 81.65 gha、99.57 gha、

表 3-41　2011 年国内游客交通工具的 CO_2 排放量和碳足迹(单程)

编号	客源地	CO_2 排放量(kg)				碳足迹(gha)			
		汽车	火车	飞机	交通工具	汽车	火车	飞机	交通工具
1	山西省	3 279 724.96	308 955.04	0.00	3 588 680.00	1116.39	105.17	0.00	1221.56
2	河北省	1 399 079.63	127 531.09	0.00	1 526 610.72	476.24	43.41	0.00	519.65
3	北京市	2 340 500.25	176 662.14	92 042.85	2 609 205.24	796.69	60.13	31.33	888.15
4	天津市	1 584 751.26	101 050.39	52 845.81	1 738 647.46	539.44	34.40	17.99	591.83
5	内蒙古自治区	946 940.36	51 359.49	23 734.52	1 022 034.37	322.33	17.48	8.08	347.89
6	山东省	853 772.73	44 087.88	35 398.12	933 258.73	290.62	15.01	12.05	317.68
7	河南省	933 264.69	45 430.79	16 977.45	995 672.93	317.68	15.46	5.78	338.92
8	广东省	1 812 455.41	75 177.15	39 677.52	1 927 310.08	616.95	25.59	13.51	656.05
9	辽宁省	775 048.85	36 608.78	22 378.78	834 036.41	263.82	12.46	7.62	283.90
10	江苏省	797 064.29	36 740.68	20 227.72	854 032.69	271.31	12.51	6.89	290.71
11	陕西省	487 989.28	16 662.88	9463.60	514 115.76	166.11	5.67	3.22	175.00
12	上海市	673 238.11	29 578.59	15 268.77	718 085.47	229.17	10.07	5.20	244.44
13	浙江省	644 701.22	27 795.83	14 484.25	686 981.30	219.45	9.46	4.93	233.84
14	黑龙江省	631 458.32	25 393.69	16 443.39	673 295.40	214.94	8.64	5.60	229.18
15	湖北省	408 582.56	17 144.62	9328.54	435 055.72	139.08	5.84	3.18	148.10
16	吉林省	404 675.49	17 450.46	11 929.22	434 055.17	137.75	5.94	4.06	147.75

续表

编号	客源地	CO_2 排放量(kg)				碳足迹(gha)			
		汽车	火车	飞机	交通工具	汽车	火车	飞机	交通工具
17	福建省	590 402.23	22 636.95	12 654.06	625 693.24	200.97	7.71	4.31	212.99
18	四川省	452 383.03	13 948.40	9717.91	476 049.34	153.99	4.75	3.31	162.05
19	安徽省	267 760.64	11 383.15	5847.68	284 991.47	91.14	3.87	1.99	97.00
20	宁夏回族自治区	203 194.80	7401.71	4028.77	214 625.28	69.17	2.52	1.37	73.06
21	湖南省	316 697.16	12 736.24	6775.75	336 209.15	107.80	4.34	2.31	114.45
22	甘肃省	245 798.87	9464.78	6510.87	261 774.52	83.67	3.22	2.22	89.11
23	广西壮族自治区	411 221.74	14 845.06	8937.84	435 004.64	139.98	5.05	3.04	148.07
24	重庆市	240 893.65	8036.45	5153.93	254 084.03	82.00	2.74	1.75	86.49
25	江西省	221 436.43	8441.31	4801.66	234 679.40	75.38	2.87	1.63	79.88
26	新疆维吾尔自治区	303 935.87	9552.86	6762.64	320 251.37	103.46	3.25	2.30	109.01
27	云南省	236 291.78	9480.73	4857.51	250 630.02	80.43	3.23	1.65	85.31
28	青海省	118 049.47	4366.93	3059.62	125 476.02	40.18	1.49	1.04	42.71
29	海南省	171 626.83	6721.76	3693.92	182 042.51	58.42	2.29	1.26	61.97
30	贵州省	96 737.35	4062.82	2067.01	102 867.18	32.93	1.38	0.70	35.01
31	西藏自治区	144 478.00	4748.21	2972.40	152 198.61	49.18	1.62	1.01	51.81
	合计	21 994 155.26	1 285 456.86	468 042.11	23 747 654.23	7486.67	437.57	159.33	8083.57

表 3-42　2011 年不同变量之间相关性分析结果(单程)

			相关系数												
			游客人数	直线距离	汽车行程	火车里程	飞机航程	汽车 CO_2 排放量	火车 CO_2 排放量	飞机 CO_2 排放量	交通工具 CO_2 排放量	汽车碳足迹	火车碳足迹	飞机碳足迹	交通工具碳足迹
Spearman 的 rho	游客人数	相关系数	1.000	−0.768**	−0.790**	−0.711**	−0.768**	0.955**	0.960**	0.596**	0.958**	0.955**	0.960**	0.596**	0.958**
		Sig.(双侧)	—	0.000	0.000	0.000	0.000	0.000	0.000	0.000	0.000	0.000	0.000	0.000	0.000
		n	31	31	31	31	31	31	31	31	31	31	31	31	31
	直线距离	相关系数	−0.768**	1.000	0.995**	0.955**	0.961**	−0.579**	−0.606**	−0.237	−0.584**	−0.579**	−0.606**	−0.237	−0.584**
		Sig.(双侧)	0.000	—	0.000	0.000	0.000	0.001	0.000	0.200	0.001	0.001	0.000	0.200	0.001
		n	31	31	31	31	31	31	31	31	31	31	31	31	31
	汽车行程	相关系数	−0.790**	0.995**	1.000	0.950**	0.965**	−0.604**	−0.633**	−0.262	−0.610**	−0.604**	−0.633**	−0.262	−0.610**
		Sig.(双侧)	0.000	0.000	—	0.000	0.000	0.000	0.000	0.154	0.000	0.000	0.000	0.154	0.000
		n	31	31	31	31	31	31	31	31	31	31	31	31	31
	火车里程	相关系数	−0.711**	0.955**	0.950**	1.000	0.931**	−0.531**	−0.535**	−0.186	−0.537**	−0.531**	−0.535**	−0.186	−0.537**
		Sig.(双侧)	0.000	0.000	0.000	—	0.000	0.002	0.002	0.317	0.002	0.002	0.002	0.317	0.002
		n	31	31	31	31	31	31	31	31	31	31	31	31	31
	飞机航程	相关系数	−0.768**	0.961**	0.965**	0.931**	1.000	−0.591**	−0.609**	−0.223	−0.598**	−0.591**	−0.609**	−0.223	−0.598**
		Sig.(双侧)	0.000	0.000	0.000	0.000	—	0.000	0.000	0.227	0.000	0.000	0.000	0.227	0.000
		n	31	31	31	31	31	31	31	31	31	31	31	31	31
	汽车 CO_2 排放量	相关系数	0.955**	−0.579**	−0.604**	−0.531**	−0.591**	1.000	0.989**	0.661**	1.000**	1.000**	0.989**	0.661**	1.000**
		Sig.(双侧)	0.000	0.001	0.000	0.002	0.000	—	0.000	0.000	0.000	—	0.000	0.000	0.000
		n	31	31	31	31	31	31	31	31	31	31	31	31	31
	火车 CO_2 排放量	相关系数	0.960**	−0.606**	−0.633**	−0.535**	−0.609**	0.989**	1.000	0.638**	0.990**	0.989**	1.000**	0.638**	0.990**
		Sig.(双侧)	0.000	0.000	0.000	0.002	0.000	0.000	—	0.000	0.000	0.000	—	0.000	0.000
		n	31	31	31	31	31	31	31	31	31	31	31	31	31

续表

			相关系数											
			游客人数	直线距离	汽车行程	火车里程	飞机航程	汽车 CO_2 排放量	火车 CO_2 排放量	飞机 CO_2 排放量	交通工具 CO_2 排放量	汽车碳足迹	火车碳足迹	飞机碳足迹	交通工具碳足迹
Spearman 的 rho	飞机 CO_2 排放量	相关系数	0.596**	−0.237	−0.262	−0.186	−0.223	0.661**	0.638**	1.000	0.661**	0.661**	0.638**	1.000**	0.661**
		Sig.(双侧)	0.000	0.200	0.154	0.317	0.227	0.000	0.000	—	0.000	0.000	0.000	—	0.000
		n	31	31	31	31	31	31	31	31	31	31	31	31	31
	交通工具 CO_2 排放量	相关系数	0.958**	−0.584**	−0.610**	−0.537**	−0.598**	1.000**	0.990**	0.661**	1.000	1.000**	0.990**	0.661**	1.000**
		Sig.(双侧)	0.000	0.001	0.000	0.002	0.000	0.000	0.000	0.000	—	0.000	0.000	0.000	—
		n	31	31	31	31	31	31	31	31	31	31	31	31	31
	汽车碳足迹	相关系数	0.955**	−0.579**	−0.604**	−0.531**	−0.591**	1.000**	0.989**	0.661**	1.000**	1.000	0.989**	0.661**	1.000**
		Sig.(双侧)	0.000	0.001	0.000	0.002	0.000	—	0.000	0.000	0.000	—	0.000	0.000	0.000
		n	31	31	31	31	31	31	31	31	31	31	31	31	31
	火车碳足迹	相关系数	0.960**	−0.606**	−0.633**	−0.535**	−0.609**	0.989**	1.000**	0.638**	0.990**	0.989**	1.000	0.638**	0.990**
		Sig.(双侧)	0.000	0.000	0.000	0.002	0.000	0.000	—	0.000	0.000	0.000	—	0.000	0.000
		n	31	31	31	31	31	31	31	31	31	31	31	31	31
	飞机碳足迹	相关系数	0.596**	−0.237	−0.262	−0.186	−0.223	0.661**	0.638**	1.000**	0.661**	0.661**	0.638**	1.000	0.661**
		Sig.(双侧)	0.000	0.200	0.154	0.317	0.227	0.000	0.000	—	0.000	0.000	0.000	—	0.000
		n	31	31	31	31	31	31	31	31	31	31	31	31	31
	交通工具碳足迹	相关系数	0.958**	−0.584**	−0.610**	−0.537**	−0.598**	1.000**	0.990**	0.661**	1.000**	1.000**	0.990**	0.661**	1.000
		Sig.(双侧)	0.000	0.001	0.000	0.002	0.000	0.000	0.000	0.000	—	0.000	0.000	0.000	—
		n	31	31	31	31	31	31	31	31	31	31	31	31	31

注：** 表示在置信度(双测)为 0.01 时，相关性是显著的。

表 3-43　2011 年国内游客交通工具碳足迹和游客人数之间的回归模型(单程)

模型汇总和参数估计值

因变量:交通工具碳足迹

方程	模型汇总					参数估计值			
	R^2	F	df1	df2	Sig.	常数	b1	b2	b3
线性	0.718	73.950	1	29	0.000	174.114	0.002		
对数	0.796	113.331	1	29	0.000	−1189.309	156.955		
倒数	0.284	11.527	1	29	0.002	383.052	−579 529.892		
二次	0.825	66.196	2	28	0.000	126.955	0.005	0.000	
三次	0.869	59.738	3	27	0.000	78.528	0.010	0.000	0.000
复合	0.375	17.389	1	29	0.000	142.638	1.000		
幂	0.876	205.229	1	29	0.000	1.109	0.548		
S	0.616	46.607	1	29	0.000	5.768	−2841.021		
增长	0.375	17.389	1	29	0.000	4.960	0.000		
指数	0.375	17.389	1	29	0.000	142.638	0.000		
Logistic	0.375	17.389	1	29	0.000	0.007	1.000		

注:自变量为游客人数。

96.68 gha、89.30 gha、95.34 gha、47.75 gha、69.26 gha、39.16 gha 和 57.92 gha(表 3-44)。

SPSS 统计分析软件中 Spearman 相关分析表明(表 3-45):2012 年中国 31 个省(直辖市、自治区)游客单程的交通工具碳足迹与游客人数之间存在显著正相关关系($R=0.955$,$p<0.01$,$n=31$),与汽车行程呈显著负相关关系($R=-0.604$,$p<0.01$,$n=31$);在 $p<0.01$ 水平上,汽车碳足迹、火车碳足迹、飞机碳足迹与游客人数均有显著正相关关系;汽车碳足迹与汽车行程有显著负相关关系($R=-0.604$,$p<0.01$,$n=31$);火车碳足迹与火车里程呈显著负相关关系($R=-0.535$,$p<0.01$,$n=31$);飞机碳足迹与飞机航程无显著相关关系($p>0.05$)。采用幂函数(W)模型对中国 31 个省(直辖市、自治区)游客单程交通工具碳足迹与游客人数之间关系进行描述(表 3-46),方程式为:$y=1.172x^{0.548}$($R^2=0.876$,$p=0$,$n=31$),这说明游客人数变化能够解释国内游客单程交通工具碳足迹变化的 87.6%。

2013 年来自中国 31 个省(直辖市、自治区)游客的单程交通工具碳足迹为 8059.99 gha,国内游客单程汽车碳足迹、火车碳足迹和飞机碳足迹分别为 6935.80 gha、808.80 gha 和 315.39 gha。国内游客单程交通工具碳足迹主要分布在游客人数多的省(直辖市、自治区),约 60%单程交通工具碳足迹集中分布在山西省、河北省、北京市、天津市、内蒙古自治区、山东省、河南省和广东省。游客人数低于 4000 人的 8 个省(直辖市、自治区)(重庆市、江西省、新疆维吾尔自治区、云南省、青海省、海南省、贵州省和西藏自治区)单程交通工具碳足迹之和不足总量的 7%。其他 15 个省(直辖市、自治区)单程交通工具碳足迹之和约占总量的 32%(表 3-47)。

采用 SPSS 软件中的 Spearman 相关系数判断单程不同变量之间的相关性。交通工具碳足迹与游客人数之间存在显著正相关关系($R=0.960$,$p<0.01$,$n=31$),与汽车碳足迹、火车碳足迹和飞机碳足迹也有显著正相关关系,相关系数分别为 $R=0.998$、$R=0.992$ 和 $R=0.664$($p<0.01$,$n=31$)。交通工具碳足迹与直线距离、汽车行程、火车里程和飞机航程均有显著负相关关系($p<0.01$,$n=31$),且与汽车行程的相关性最强($R=-0.614$,$p<0.01$,$n=31$)。游客人数与直线距离、汽车行程、火车里程、飞机航程均有显著负相关关系,并且与汽车行程的相关性最强($p<0.01$,$n=31$)(表 3-48)。采用幂函数(W)模型对中国 31 个省(直辖市、自治区)游客单程交通工具碳足迹与游客人数之间关系进行描述,方程式为:$y=1.042x^{0.555}$($R^2=0.879$,$p=0$,$n=31$),这说明游客人数能够解释国内游客单程交通工具碳足迹变化的 87.9%(表 3-49)。

2014 年中国 31 个省(直辖市、自治区)游客单程交通工具 CO_2 排放量为 22 328 232.80 kg,乘坐汽车出行产生的 CO_2 排放量是主要部分,所占比例为 84.07%,选择火车为主要交通工具出行产生的 CO_2 排放量占到总量的 11.43%,选择飞机为主要交通工具出行产生的 CO_2 排放量仅仅是很小一部分,所占比例为 4.50%。山西省游客单程交通工具碳足迹最大,为 1161.52 gha;河北省与五台山风景名胜区距离较近,

表 3-44　2012 年国内游客交通工具的 CO_2 排放量和碳足迹(单程)

编号	客源地	CO_2 排放量(kg)				碳足迹(gha)			
		汽车	火车	飞机	交通工具	汽车	火车	飞机	交通工具
1	山西省	3 672 862.18	325 325.84	0.00	3 998 188.02	1250.21	110.74	0.00	1360.95
2	河北省	1 566 789.16	134 288.95	0.00	1 701 078.11	533.32	45.71	0.00	579.03
3	北京市	2 621 062.95	186 023.72	103 996.96	2 911 083.63	892.19	63.32	35.40	990.91
4	天津市	1 774 708.71	106 404.51	59 708.81	1 940 822.03	604.10	36.22	20.32	660.64
5	内蒙古自治区	1 060 452.33	54 081.07	26 817.03	1 141 350.43	360.97	18.41	9.13	388.51
6	山东省	956 100.13	46 423.34	39 994.76	1 042 518.23	325.45	15.80	13.61	354.86
7	河南省	1 045 148.38	47 838.71	19 182.60	1 112 169.69	355.76	16.28	6.53	378.57
8	广东省	2 029 737.96	79 161.61	44 831.06	2 153 730.63	690.91	26.95	15.26	733.12
9	辽宁省	867 924.65	38 547.32	25 284.32	931 756.29	295.43	13.12	8.61	317.16
10	江苏省	892 642.36	38 689.00	22 855.61	954 186.97	303.85	13.17	7.78	324.80
11	陕西省	546 461.09	17 545.07	10 692.21	574 698.37	186.01	5.97	3.64	195.62
12	上海市	753 911.57	31 144.78	17 251.13	802 307.48	256.63	10.60	5.87	273.10
13	浙江省	721 986.61	29 268.90	16 365.47	767 620.98	245.76	9.96	5.57	261.29
14	黑龙江省	707 164.61	26 739.77	18 579.29	752 483.67	240.71	9.10	6.32	256.13
15	湖北省	457 517.53	18 051.44	10 539.10	486 108.07	155.74	6.14	3.59	165.47
16	吉林省	453 198.46	18 375.73	13 478.93	485 053.12	154.27	6.25	4.59	165.11

续表

编号	客源地	CO_2 排放量(kg)				碳足迹(gha)			
		汽车	火车	飞机	交通工具	汽车	火车	飞机	交通工具
17	福建省	661 194.94	23 837.22	14 297.94	699 330.10	225.07	8.11	4.87	238.05
18	四川省	506 631.59	14 688.13	10 980.46	532 300.18	172.45	5.00	3.74	181.19
19	安徽省	299 859.02	11 986.40	6607.18	318 452.60	102.07	4.08	2.25	108.40
20	宁夏回族自治区	227 539.65	7793.50	4551.75	239 884.90	77.45	2.65	1.55	81.65
21	湖南省	354 671.70	13 411.57	7655.99	375 739.26	120.73	4.57	2.61	127.91
22	甘肃省	275 218.16	9964.69	7355.26	292 538.11	93.68	3.39	2.50	99.57
23	广西壮族自治区	460 539.52	15 632.51	10 099.16	486 271.19	156.76	5.32	3.44	165.52
24	重庆市	269 739.66	8461.35	5822.64	284 023.65	91.82	2.88	1.98	96.68
25	江西省	248 010.57	8889.70	5425.93	262 326.20	84.42	3.03	1.85	89.30
26	新疆维吾尔自治区	340 373.75	10 059.20	7641.04	358 073.99	115.86	3.42	2.60	121.88
27	云南省	264 617.28	9983.14	5488.39	280 088.81	90.07	3.40	1.87	95.34
28	青海省	132 187.33	4597.88	3456.65	140 241.86	45.00	1.57	1.18	47.75
29	海南省	192 225.00	7078.86	4174.20	203 478.06	65.43	2.41	1.42	69.26
30	贵州省	108 413.92	4281.29	2337.20	115 032.41	36.90	1.46	0.80	39.16
31	西藏自治区	161 812.83	5000.32	3358.77	170 171.92	55.08	1.70	1.14	57.92
	合计	24 630 703.60	1 353 575.52	528 829.84	26 513 108.96	8384.10	460.73	180.02	9024.85

表 3-45 2012 年不同变量之间相关性分析结果(单程)

			相关系数												
			游客人数	直线距离	汽车行程	火车里程	飞机航程	汽车 CO_2 排放量	火车 CO_2 排放量	飞机 CO_2 排放量	交通工具 CO_2 排放量	汽车碳足迹	火车碳足迹	飞机碳足迹	交通工具碳足迹
Spearman 的 rho	游客人数	相关系数	1.000	−0.768**	−0.790**	−0.711**	−0.768**	0.955**	0.960**	0.596**	0.955**	0.955**	0.960**	0.596**	0.955**
		Sig.(双侧)	—	0.000	0.000	0.000	0.000	0.000	0.000	0.000	0.000	0.000	0.000	0.000	0.000
		n	31	31	31	31	31	31	31	31	31	31	31	31	31
	直线距离	相关系数	−0.768**	1.000	0.995**	0.955**	0.961**	−0.579**	−0.606**	−0.237	−0.579**	−0.579**	−0.606**	−0.237	−0.579**
		Sig.(双侧)	0.000	—	0.000	0.000	0.000	0.001	0.000	0.200	0.001	0.001	0.000	0.200	0.001
		n	31	31	31	31	31	31	31	31	31	31	31	31	31
	汽车行程	相关系数	−0.790**	0.995**	1.000	0.950**	0.965**	−0.604**	−0.633**	−0.262	−0.604**	−0.604**	−0.633**	−0.262	−0.604**
		Sig.(双侧)	0.000	0.000	—	0.000	0.000	0.000	0.000	0.154	0.000	0.000	0.000	0.154	0.000
		n	31	31	31	31	31	31	31	31	31	31	31	31	31
	火车里程	相关系数	−0.711**	0.955**	0.950**	1.000	0.931**	−0.531**	−0.535**	−0.186	−0.531**	−0.531**	−0.535**	−0.186	−0.531**
		Sig.(双侧)	0.000	0.000	0.000	—	0.000	0.002	0.002	0.317	0.002	0.002	0.002	0.317	0.002
		n	31	31	31	31	31	31	31	31	31	31	31	31	31
	飞机航程	相关系数	−0.768**	0.961**	0.965**	0.931**	1.000	−0.591**	−0.609**	−0.223	−0.591**	−0.591**	−0.609**	−0.223	−0.591**
		Sig.(双侧)	0.000	0.000	0.000	0.000	—	0.000	0.000	0.227	0.000	0.000	0.000	0.227	0.000
		n	31	31	31	31	31	31	31	31	31	31	31	31	31
	汽车 CO_2 排放量	相关系数	0.955**	−0.579**	−0.604**	−0.531**	−0.591**	1.000	0.989**	0.661**	1.000**	1.000**	0.989**	0.661**	1.000**
		Sig.(双侧)	0.000	0.001	0.000	0.002	0.000	—	0.000	0.000	—	—	0.000	0.000	—
		n	31	31	31	31	31	31	31	31	31	31	31	31	31
	火车 CO_2 排放量	相关系数	0.960**	−0.606**	−0.633**	−0.535**	−0.609**	0.989**	1.000	0.638**	0.989**	0.989**	1.000**	0.638**	0.989**
		Sig.(双侧)	0.000	0.000	0.000	0.002	0.000	0.000	—	0.000	0.000	0.000	—	0.000	0.000
		n	31	31	31	31	31	31	31	31	31	31	31	31	31

续表

			相关系数												
			游客人数	直线距离	汽车行程	火车里程	飞机航程	汽车 CO_2 排放量	火车 CO_2 排放量	飞机 CO_2 排放量	交通工具 CO_2 排放量	汽车碳足迹	火车碳足迹	飞机碳足迹	交通工具碳足迹
Spearman 的 rho	飞机 CO_2 排放量	相关系数	0.596**	−0.237	−0.262	−0.186	−0.223	0.661**	0.638**	1.000	0.661**	0.661**	0.638**	1.000**	0.661**
		Sig.(双侧)	0.000	0.200	0.154	0.317	0.227	0.000	0.000	—	0.000	0.000	0.000	—	0.000
		n	31	31	31	31	31	31	31	31	31	31	31	31	31
	交通工具 CO_2 排放量	相关系数	0.955**	−0.579**	−0.604**	−0.531**	−0.591**	1.000**	0.989**	0.661**	1.000	1.000**	0.989**	0.661**	1.000**
		Sig.(双侧)	0.000	0.001	0.000	0.002	0.000	—	0.000	0.000	—	—	0.000	0.000	—
		n	31	31	31	31	31	31	31	31	31	31	31	31	31
	汽车碳足迹	相关系数	0.955**	−0.579**	−0.604**	−0.531**	−0.591**	1.000**	0.989**	0.661**	1.000**	1.000	0.989**	0.661**	1.000**
		Sig.(双侧)	0.000	0.001	0.000	0.002	0.000	—	0.000	0.000	—	—	0.000	0.000	—
		n	31	31	31	31	31	31	31	31	31	31	31	31	31
	火车碳足迹	相关系数	0.960**	−0.606**	−0.633**	−0.535**	−0.609**	0.989**	1.000**	0.638**	0.989**	0.989**	1.000	0.638**	0.989**
		Sig.(双侧)	0.000	0.000	0.000	0.002	0.000	0.000	—	0.000	0.000	0.000	—	0.000	0.000
		n	31	31	31	31	31	31	31	31	31	31	31	31	31
	飞机碳足迹	相关系数	0.596**	−0.237	−0.262	−0.186	−0.223	0.661**	0.638**	1.000**	0.661**	0.661**	0.638**	1.000	0.661**
		Sig.(双侧)	0.000	0.200	0.154	0.317	0.227	0.000	0.000	—	0.000	0.000	0.000	—	0.000
		n	31	31	31	31	31	31	31	31	31	31	31	31	31
	交通工具碳足迹	相关系数	0.955**	−0.579**	−0.604**	−0.531**	−0.591**	1.000**	0.989**	0.661**	1.000**	1.000**	0.989**	0.661**	1.000
		Sig.(双侧)	0.000	0.001	0.000	0.002	0.000	—	0.000	0.000	—	—	0.000	0.000	—
		n	31	31	31	31	31	31	31	31	31	31	31	31	31

注：** 表示在置信度(双测)为 0.01 时，相关性是显著的。

表 3-46　2012 年国内游客交通工具碳足迹和游客人数之间的回归模型(单程)

模型汇总和参数估计值

因变量:交通工具碳足迹

方程	模型汇总					参数估计值			
	R^2	F	df1	df2	Sig.	常数	b1	b2	b3
线性	0.717	73.509	1	29	0.000	194.613	0.002		
对数	0.796	113.390	1	29	0.000	−1344.824	174.988		
倒数	0.285	11.557	1	29	0.002	427.604	−722 142.889		
二次	0.824	65.768	2	28	0.000	141.972	0.005	0.000	
三次	0.868	59.406	3	27	0.000	87.798	0.010	0.000	0.000
复合	0.374	17.356	1	29	0.000	159.408	1.000		
幂	0.876	204.616	1	29	0.000	1.172	0.548		
S	0.617	46.646	1	29	0.000	5.879	−3170.756		
增长	0.374	17.356	1	29	0.000	5.071	0.000		
指数	0.374	17.356	1	29	0.000	159.408	0.000		
Logistic	0.374	17.356	1	29	0.000	0.006	1.000		

注:自变量为游客人数。

表 3-47 2013 年国内游客交通工具的 CO_2 排放量和碳足迹(单程)

编号	客源地	CO_2 排放量(kg)				碳足迹(gha)			
		汽车	火车	飞机	交通工具	汽车	火车	飞机	交通工具
1	山西省	3 038 414.78	571 084.81	0.00	3 609 499.59	1034.25	194.39	0.00	1228.64
2	河北省	1 296 143.32	235 734.07	0.00	1 531 877.39	441.20	80.24	0.00	521.44
3	北京市	2 168 295.60	326 549.47	182 203.27	2 677 048.34	738.07	111.15	62.02	911.24
4	天津市	1 468 144.57	186 784.74	104 610.34	1 759 539.65	499.75	63.58	35.61	598.94
5	内蒙古自治区	877 263.93	94 934.50	46 983.39	1 019 181.82	298.61	32.31	15.99	346.91
6	山东省	790 947.67	81 493.02	70 071.59	942 512.28	269.23	27.74	23.85	320.82
7	河南省	864 606.27	83 976.84	33 607.97	982 191.08	294.31	28.59	11.44	334.34
8	广东省	1 679 102.85	138 960.56	78 543.60	1 896 607.01	571.55	47.30	26.74	645.59
9	辽宁省	718 017.53	67 668.55	44 299.49	829 985.57	244.41	23.03	15.08	282.52
10	江苏省	738 459.63	67 916.66	40 043.92	846 420.21	251.37	23.12	13.63	288.12
11	陕西省	452 088.39	30 800.58	18 733.80	501 622.77	153.89	10.48	6.38	170.75
12	上海市	623 681.30	54 672.28	30 224.17	708 577.75	212.30	18.61	10.29	241.20
13	浙江省	597 255.66	51 377.99	28 671.75	677 305.40	203.30	17.49	9.76	230.55
14	黑龙江省	585 005.92	46 939.35	32 550.93	664 496.20	199.13	15.98	11.08	226.19
15	湖北省	378 514.60	31 690.30	18 465.99	428 670.89	128.84	10.79	6.29	145.92
16	吉林省	374 891.20	32 255.29	23 613.84	430 760.33	127.61	10.98	8.04	146.63

续表

编号	客源地	CO_2 排放量(kg)				碳足迹(gha)			
		汽车	火车	飞机	交通工具	汽车	火车	飞机	交通工具
17	福建省	546 948.38	41 841.96	25 048.67	613 839.01	186.18	14.24	8.53	208.95
18	四川省	419 090.19	25 782.28	19 236.69	464 109.16	142.66	8.78	6.55	157.99
19	安徽省	248 051.67	21 040.38	11 575.39	280 667.44	84.43	7.16	3.94	95.53
20	宁夏回族自治区	188 236.85	13 681.06	7974.81	209 892.72	64.07	4.66	2.71	71.44
21	湖南省	293 408.48	23 543.19	13 413.50	330 365.17	99.87	8.01	4.57	112.45
22	甘肃省	227 684.03	17 492.78	12 886.89	258 063.70	77.50	5.95	4.39	87.84
23	广西壮族自治区	381 044.24	27 445.87	17 696.54	426 186.65	129.70	9.34	6.02	145.06
24	重庆市	223 161.19	14 854.33	10 202.06	248 217.58	75.96	5.06	3.47	84.49
25	江西省	205 123.49	15 601.70	9504.17	230 229.36	69.82	5.31	3.24	78.37
26	新疆维吾尔自治区	281 583.95	17 658.55	13 387.47	312 629.97	95.85	6.01	4.56	106.42
27	云南省	218 920.73	17 525.71	9616.31	246 062.75	74.52	5.97	3.27	83.76
28	青海省	109 368.29	8072.33	6056.92	123 497.54	37.23	2.75	2.06	42.04
29	海南省	158 963.76	12 422.00	7310.66	178 696.42	54.11	4.23	2.49	60.83
30	贵州省	89 641.64	7511.71	4092.74	101 246.09	30.51	2.56	1.39	34.46
31	西藏自治区	133 877.31	8778.72	5885.31	148 541.34	45.57	2.99	2.00	50.56
	合计	20 375 937.42	2 376 091.58	926 512.18	23 678 541.18	6935.80	808.80	315.39	8059.99

表 3-48　2013 年不同变量之间相关性分析结果(单程)

			相关系数												
			游客人数	直线距离	汽车行程	火车里程	飞机航程	汽车 CO_2 排放量	火车 CO_2 排放量	飞机 CO_2 排放量	交通工具 CO_2 排放量	汽车碳足迹	火车碳足迹	飞机碳足迹	交通工具碳足迹
Spearman 的 rho	游客人数	相关系数	1.000	−0.768**	−0.790**	−0.711**	−0.768**	0.955**	0.960**	0.596**	0.960**	0.955**	0.960**	0.596**	0.960**
		Sig.(双侧)	—	0.000	0.000	0.000	0.000	0.000	0.000	0.000	0.000	0.000	0.000	0.000	0.000
		n	31	31	31	31	31	31	31	31	31	31	31	31	31
	直线距离	相关系数	−0.768**	1.000	0.995**	0.955**	0.961**	−0.579**	−0.606**	−0.237	−0.588**	−0.579**	−0.606**	−0.237	−0.588**
		Sig.(双侧)	0.000	—	0.000	0.000	0.000	0.001	0.000	0.200	0.001	0.001	0.000	0.200	0.001
		n	31	31	31	31	31	31	31	31	31	31	31	31	31
	汽车行程	相关系数	−0.790**	0.995**	1.000	0.950**	0.965**	−0.604**	−0.633**	−0.262	−0.614**	−0.604**	−0.633**	−0.262	−0.614**
		Sig.(双侧)	0.000	0.000	—	0.000	0.000	0.000	0.000	0.154	0.000	0.000	0.000	0.154	0.000
		n	31	31	31	31	31	31	31	31	31	31	31	31	31
	火车里程	相关系数	−0.711**	0.955**	0.950**	1.000	0.931**	−0.531**	−0.535**	−0.186	−0.537**	−0.531**	−0.535**	−0.186	−0.537**
		Sig.(双侧)	0.000	0.000	0.000	—	0.000	0.002	0.002	0.317	0.002	0.002	0.002	0.317	0.002
		n	31	31	31	31	31	31	31	31	31	31	31	31	31
	飞机航程	相关系数	−0.768**	0.961**	0.965**	0.931**	1.000	−0.591**	−0.609**	−0.223	−0.596**	−0.591**	−0.609**	−0.223	−0.596**
		Sig.(双侧)	0.000	0.000	0.000	0.000	—	0.000	0.000	0.227	0.000	0.000	0.000	0.227	0.000
		n	31	31	31	31	31	31	31	31	31	31	31	31	31
	汽车 CO_2 排放量	相关系数	0.955**	−0.579**	−0.604**	−0.531**	−0.591**	1.000	0.989**	0.661**	0.998**	1.000**	0.989**	0.661**	0.998**
		Sig.(双侧)	0.000	0.001	0.000	0.002	0.000	—	0.000	0.000	0.000	—	0.000	0.000	0.000
		n	31	31	31	31	31	31	31	31	31	31	31	31	31
	火车 CO_2 排放量	相关系数	0.960**	−0.606**	−0.633**	−0.535**	−0.609**	0.989**	1.000	0.638**	0.992**	0.989**	1.000**	0.638**	0.992**
		Sig.(双侧)	0.000	0.000	0.000	0.002	0.000	0.000	—	0.000	0.000	0.000	—	0.000	0.000
		n	31	31	31	31	31	31	31	31	31	31	31	31	31

续表

			相关系数												
			游客人数	直线距离	汽车行程	火车里程	飞机航程	汽车 CO_2 排放量	火车 CO_2 排放量	飞机 CO_2 排放量	交通工具 CO_2 排放量	汽车碳足迹	火车碳足迹	飞机碳足迹	交通工具碳足迹
Spearman 的 rho	飞机 CO_2 排放量	相关系数	0.596**	−0.237	−0.262	−0.186	−0.223	0.661**	0.638**	1.000	0.664**	0.661**	0.638**	1.000**	0.664**
		Sig.（双侧）	0.000	0.200	0.154	0.317	0.227	0.000	0.000	—	0.000	0.000	0.000	—	0.000
		n	31	31	31	31	31	31	31	31	31	31	31	31	31
	交通工具 CO_2 排放量	相关系数	0.960**	−0.588**	−0.614**	−0.537**	−0.596**	0.998**	0.992**	0.664**	1.000	0.998**	0.992**	0.664**	1.000**
		Sig.（双侧）	0.000	0.001	0.000	0.002	0.000	0.000	0.000	0.000	—	0.000	0.000	0.000	—
		n	31	31	31	31	31	31	31	31	31	31	31	31	31
	汽车碳足迹	相关系数	0.955**	−0.579**	−0.604**	−0.531**	−0.591**	1.000**	0.989**	0.661**	0.998**	1.000	0.989**	0.661**	0.998**
		Sig.（双侧）	0.000	0.001	0.000	0.002	0.000	—	0.000	0.000	0.000	—	0.000	0.000	0.000
		n	31	31	31	31	31	31	31	31	31	31	31	31	31
	火车碳足迹	相关系数	0.960**	−0.606**	−0.633**	−0.535**	−0.609**	0.989**	1.000**	0.638**	0.992**	0.989**	1.000	0.638**	0.992**
		Sig.（双侧）	0.000	0.000	0.000	0.002	0.000	0.000	—	0.000	0.000	0.000	—	0.000	0.000
		n	31	31	31	31	31	31	31	31	31	31	31	31	31
	飞机碳足迹	相关系数	0.596**	−0.237	−0.262	−0.186	−0.223	0.661**	0.638**	1.000**	0.664**	0.661**	0.638**	1.000	0.664**
		Sig.（双侧）	0.000	0.200	0.154	0.317	0.227	0.000	0.000	—	0.000	0.000	0.000	—	0.000
		n	31	31	31	31	31	31	31	31	31	31	31	31	31
	交通工具碳足迹	相关系数	0.960**	−0.588**	−0.614**	−0.537**	−0.596**	0.998**	0.992**	0.664**	1.000**	0.998**	0.992**	0.664**	1.000
		Sig.（双侧）	0.000	0.001	0.000	0.002	0.000	0.000	0.000	0.000	—	0.000	0.000	0.000	—
		n	31	31	31	31	31	31	31	31	31	31	31	31	31

注：** 表示在置信度（双测）为 0.01 时，相关性是显著的。

表 3-49 2013 年国内游客交通工具碳足迹和游客人数之间的回归模型(单程)

模型汇总和参数估计值

因变量:交通工具碳足迹

方程	模型汇总					参数估计值			
	R^2	F	df1	df2	Sig.	常数	b1	b2	b3
线性	0.719	74.234	1	29	0.000	172.298	0.002		
对数	0.796	113.375	1	29	0.000	−1204.442	158.791		
倒数	0.281	11.336	1	29	0.002	382.985	−573 430.013		
二次	0.831	68.678	2	28	0.000	123.605	0.005	0.000	
三次	0.872	61.420	3	27	0.000	75.816	0.011	0.000	0.000
复合	0.377	17.523	1	29	0.000	140.580	1.000		
幂	0.879	211.443	1	29	0.000	1.042	0.555		
S	0.615	46.273	1	29	0.000	5.761	−2819.008		
增长	0.377	17.523	1	29	0.000	4.946	0.000		
指数	0.377	17.523	1	29	0.000	140.580	0.000		
Logistic	0.377	17.523	1	29	0.000	0.007	1.000		

注:自变量为游客人数。

汽车行驶距离为 186 km,游客出行产生的单程交通工具碳足迹为 492.60 gha;从北京市到达五台山风景名胜区,汽车需要行驶 334 km,单程交通工具碳足迹为 866.60 gha;天津市、内蒙古自治区、山东省与五台山风景名胜区汽车行程为 400～500 km,单程交通工具碳足迹分别为 567.31 gha、327.16 gha、303.71 gha;河南省、陕西省、宁夏回族自治区与五台山风景名胜区的汽车行驶距离为 500～1000 km,单程交通工具碳足迹分别为 314.24 gha、159.94 gha、66.98 gha;汽车行驶距离在 1000～1500 km 的省(直辖市)共有 12 个,包括辽宁省、江苏省、上海市、浙江省、湖北省、吉林省、安徽省、湖南省、甘肃省、重庆市、江西省和青海省,单程交通工具碳足迹共计 1726.10 gha,占总量的 22.71%;黑龙江省、福建省、四川省、贵州省与五台山风景名胜区汽车行驶距离在 1500～2000 km,以上四省单程交通工具碳足迹共计 589.01 gha,占总量的 7.75%;广东省与五台山风景名胜区距离较远,汽车行驶里程为 2035 km,但可能由于广东省经济较为发达,游客人数较多,单程交通工具碳足迹达到了 606.35 gha;广西壮族自治区、新疆维吾尔自治区、云南省、海南省和西藏自治区与五台山风景名胜区的汽车行驶距离均在 2000 km 以上,它们单程交通工具碳足迹共计 418.86 gha,只占总量的 5.51%(表 3-50)。

选择单程的汽车碳足迹、火车碳足迹、飞机碳足迹、交通工具碳足迹、汽车 CO_2 排放量、火车 CO_2 排放量、飞机 CO_2 排放量、交通工具 CO_2 排放量、游客人数、直线距离、汽车行程、火车里程、飞机航程作为变量,应用 Spearman 相关系数判断它们之间的相关性,分析结果见表 3-51。中国 31 个省(直辖市、自治区)游客单程交通工具碳足迹与游客人数之间的关系采用幂函数(W)模型进行描述(表 3-52),方程式为:$y=0.997x^{0.557}$($R^2=0.880, p=0, n=31$),这说明游客人数变化能够解释国内游客单程交通工具碳足迹变化的 88.0%。

2015 年国内游客单程交通工具 CO_2 排放量涨幅很大,以汽车、火车和飞机为主要交通方式产生的 CO_2 排放量分别是 2005 年的 1.76 倍、4.02 倍和 5.77 倍。2015 年国内游客单程交通工具碳足迹为 11 420.13 gha,自 2005 年以来首次突破 10 000 gha。国内游客单程交通工具碳足迹的空间分布不均衡,集中分布在山西省、河北省、北京市、天津市、内蒙古自治区、山东省和河南省,占总量的 53.28%,以上省(直辖市、自治区)与五台山风景名胜区直线距离均在 500 km 之内,汽车行驶距离均在 600 km 之内。辽宁省、江苏省、陕西省、湖北省、安徽省、宁夏回族自治区、甘肃省与五台山风景名胜区的直线距离为 500～1000 km,汽车行程为 600～1200 km,这些省份游客单程交通工具碳足迹之和在国内游客单程交通工具碳足迹中的比例为 14.08%。其余 17 个省(直辖市、自治区)距离五台山风景名胜区直线距离均超过 1000 km,公路距离均超过 1200 km,游客单程交通工具碳足迹之和占国内游客单程交通工具碳足迹的 32.64%(表 3-53)。

采用 SPSS 软件中的 Spearman 相关系数分析多个变量之间的相关性(表 3-54),结果显示:单程交通工具碳足迹与直线距离、汽车行程、火车里程、飞机航程均存在显著负相关关系，相关系数分别为 $R=-0.588$、$R=-0.614$、$R=-0.537$、$R=-0.596$（$p<0.01$，$n=31$）。游客人数与直线距离、汽车行程、火车里程、飞机航程均存在显著负相关关系，相关系数分别为 $R=-0.768$、$R=-0.790$、$R=-0.711$、$R=-0.768$（$p<0.01$，$n=31$）。单程交通工具碳足迹与游客人数之间存在显著正相关关系，$R=0.960$（$p<0.01$，$n=31$），以单程交通工具碳足迹为因变量，游客人数为自变量进行回归分析（表 3-55），得到最佳模型为：$y=1.170x^{0.559}$（$R^2=0.881$，$p=0$，$n=31$）。

2016 年国内游客从客源地到达五台山风景名胜区使用交通工具产生的 CO_2 排放量为 33 324 138.56 kg，以汽车为交通工具的排放量占比为 79.38%，以火车为主要交通工具的排放量占比为 14.79%，以飞机为主要交通工具的排放量占比为 5.83%；国内游客交通工具碳足迹为 11 343.29 gha，以汽车、火车和飞机为主要途径的碳足迹分别为 9004.32 gha、1677.47 gha 和 661.50 gha。山西省和北京市单程交通工具碳足迹在 1000 gha 以上。河北省、天津市和广东省单程交通工具碳足迹较大，分别为 739.20 gha、843.06 gha 和 897.28 gha。内蒙古自治区、山东省、河南省和江苏省单程交通工具碳足迹与前一年相比，略有减少。辽宁省、上海市、浙江省和黑龙江省单程交通工具碳足迹分别为 397.30 gha、336.94 gha、321.07 gha 和 315.34 gha。陕西省、湖北省、吉林省、福建省、四川省和广西壮族自治区单程交通工具碳足迹在 200～300 gha。安徽省、湖南省、甘肃省、重庆市、江西省、新疆维吾尔自治区和云南省单程交通工具碳足迹在 100～200 gha。单程交通工具碳足迹在 100 gha 以下的省、自治区有宁夏回族自治区、青海省、海南省、贵州省和西藏自治区（表 3-56）。

采用 SPSS 软件中的 Spearman 相关系数分析 2016 年中国 31 个省（直辖市、自治区）单程的交通工具碳足迹与其他变量之间的相关关系，分析结果见表 3-57。交通工具碳足迹与汽车碳足迹、火车碳足迹、飞机碳足迹、汽车 CO_2 排放量、火车 CO_2 排放量、飞机 CO_2 排放量之间均存在显著正相关关系（$p<0.01$），与直线距离、汽车行程、火车里程、飞机航程均存在显著负相关关系（$p<0.01$）。单程交通工具碳足迹与游客人数之间存在显著正相关关系（$R=0.960$，$p<0.01$，$n=31$），二者之间的最佳回归模型为：$y=1.146x^{0.560}$（$R^2=0.882$，$p=0$，$n=31$），说明游客人数可以解释单程交通工具碳足迹变化的 88.2%（表 3-58）。

2017 年从客源地到达五台山风景名胜区，以汽车、火车和飞机为主要交通工具的 CO_2 排放量分别为 34 443 046.44 kg、7 432 847.54 kg 和 3 017 591.83 kg，共计 44 893 485.81 kg；汽车碳足迹、火车碳足迹和飞机碳足迹分别为 11 724.15 gha、2530.08 gha 和 1027.13 gha，共计 15 281.36 gha。与 2005—2016 年相比，国内游客单程交通工具 CO_2 排放量和交通工具碳足迹增长幅度很大。2017 年国内游客单程交通工具碳足迹是 2005 年的 2.64 倍，是 2010 年的 2.26 倍，是 2016 年的 1.35 倍。山西省作为最主要客源地，单程交通工具碳足迹首次突破 2000 gha。北京市单程交通

表 3-50 2014 年国内游客交通工具的 CO_2 排放量和碳足迹(单程)

编号	客源地	CO_2 排放量(kg)				碳足迹(gha)			
		汽车	火车	飞机	交通工具	汽车	火车	飞机	交通工具
1	山西省	2 799 202.08	613 085.76	0.00	3 412 287.84	952.83	208.69	0.00	1161.52
2	河北省	1 194 094.36	253 070.43	0.00	1 447 164.79	406.46	86.14	0.00	492.60
3	北京市	1 997 588.13	350 566.06	197 750.01	2 545 904.20	679.96	119.33	67.31	866.60
4	天津市	1 352 566.37	200 523.18	113 536.96	1 666 626.51	460.40	68.26	38.65	567.31
5	内蒙古自治区	808 203.46	101 917.30	50 992.66	961 113.42	275.11	34.69	17.36	327.16
6	山东省	728 676.45	87 486.46	76 050.46	892 213.37	248.04	29.78	25.89	303.71
7	河南省	796 534.54	90 152.79	36 475.51	923 162.84	271.13	30.69	12.42	314.24
8	广东省	1 546 905.84	149 180.33	85 245.27	1 781 331.44	526.55	50.78	29.02	606.35
9	辽宁省	661 484.71	72 644.89	48 079.11	782 208.71	225.16	24.73	16.37	266.26
10	江苏省	680 318.16	72 911.34	43 460.51	796 690.01	231.58	24.82	14.79	271.19
11	陕西省	416 479.45	33 064.55	20 331.48	469 875.48	141.77	11.25	6.92	159.94
12	上海市	574 607.46	58 696.09	32 804.68	666 108.23	195.59	19.98	11.17	226.74
13	浙江省	550 246.82	55 157.91	31 118.91	636 523.64	187.30	18.78	10.59	216.67
14	黑龙江省	538 949.33	50 391.60	35 328.40	624 669.33	183.45	17.15	12.03	212.63
15	湖北省	348 712.46	34 020.81	20 041.51	402 774.78	118.70	11.58	6.82	137.10
16	吉林省	345 348.90	34 624.79	25 626.68	405 600.37	117.55	11.79	8.72	138.06

续表

编号	客源地	CO_2 排放量(kg)				碳足迹(gha)			
		汽车	火车	飞机	交通工具	汽车	火车	飞机	交通工具
17	福建省	503 847.57	44 915.71	27 183.81	575 947.09	171.51	15.29	9.25	196.05
18	四川省	386 078.20	27 677.23	20 877.14	434 632.57	131.42	9.42	7.11	147.95
19	安徽省	228 530.33	22 588.56	12 563.48	263 682.37	77.79	7.69	4.28	89.76
20	宁夏回族自治区	173 421.27	14 687.60	8655.48	196 764.35	59.03	5.00	2.95	66.98
21	湖南省	270 287.07	25 272.69	14 556.85	310 116.61	92.00	8.60	4.96	105.56
22	甘肃省	209 739.85	18 777.62	13 985.22	242 502.69	71.39	6.39	4.76	82.54
23	广西壮族自治区	351 037.47	29 463.78	19 206.10	399 707.35	119.49	10.03	6.54	136.06
24	重庆市	205 590.81	15 946.73	11 072.50	232 610.04	69.98	5.43	3.77	79.18
25	江西省	189 018.01	16 753.03	10 317.51	216 088.55	64.34	5.70	3.51	73.55
26	新疆维吾尔自治区	259 378.66	18 954.61	14 527.73	292 861.00	88.29	6.45	4.95	99.69
27	云南省	201 730.92	18 818.92	10 439.19	230 989.03	68.67	6.41	3.55	78.63
28	青海省	100 755.99	8665.87	6573.61	115 995.47	34.30	2.95	2.24	39.49
29	海南省	146 495.12	13 339.82	7936.96	167 771.90	49.87	4.54	2.70	57.11
30	贵州省	82 624.52	8068.10	4444.13	95 136.75	28.12	2.75	1.51	32.38
31	西藏自治区	123 357.62	9425.92	6388.53	139 172.07	41.99	3.21	2.17	47.37
	合计	18 771 811.93	2 550 850.48	1 005 570.39	22 328 232.80	6389.77	868.30	342.31	7600.38

表 3-51　2014 年不同变量之间相关性分析结果(单程)

			相关系数												
			游客人数	直线距离	汽车行程	火车里程	飞机航程	汽车 CO_2 排放量	火车 CO_2 排放量	飞机 CO_2 排放量	交通工具 CO_2 排放量	汽车碳足迹	火车碳足迹	飞机碳足迹	交通工具碳足迹
Spearman 的 rho	游客人数	相关系数	1.000	−0.768**	−0.790**	−0.711**	−0.768**	0.955**	0.960**	0.596**	0.960**	0.955**	0.960**	0.596**	0.960**
		Sig.(双侧)	—	0.000	0.000	0.000	0.000	0.000	0.000	0.000	0.000	0.000	0.000	0.000	0.000
		n	31	31	31	31	31	31	31	31	31	31	31	31	31
	直线距离	相关系数	−0.768**	1.000	0.995**	0.955**	0.961**	−0.579**	−0.606**	−0.237	−0.588**	−0.579**	−0.606**	−0.237	−0.588**
		Sig.(双侧)	0.000	—	0.000	0.000	0.000	0.001	0.000	0.200	0.001	0.001	0.000	0.200	0.001
		n	31	31	31	31	31	31	31	31	31	31	31	31	31
	汽车行程	相关系数	−0.790**	0.995**	1.000	0.950**	0.965**	−0.604**	−0.633**	−0.262	−0.614**	−0.604**	−0.633**	−0.262	−0.614**
		Sig.(双侧)	0.000	0.000	—	0.000	0.000	0.000	0.000	0.154	0.000	0.000	0.000	0.154	0.000
		n	31	31	31	31	31	31	31	31	31	31	31	31	31
	火车里程	相关系数	−0.711**	0.955**	0.950**	1.000	0.931**	−0.531**	−0.535**	−0.186	−0.537**	−0.531**	−0.535**	−0.186	−0.537**
		Sig.(双侧)	0.000	0.000	0.000	—	0.000	0.002	0.002	0.317	0.002	0.002	0.002	0.317	0.002
		n	31	31	31	31	31	31	31	31	31	31	31	31	31
	飞机航程	相关系数	−0.768**	0.961**	0.965**	0.931**	1.000	−0.591**	−0.609**	−0.223	−0.596**	−0.591**	−0.609**	−0.223	−0.596**
		Sig.(双侧)	0.000	0.000	0.000	0.000	—	0.000	0.000	0.227	0.000	0.000	0.000	0.227	0.000
		n	31	31	31	31	31	31	31	31	31	31	31	31	31
	汽车 CO_2 排放量	相关系数	0.955**	−0.579**	−0.604**	−0.531**	−0.591**	1.000	0.989**	0.661**	0.998**	1.000**	0.989**	0.661**	0.998**
		Sig.(双侧)	0.000	0.001	0.000	0.002	0.000	—	0.000	0.000	0.000	—	0.000	0.000	0.000
		n	31	31	31	31	31	31	31	31	31	31	31	31	31
	火车 CO_2 排放量	相关系数	0.960**	−0.606**	−0.633**	−0.535**	−0.609**	0.989**	1.000	0.638**	0.992**	0.989**	1.000**	0.638**	0.992**
		Sig.(双侧)	0.000	0.000	0.000	0.002	0.000	0.000	—	0.000	0.000	0.000	—	0.000	0.000
		n	31	31	31	31	31	31	31	31	31	31	31	31	31

续表

			相关系数												
			游客人数	直线距离	汽车行程	火车里程	飞机航程	汽车 CO_2 排放量	火车 CO_2 排放量	飞机 CO_2 排放量	交通工具 CO_2 排放量	汽车碳足迹	火车碳足迹	飞机碳足迹	交通工具碳足迹
Spearman 的 rho	飞机 CO_2 排放量	相关系数	0.596**	−0.237	−0.262	−0.186	−0.223	0.661**	0.638**	1.000	0.664**	0.661**	0.638**	1.000**	0.664**
		Sig.(双侧)	0.000	0.200	0.154	0.317	0.227	0.000	0.000	—	0.000	0.000	0.000	—	0.000
		n	31	31	31	31	31	31	31	31	31	31	31	31	31
	交通工具 CO_2 排放量	相关系数	0.960**	−0.588**	−0.614**	−0.537**	−0.596**	0.998**	0.992**	0.664**	1.000	0.998**	0.992**	0.664**	1.000**
		Sig.(双侧)	0.000	0.001	0.000	0.002	0.000	0.000	0.000	0.000	—	0.000	0.000	0.000	—
		n	31	31	31	31	31	31	31	31	31	31	31	31	31
	汽车碳足迹	相关系数	0.955**	−0.579**	−0.604**	−0.531**	−0.591**	1.000**	0.989**	0.661**	0.998**	1.000	0.989**	0.661**	0.998**
		Sig.(双侧)	0.000	0.001	0.000	0.002	0.000	—	0.000	0.000	0.000	—	0.000	0.000	0.000
		n	31	31	31	31	31	31	31	31	31	31	31	31	31
	火车碳足迹	相关系数	0.960**	−0.606**	−0.633**	−0.535**	−0.609**	0.989**	1.000**	0.638**	0.992**	0.989**	1.000	0.638**	0.992**
		Sig.(双侧)	0.000	0.000	0.000	0.002	0.000	0.000	—	0.000	0.000	0.000	—	0.000	0.000
		n	31	31	31	31	31	31	31	31	31	31	31	31	31
	飞机碳足迹	相关系数	0.596**	−0.237	−0.262	−0.186	−0.223	0.661**	0.638**	1.000**	0.664**	0.661**	0.638**	1.000	0.664**
		Sig.(双侧)	0.000	0.200	0.154	0.317	0.227	0.000	0.000	—	0.000	0.000	0.000	—	0.000
		n	31	31	31	31	31	31	31	31	31	31	31	31	31
	交通工具碳足迹	相关系数	0.960**	−0.588**	−0.614**	−0.537**	−0.596**	0.998**	0.992**	0.664**	1.000**	0.998**	0.992**	0.664**	1.000
		Sig.(双侧)	0.000	0.001	0.000	0.002	0.000	0.000	0.000	0.000	—	0.000	0.000	0.000	—
		n	31	31	31	31	31	31	31	31	31	31	31	31	31

注：** 表示在置信度(双测)为 0.01 时，相关性是显著的。

表 3-52　2014 年国内游客交通工具碳足迹和游客人数之间的回归模型(单程)

模型汇总和参数估计值									
因变量:交通工具碳足迹									
方程	模型汇总					参数估计值			
	R^2	F	df1	df2	Sig.	常数	b1	b2	b3
线性	0.719	74.273	1	29	0.000	162.107	0.002		
对数	0.796	113.338	1	29	0.000	−1132.327	150.387		
倒数	0.280	11.280	1	29	0.002	361.463	−509 261.871		
二次	0.832	69.394	2	28	0.000	115.713	0.005	0.000	
三次	0.873	61.887	3	27	0.000	70.787	0.011	0.000	0.000
复合	0.377	17.562	1	29	0.000	132.102	1.000		
幂	0.880	213.298	1	29	0.000	0.997	0.557		
S	0.614	46.172	1	29	0.000	5.701	−2654.589		
增长	0.377	17.562	1	29	0.000	4.884	0.000		
指数	0.377	17.562	1	29	0.000	132.102	0.000		
Logistic	0.377	17.562	1	29	0.000	0.008	1.000		

注:自变量为游客人数。

表 3-53 2015 年国内游客交通工具的 CO_2 排放量和碳足迹(单程)

编号	客源地	CO_2 排放量(kg)				碳足迹(gha)			
		汽车	火车	飞机	交通工具	汽车	火车	飞机	交通工具
1	山西省	4 088 398.62	1 054 239.81	0.00	5 142 638.43	1391.66	358.86	0.00	1750.52
2	河北省	1 744 048.37	435 171.54	0.00	2 179 219.91	593.66	148.13	0.00	741.79
3	北京市	2 917 598.50	602 821.38	343 211.20	3 863 631.08	993.13	205.20	116.83	1315.16
4	天津市	1 975 497.55	344 811.46	197 051.87	2 517 360.88	672.44	117.37	67.07	856.88
5	内蒙古自治区	1 180 434.80	175 254.19	88 502.25	1 444 191.24	401.81	59.66	30.13	491.60
6	山东省	1 064 273.07	150 438.29	131 991.38	1 346 702.74	362.27	51.21	44.93	458.41
7	河南省	1 163 396.80	155 024.96	63 306.75	1 381 728.51	396.01	52.77	21.55	470.33
8	广东省	2 259 348.25	256 525.21	147 950.00	2 663 823.46	769.06	87.32	50.36	906.74
9	辽宁省	966 142.42	124 918.17	83 445.53	1 174 506.12	328.87	42.52	28.40	399.79
10	江苏省	993 632.38	125 374.14	75 428.22	1 194 434.74	338.22	42.68	25.68	406.58
11	陕西省	608 297.60	56 857.05	35 287.18	700 441.83	207.06	19.35	12.01	238.42
12	上海市	839 258.86	100 932.96	56 935.86	997 127.68	285.68	34.36	19.38	339.42
13	浙江省	803 647.50	94 845.14	54 007.96	952 500.60	273.56	32.28	18.38	324.22
14	黑龙江省	787 126.80	86 647.11	61 312.08	935 085.99	267.93	29.49	20.87	318.29
15	湖北省	509 320.98	58 501.62	34 784.03	602 606.63	173.37	19.91	11.84	205.12
16	吉林省	504 430.58	59 542.87	44 479.62	608 453.07	171.70	20.27	15.14	207.11

续表

编号	客源地	CO_2 排放量(kg)				碳足迹(gha)			
		汽车	火车	飞机	交通工具	汽车	火车	飞机	交通工具
17	福建省	735 940.16	77 239.74	47 182.29	860 362.19	250.51	26.29	16.06	292.86
18	四川省	563 903.41	47 593.89	36 234.79	647 732.09	191.95	16.20	12.33	220.48
19	安徽省	333 781.50	38 842.41	21 804.89	394 428.80	113.62	13.22	7.42	134.26
20	宁夏回族自治区	253 296.59	25 256.72	15 022.54	293 575.85	86.22	8.60	5.11	99.93
21	湖南省	394 767.73	43 457.72	25 264.41	463 489.86	134.38	14.79	8.60	157.77
22	甘肃省	306 368.17	32 292.56	24 274.90	362 935.63	104.29	10.99	8.26	123.54
23	广西壮族自治区	512 678.47	50 661.64	33 331.60	596 671.71	174.51	17.24	11.35	203.10
24	重庆市	300 265.37	27 420.30	19 216.43	346 902.10	102.21	9.33	6.54	118.08
25	江西省	276 027.82	28 803.29	17 904.00	322 735.11	93.96	9.80	6.09	109.85
26	新疆维吾尔自治区	378 846.27	32 594.39	25 214.59	436 655.25	128.96	11.09	8.58	148.63
27	云南省	294 601.00	32 356.06	18 115.65	345 072.71	100.28	11.01	6.17	117.46
28	青海省	147 158.12	14 901.31	11 408.88	173 468.31	50.09	5.07	3.88	59.04
29	海南省	213 965.59	22 938.76	13 775.28	250 679.63	72.83	7.81	4.69	85.33
30	贵州省	120 684.72	13 874.39	7713.57	142 272.68	41.08	4.72	2.63	48.43
31	西藏自治区	180 077.64	16 200.06	12 291.25	208 568.95	61.30	5.51	4.18	70.99
	合计	27 417 215.64	4 386 339.14	1 746 449.00	33 550 003.78	9332.62	1493.05	594.46	11 420.13

表 3-54 2015 年不同变量之间相关性分析结果(单程)

			相关系数												
			游客人数	直线距离	汽车行程	火车里程	飞机航程	汽车 CO_2 排放量	火车 CO_2 排放量	飞机 CO_2 排放量	交通工具 CO_2 排放量	汽车碳足迹	火车碳足迹	飞机碳足迹	交通工具碳足迹
Spearman 的 rho	游客人数	相关系数	1.000	−0.768**	−0.790**	−0.711**	−0.768**	0.955**	0.960**	0.594**	0.960**	0.955**	0.960**	0.594**	0.960**
		Sig.(双侧)	—	0.000	0.000	0.000	0.000	0.000	0.000	0.000	0.000	0.000	0.000	0.000	0.000
		n	31	31	31	31	31	31	31	31	31	31	31	31	31
	直线距离	相关系数	−0.768**	1.000	0.995**	0.955**	0.961**	−0.579**	−0.606**	−0.230	−0.588**	−0.579**	−0.606**	−0.230	−0.588**
		Sig.(双侧)	0.000	—	0.000	0.000	0.000	0.001	0.000	0.213	0.001	0.001	0.000	0.213	0.001
		n	31	31	31	31	31	31	31	31	31	31	31	31	31
	汽车行程	相关系数	−0.790**	0.995**	1.000	0.950**	0.965**	−0.604**	−0.633**	−0.257	−0.614**	−0.604**	−0.633**	−0.257	−0.614**
		Sig.(双侧)	0.000	0.000	—	0.000	0.000	0.000	0.000	0.163	0.000	0.000	0.000	0.163	0.000
		n	31	31	31	31	31	31	31	31	31	31	31	31	31
	火车里程	相关系数	−0.711**	0.955**	0.950**	1.000	0.931**	−0.531**	−0.535**	−0.180	−0.537**	−0.531**	−0.535**	−0.180	−0.537**
		Sig.(双侧)	0.000	0.000	0.000	—	0.000	0.002	0.002	0.333	0.002	0.002	0.002	0.333	0.002
		n	31	31	31	31	31	31	31	31	31	31	31	31	31
	飞机航程	相关系数	−0.768**	0.961**	0.965**	0.931**	1.000	−0.591**	−0.609**	−0.219	−0.596**	−0.591**	−0.609**	−0.219	−0.596**
		Sig.(双侧)	0.000	0.000	0.000	0.000	—	0.000	0.000	0.236	0.000	0.000	0.000	0.236	0.000
		n	31	31	31	31	31	31	31	31	31	31	31	31	31
	汽车 CO_2 排放量	相关系数	0.955**	−0.579**	−0.604**	−0.531**	−0.591**	1.000	0.989**	0.661**	0.998**	1.000**	0.989**	0.661**	0.998**
		Sig.(双侧)	0.000	0.001	0.000	0.002	0.000	—	0.000	0.000	0.000	—	0.000	0.000	0.000
		n	31	31	31	31	31	31	31	31	31	31	31	31	31
	火车 CO_2 排放量	相关系数	0.960**	−0.606**	−0.633**	−0.535**	−0.609**	0.989**	1.000	0.638**	0.992**	0.989**	1.000**	0.638**	0.992**
		Sig.(双侧)	0.000	0.000	0.000	0.002	0.000	0.000	—	0.000	0.000	0.000	—	0.000	0.000
		n	31	31	31	31	31	31	31	31	31	31	31	31	31

续表

			相关系数												
			游客人数	直线距离	汽车行程	火车里程	飞机航程	汽车 CO_2 排放量	火车 CO_2 排放量	飞机 CO_2 排放量	交通工具 CO_2 排放量	汽车碳足迹	火车碳足迹	飞机碳足迹	交通工具碳足迹
Spearman 的 rho	飞机 CO_2 排放量	相关系数	0.594**	−0.230	−0.257	−0.180	−0.219	0.661**	0.638**	1.000	0.665**	0.661**	0.638**	1.000**	0.665**
		Sig.（双侧）	0.000	0.213	0.163	0.333	0.236	0.000	0.000	—	0.000	0.000	0.000	—	0.000
		n	31	31	31	31	31	31	31	31	31	31	31	31	31
	交通工具 CO_2 排放量	相关系数	0.960**	−0.588**	−0.614**	−0.537**	−0.596**	0.998**	0.992**	0.665**	1.000	0.998**	0.992**	0.665**	1.000**
		Sig.（双侧）	0.000	0.001	0.000	0.002	0.000	0.000	0.000	0.000	—	0.000	0.000	0.000	—
		n	31	31	31	31	31	31	31	31	31	31	31	31	31
	汽车碳足迹	相关系数	0.955**	−0.579**	−0.604**	−0.531**	−0.591**	1.000**	0.989**	0.661**	0.998**	1.000	0.989**	0.661**	0.998**
		Sig.（双侧）	0.000	0.001	0.000	0.002	0.000	—	0.000	0.000	0.000	—	0.000	0.000	0.000
		n	31	31	31	31	31	31	31	31	31	31	31	31	31
	火车碳足迹	相关系数	0.960**	−0.606**	−0.633**	−0.535**	−0.609**	0.989**	1.000**	0.638**	0.992**	0.989**	1.000	0.638**	0.992**
		Sig.（双侧）	0.000	0.000	0.000	0.002	0.000	0.000	—	0.000	0.000	0.000	—	0.000	0.000
		n	31	31	31	31	31	31	31	31	31	31	31	31	31
	飞机碳足迹	相关系数	0.594**	−0.230	−0.257	−0.180	−0.219	0.661**	0.638**	1.000**	0.665**	0.661**	0.638**	1.000	0.665**
		Sig.（双侧）	0.000	0.213	0.163	0.333	0.236	0.000	0.000	—	0.000	0.000	0.000	—	0.000
		n	31	31	31	31	31	31	31	31	31	31	31	31	31
	交通工具碳足迹	相关系数	0.960**	−0.588**	−0.614**	−0.537**	−0.596**	0.998**	0.992**	0.665**	1.000**	0.998**	0.992**	0.665**	1.000
		Sig.（双侧）	0.000	0.001	0.000	0.002	0.000	0.000	0.000	0.000	—	0.000	0.000	0.000	—
		n	31	31	31	31	31	31	31	31	31	31	31	31	31

注：** 表示在置信度（双测）为 0.01 时，相关性是显著的。

表 3-55 2015 年国内游客交通工具碳足迹和游客人数之间的回归模型(单程)

模型汇总和参数估计值									
因变量:交通工具碳足迹									
方程	模型汇总					参数估计值			
	R^2	F	df1	df2	Sig.	常数	b1	b2	b3
线性	0.719	74.314	1	29	0.000	242.925	0.002		
对数	0.796	113.206	1	29	0.000	−1803.151	227.100		
倒数	0.279	11.203	1	29	0.002	543.566	−1 147 067.160		
二次	0.834	70.240	2	28	0.000	172.368	0.005	0.000	
三次	0.874	62.425	3	27	0.000	105.125	0.011	0.000	0.000
复合	0.378	17.615	1	29	0.000	197.686	1.000		
幂	0.881	215.302	1	29	0.000	1.170	0.559		
S	0.613	45.901	1	29	0.000	6.107	−3977.127		
增长	0.378	17.615	1	29	0.000	5.287	0.000		
指数	0.378	17.615	1	29	0.000	197.686	0.000		
Logistic	0.378	17.615	1	29	0.000	0.005	1.000		

注:自变量为游客人数。

表 3-56　2016 年国内游客交通工具的 CO_2 排放量和碳足迹(单程)

编号	客源地	CO_2 排放量(kg)				碳足迹(gha)			
		汽车	火车	飞机	交通工具	汽车	火车	飞机	交通工具
1	山西省	3 944 579.35	1 184 442.10	0.00	5 129 021.45	1342.70	403.18	0.00	1745.88
2	河北省	1 682 694.65	488 915.98	0.00	2 171 610.63	572.78	166.42	0.00	739.20
3	北京市	2 814 966.94	677 272.40	389 532.61	3 881 771.95	958.19	230.54	132.59	1321.32
4	天津市	1 906 000.59	387 396.05	183 311.06	2 476 707.70	648.79	131.87	62.40	843.06
5	内蒙古自治区	1 138 906.32	196 898.03	100 446.53	1 436 250.88	387.67	67.02	34.19	488.88
6	山东省	1 026 831.37	169 017.39	149 804.96	1 345 653.72	349.53	57.53	50.99	458.05
7	河南省	1 122 458.24	174 169.02	71 850.03	1 368 477.29	382.08	59.29	24.46	465.83
8	广东省	2 179 898.11	288 210.65	167 920.06	2 636 028.82	742.02	98.10	57.16	897.28
9	辽宁省	932 139.95	140 343.58	94 706.04	1 167 189.57	317.29	47.77	32.24	397.30
10	江苏省	958 664.87	140 856.21	85 607.05	1 185 128.13	326.32	47.95	29.14	403.41
11	陕西省	586 908.65	63 880.11	40 050.31	690 839.07	199.78	21.74	13.63	235.15
12	上海市	809 687.69	113 391.78	66 775.07	989 854.54	275.61	38.60	22.73	336.94
13	浙江省	775 379.57	106 559.16	61 297.27	943 236.00	263.93	36.27	20.87	321.07
14	黑龙江省	759 460.64	97 351.27	69 589.10	926 401.01	258.51	33.14	23.69	315.34
15	湖北省	491 401.66	65 726.41	39 478.40	596 606.47	167.27	22.37	13.44	203.08
16	吉林省	486 720.53	66 901.36	50 486.34	604 108.23	165.68	22.77	17.19	205.64

续表

编号	客源地	CO_2 排放量(kg)				碳足迹(gha)			
		汽车	火车	飞机	交通工具	汽车	火车	飞机	交通工具
17	福建省	710 102.05	86 785.27	53 554.00	850 441.32	241.71	29.54	18.23	289.48
18	四川省	544 084.30	53 473.63	41 126.51	638 684.44	185.20	18.20	14.00	217.40
19	安徽省	322 019.79	43 636.86	24 746.21	390 402.86	109.61	14.85	8.42	132.88
20	宁夏回族自治区	244 387.47	28 376.15	16 408.00	289 171.62	83.19	9.66	5.59	98.44
21	湖南省	380 916.85	48 829.52	28 676.91	458 423.28	129.66	16.62	9.76	156.04
22	甘肃省	295 599.68	36 281.88	27 551.95	359 433.51	100.62	12.35	9.38	122.35
23	广西壮族自治区	494 607.66	56 914.37	37 827.41	589 349.44	168.36	19.37	12.88	200.61
24	重庆市	289 711.17	30 807.70	21 435.44	341 954.31	98.62	10.49	7.30	116.41
25	江西省	266 323.91	32 361.33	20 320.85	319 006.09	90.65	11.02	6.92	108.59
26	新疆维吾尔自治区	365 512.20	36 619.18	28 617.09	430 748.47	124.42	12.46	9.74	146.62
27	云南省	284 251.40	36 353.90	20 561.60	341 166.90	96.76	12.37	7.00	116.13
28	青海省	142 010.51	16 745.10	12 951.31	171 706.92	48.34	5.70	4.41	58.45
29	海南省	206 411.76	25 768.39	15 935.87	248 116.02	70.26	8.77	5.42	84.45
30	贵州省	116 423.84	15 585.85	8753.45	140 763.14	39.63	5.31	2.98	47.92
31	西藏自治区	173 735.26	18 200.01	13 949.51	205 884.78	59.14	6.20	4.75	70.09
	合计	26 452 796.98	4 928 070.64	1 943 270.94	33 324 138.56	9004.32	1677.47	661.50	11 343.29

表 3-57　2016 年不同变量之间相关性分析结果(单程)

			相关系数												
			游客人数	直线距离	汽车行程	火车里程	飞机航程	汽车 CO_2 排放量	火车 CO_2 排放量	飞机 CO_2 排放量	交通工具 CO_2 排放量	汽车碳足迹	火车碳足迹	飞机碳足迹	交通工具碳足迹
Spearman 的 rho	游客人数	相关系数	1.000	−0.768**	−0.790**	−0.711**	−0.753**	0.955**	0.960**	0.594**	0.960**	0.955**	0.960**	0.594**	0.960**
		Sig.(双侧)	—	0.000	0.000	0.000	0.000	0.000	0.000	0.000	0.000	0.000	0.000	0.000	0.000
		n	31	31	31	31	31	31	31	31	31	31	31	31	31
	直线距离	相关系数	−0.768**	1.000	0.995**	0.955**	0.959**	−0.579**	−0.606**	−0.230	−0.588**	−0.579**	−0.606**	−0.230	−0.588**
		Sig.(双侧)	0.000	—	0.000	0.000	0.000	0.001	0.000	0.213	0.001	0.001	0.000	0.213	0.001
		n	31	31	31	31	31	31	31	31	31	31	31	31	31
	汽车行程	相关系数	−0.790**	0.995**	1.000	0.950**	0.961**	−0.604**	−0.633**	−0.257	−0.614**	−0.604**	−0.633**	−0.257	−0.614**
		Sig.(双侧)	0.000	0.000	—	0.000	0.000	0.000	0.000	0.163	0.000	0.000	0.000	0.163	0.000
		n	31	31	31	31	31	31	31	31	31	31	31	31	31
	火车里程	相关系数	−0.711**	0.955**	0.950**	1.000	0.940**	−0.531**	−0.535**	−0.180	−0.537**	−0.531**	−0.535**	−0.180	−0.537**
		Sig.(双侧)	0.000	0.000	0.000	—	0.000	0.002	0.002	0.333	0.002	0.002	0.002	0.333	0.002
		n	31	31	31	31	31	31	31	31	31	31	31	31	31
	飞机航程	相关系数	−0.753**	0.959**	0.961**	0.940**	1.000	−0.573**	−0.590**	−0.204	−0.578**	−0.573**	−0.590**	−0.204	−0.578**
		Sig.(双侧)	0.000	0.000	0.000	0.000	—	0.001	0.000	0.271	0.001	0.001	0.000	0.271	0.001
		n	31	31	31	31	31	31	31	31	31	31	31	31	31
	汽车 CO_2 排放量	相关系数	0.955**	−0.579**	−0.604**	−0.531**	−0.573**	1.000	0.989**	0.661**	0.998**	1.000**	0.989**	0.661**	0.998**
		Sig.(双侧)	0.000	0.001	0.000	0.002	0.001	—	0.000	0.000	0.000	—	0.000	0.000	0.000
		n	31	31	31	31	31	31	31	31	31	31	31	31	31
	火车 CO_2 排放量	相关系数	0.960**	−0.606**	−0.633**	−0.535**	−0.590**	0.989**	1.000	0.638**	0.992**	0.989**	1.000**	0.638**	0.992**
		Sig.(双侧)	0.000	0.000	0.000	0.002	0.000	0.000	—	0.000	0.000	0.000	—	0.000	0.000
		n	31	31	31	31	31	31	31	31	31	31	31	31	31

续表

			相关系数												
			游客人数	直线距离	汽车行程	火车里程	飞机航程	汽车 CO_2 排放量	火车 CO_2 排放量	飞机 CO_2 排放量	交通工具 CO_2 排放量	汽车碳足迹	火车碳足迹	飞机碳足迹	交通工具碳足迹
Spearman 的 rho	飞机 CO_2 排放量	相关系数	0.594**	−0.230	−0.257	−0.180	−0.204	0.661**	0.638**	1.000	0.665**	0.661**	0.638**	1.000**	0.665**
		Sig.(双侧)	0.000	0.213	0.163	0.333	0.271	0.000	0.000	—	0.000	0.000	0.000	—	0.000
		n	31	31	31	31	31	31	31	31	31	31	31	31	31
	交通工具 CO_2 排放量	相关系数	0.960**	−0.588**	−0.614**	−0.537**	−0.578**	0.998**	0.992**	0.665**	1.000	0.998**	0.992**	0.665**	1.000**
		Sig.(双侧)	0.000	0.001	0.000	0.002	0.001	0.000	0.000	0.000	—	0.000	0.000	0.000	—
		n	31	31	31	31	31	31	31	31	31	31	31	31	31
	汽车碳足迹	相关系数	0.955**	−0.579**	−0.604**	−0.531**	−0.573**	1.000**	0.989**	0.661**	0.998**	1.000	0.989**	0.661**	0.998**
		Sig.(双侧)	0.000	0.001	0.000	0.002	0.001	—	0.000	0.000	0.000	—	0.000	0.000	0.000
		n	31	31	31	31	31	31	31	31	31	31	31	31	31
	火车碳足迹	相关系数	0.960**	−0.606**	−0.633**	−0.535**	−0.590**	0.989**	1.000**	0.638**	0.992**	0.989**	1.000	0.638**	0.992**
		Sig.(双侧)	0.000	0.000	0.000	0.002	0.000	0.000	—	0.000	0.000	0.000	—	0.000	0.000
		n	31	31	31	31	31	31	31	31	31	31	31	31	31
	飞机碳足迹	相关系数	0.594**	−0.230	−0.257	−0.180	−0.204	0.661**	0.638**	1.000**	0.665**	0.661**	0.638**	1.000	0.665**
		Sig.(双侧)	0.000	0.213	0.163	0.333	0.271	0.000	0.000	—	0.000	0.000	0.000	—	0.000
		n	31	31	31	31	31	31	31	31	31	31	31	31	31
	交通工具碳足迹	相关系数	0.960**	−0.588**	−0.614**	−0.537**	−0.578**	0.998**	0.992**	0.665**	1.000**	0.998**	0.992**	0.665**	1.000
		Sig.(双侧)	0.000	0.001	0.000	0.002	0.001	0.000	0.000	0.000	—	0.000	0.000	0.000	—
		n	31	31	31	31	31	31	31	31	31	31	31	31	31

注：** 表示在置信度(双测)为 0.01 时，相关性是显著的。

表 3-58　2016 年国内游客交通工具碳足迹和游客人数之间的回归模型(单程)

模型汇总和参数估计值

因变量:交通工具碳足迹

方程	模型汇总					参数估计值			
	R^2	F	df1	df2	Sig.	常数	b1	b2	b3
线性	0.720	74.743	1	29	0.000	240.570	0.002		
对数	0.795	112.621	1	29	0.000	−1798.127	226.572		
倒数	0.277	11.122	1	29	0.002	540.307	−1 129 636.712		
二次	0.836	71.129	2	28	0.000	169.964	0.005	0.000	
三次	0.874	62.453	3	27	0.000	104.264	0.011	0.000	0.000
复合	0.379	17.677	1	29	0.000	195.657	1.000		
幂	0.882	216.923	1	29	0.000	1.146	0.560		
S	0.612	45.768	1	29	0.000	6.099	−3942.826		
增长	0.379	17.677	1	29	0.000	5.276	0.000		
指数	0.379	17.677	1	29	0.000	195.657	0.000		
Logistic	0.379	17.677	1	29	0.000	0.005	1.000		

注:自变量为游客人数。

工具碳足迹达到 1801.22 gha。天津市和广东省单程交通工具碳足迹达到历史新高，均超过 1000 gha。河北省单程交通工具碳足迹略低于 1000 gha。内蒙古自治区、山东省和河南省单程交通工具碳足迹增长到 600～700 gha。辽宁省和江苏省单程交通工具碳足迹接近，分别为 535.25 gha 和 539.00 gha。上海市、浙江省和黑龙江省单程交通工具碳足迹在 400～500 gha。陕西省和福建省单程交通工具碳足迹分别为 314.09 gha 和 387.55 gha。湖北省、吉林省、四川省、湖南省和广西壮族自治区单程交通工具碳足迹在 200～300 gha。青海省、贵州省、西藏自治区与五台山风景名胜区相距遥远，其单程交通工具碳足迹均在 100 gha 以下；青海省 2017 年单程交通工具碳足迹是 2005 年的 2.57 倍，贵州省 2017 年单程交通工具碳足迹是 2005 的 2.56 倍，西藏自治区 2017 年单程交通工具碳足迹是 2005 年的 2.54 倍。其余 8 个省（直辖市、自治区）单程交通工具碳足迹在 100～200 gha（表 3-59）。

采用 SPSS 软件中的 Spearman 相关系数分析多个变量之间的相关性，分析结果见表 3-60。在 $p<0.01$ 水平上，中国 31 个省（直辖市、自治区）单程交通工具碳足迹与汽车 CO_2 排放量、火车 CO_2 排放量、飞机 CO_2 排放量之间均存在显著正相关关系，相关系数分别为 $R=0.998$、$R=0.992$、$R=0.666$。单程交通工具碳足迹与游客人数之间存在显著正相关关系，$R=0.960$，进一步进行回归分析，得到二者之间最优回归模型为幂函数（W）模型：$y=1.277x^{0.563}$（$R^2=0.883$，$n=31$），见表 3-61。单程交通工具碳足迹与直线距离、汽车行程、火车里程、飞机航程均有显著负相关关系，相关系数分别为 $R=-0.588$、$R=-0.614$、$R=-0.537$、$R=-0.591$（$p<0.01$，$n=31$）。游客人数和汽车行程有显著负相关关系（$R=-0.790$，$p<0.01$，$n=31$）。

2018 年中国 31 个省（直辖市、自治区）游客单程交通工具 CO_2 排放量高达 52 885 314.74 kg；单程交通工具碳足迹高达 18 001.74 gha，其中汽车碳足迹是主要部分，占比为 73.94%，火车碳足迹和飞机碳足迹总占比为 26.06%。各省（直辖市、自治区）游客因出行产生的单程 CO_2 排放量和碳足迹与以往年份相比均明显增长。山西省单程交通工具碳足迹最大，达到 2788.80 gha；西藏自治区、贵州省、海南省和青海省游客较少，但是单程交通工具碳足迹也都超过 75 gha，分别为 109.71 gha、75.36 gha、132.65 gha 和 91.98 gha（表 3-62）。

采用 SPSS 软件中的 Spearman 相关系数分析不同变量之间的相关性，结果见表 3-63。单程交通工具碳足迹与汽车碳足迹、火车碳足迹、飞机碳足迹、游客人数均有显著正相关关系（$p<0.01$，$n=31$），而与直线距离、汽车行程、火车里程、飞机航程均有显著负相关关系（$p<0.01$，$n=31$）。游客人数与直线距离、汽车行程、火车里程、飞机航程均有显著负相关关系（$p<0.01$，$n=31$），且与汽车行程相关性最强（$R=-0.790$）。采用回归分析中曲线估计对单程交通工具碳足迹与游客人数之间关系进行分析，发现幂函数（W）模型为最佳模型，回归方程为：$y=1.345x^{0.565}$（$R^2=0.884$，$p=0$，$n=31$），说明游客人数能够解释单程交通工具碳足迹变化的 88.4%（表 3-64）。

表 3-59　2017 年国内游客交通工具的 CO_2 排放量和碳足迹(单程)

编号	客源地	CO_2 排放量(kg)				碳足迹(gha)			
		汽车	火车	飞机	交通工具	汽车	火车	飞机	交通工具
1	山西省	5 136 068.04	1 786 455.97	0.00	6 922 524.01	1748.28	608.10	0.00	2356.38
2	河北省	2 190 968.85	737 417.65	0.00	2 928 386.50	745.79	251.01	0.00	996.80
3	北京市	3 665 243.89	1 021 507.05	604 872.68	5 291 623.62	1247.62	347.71	205.89	1801.22
4	天津市	2 481 730.35	584 299.03	284 649.73	3 350 679.11	844.76	198.89	96.89	1140.54
5	内蒙古自治区	1 482 925.19	296 975.78	155 975.62	1 935 876.59	504.78	101.09	53.09	658.96
6	山东省	1 336 998.33	254 924.48	232 620.78	1 824 543.59	455.10	86.77	79.18	621.05
7	河南省	1 461 514.08	262 695.20	128 128.99	1 852 338.27	497.49	89.42	43.61	630.52
8	广东省	2 838 390.85	434 704.81	264 824.03	3 537 919.69	966.17	147.97	90.14	1204.28
9	辽宁省	1 213 718.98	211 679.10	147 063.62	1 572 461.70	413.14	72.05	50.06	535.25
10	江苏省	1 248 232.84	212 448.27	122 776.95	1 583 458.06	424.89	72.32	41.79	539.00
11	陕西省	764 185.50	96 347.92	62 190.60	922 724.02	260.12	32.80	21.17	314.09
12	上海市	1 054 280.77	171 028.60	103 691.63	1 329 001.00	358.87	58.22	35.30	452.39
13	浙江省	1 009 601.58	160 721.83	95 184.75	1 265 508.16	343.66	54.71	32.40	430.77
14	黑龙江省	988 819.28	146 825.57	97 086.74	1 232 731.59	336.59	49.98	33.05	419.62
15	湖北省	639 820.39	99 131.07	61 301.56	800 253.02	217.79	33.74	20.87	272.40
16	吉林省	633 693.57	100 898.10	78 390.62	812 982.29	215.70	34.34	26.68	276.72

续表

编号	客源地	CO_2 排放量(kg)				碳足迹(gha)			
		汽车	火车	飞机	交通工具	汽车	火车	飞机	交通工具
17	福建省	924 528.69	130 886.26	83 153.80	1 138 568.75	314.70	44.55	28.30	387.55
18	四川省	708 458.48	80 655.93	63 864.67	852 979.08	241.15	27.45	21.74	290.34
19	安徽省	419 306.33	65 818.92	38 428.04	523 553.29	142.73	22.40	13.08	178.21
20	宁夏回族自治区	318 204.02	42 798.51	25 478.45	386 480.98	108.31	14.57	8.67	131.55
21	湖南省	495 950.62	73 644.30	44 527.79	614 122.71	168.82	25.07	15.16	209.05
22	甘肃省	384 884.55	54 722.34	42 782.82	482 389.71	131.01	18.63	14.56	164.20
23	广西壮族自治区	643 975.45	85 837.85	58 736.17	788 549.47	219.20	29.22	19.99	268.41
24	重庆市	377 224.76	46 466.78	33 285.71	456 977.25	128.40	15.82	11.33	155.55
25	江西省	346 795.62	48 813.31	31 557.01	427 165.94	118.05	16.62	10.74	145.41
26	新疆维吾尔自治区	475 971.94	55 237.82	44 442.19	575 651.95	162.02	18.80	15.13	195.95
27	云南省	370 094.67	54 828.91	31 926.97	456 850.55	125.98	18.66	10.87	155.51
28	青海省	184 862.00	25 250.11	20 106.27	230 218.38	62.93	8.59	6.84	78.36
29	海南省	268 773.46	38 867.59	24 746.76	332 387.81	91.49	13.23	8.42	113.14
30	贵州省	151 529.94	23 498.25	13 881.02	188 909.21	51.58	8.00	4.72	64.30
31	西藏自治区	226 293.42	27 460.23	21 915.86	275 669.51	77.03	9.35	7.46	93.84
	合计	34 443 046.44	7 432 847.54	3 017 591.83	44 893 485.81	11 724.15	2530.08	1027.13	15 281.36

表 3-60　2017 年不同变量之间相关性分析结果(单程)

			相关系数												
			游客人数	直线距离	汽车行程	火车里程	飞机航程	汽车 CO_2 排放量	火车 CO_2 排放量	飞机 CO_2 排放量	交通工具 CO_2 排放量	汽车碳足迹	火车碳足迹	飞机碳足迹	交通工具碳足迹
Spearman 的 rho	游客人数	相关系数	1.000	−0.768**	−0.790**	−0.711**	−0.765**	0.955**	0.960**	0.596**	0.960**	0.955**	0.960**	0.596**	0.960**
		Sig.(双侧)	—	0.000	0.000	0.000	0.000	0.000	0.000	0.000	0.000	0.000	0.000	0.000	0.000
		n	31	31	31	31	31	31	31	31	31	31	31	31	31
	直线距离	相关系数	−0.768**	1.000	0.995**	0.955**	0.961**	−0.579**	−0.606**	−0.234	−0.588**	−0.579**	−0.606**	−0.234	−0.588**
		Sig.(双侧)	0.000	—	0.000	0.000	0.000	0.001	0.000	0.204	0.001	0.001	0.000	0.204	0.001
		n	31	31	31	31	31	31	31	31	31	31	31	31	31
	汽车行程	相关系数	−0.790**	0.995**	1.000	0.950**	0.963**	−0.604**	−0.633**	−0.262	−0.614**	−0.604**	−0.633**	−0.262	−0.614**
		Sig.(双侧)	0.000	0.000	—	0.000	0.000	0.000	0.000	0.155	0.000	0.000	0.000	0.155	0.000
		n	31	31	31	31	31	31	31	31	31	31	31	31	31
	火车里程	相关系数	−0.711**	0.955**	0.950**	1.000	0.944**	−0.531**	−0.535**	−0.184	−0.537**	−0.531**	−0.535**	−0.184	−0.537**
		Sig.(双侧)	0.000	0.000	0.000	—	0.000	0.002	0.002	0.323	0.002	0.002	0.002	0.323	0.002
		n	31	31	31	31	31	31	31	31	31	31	31	31	31
	飞机航程	相关系数	−0.765**	0.961**	0.963**	0.944**	1.000	−0.587**	−0.602**	−0.225	−0.591**	−0.587**	−0.602**	−0.225	−0.591**
		Sig.(双侧)	0.000	0.000	0.000	0.000	—	0.001	0.000	0.224	0.000	0.001	0.000	0.224	0.000
		n	31	31	31	31	31	31	31	31	31	31	31	31	31
	汽车 CO_2 排放量	相关系数	0.955**	−0.579**	−0.604**	−0.531**	−0.587**	1.000	0.989**	0.663**	0.998**	1.000**	0.989**	0.663**	0.998**
		Sig.(双侧)	0.000	0.001	0.000	0.002	0.001	—	0.000	0.000	0.000	—	0.000	0.000	0.000
		n	31	31	31	31	31	31	31	31	31	31	31	31	31
	火车 CO_2 排放量	相关系数	0.960**	−0.606**	−0.633**	−0.535**	−0.602**	0.989**	1.000	0.640**	0.992**	0.989**	1.000**	0.640**	0.992**
		Sig.(双侧)	0.000	0.000	0.000	0.002	0.000	0.000	—	0.000	0.000	0.000	—	0.000	0.000
		n	31	31	31	31	31	31	31	31	31	31	31	31	31

续表

			相关系数												
			游客人数	直线距离	汽车行程	火车里程	飞机航程	汽车 CO_2 排放量	火车 CO_2 排放量	飞机 CO_2 排放量	交通工具 CO_2 排放量	汽车碳足迹	火车碳足迹	飞机碳足迹	交通工具碳足迹
Spearman 的 rho	飞机 CO_2 排放量	相关系数	0.596**	−0.234	−0.262	−0.184	−0.225	0.663**	0.640**	1.000	0.666**	0.663**	0.640**	1.000**	0.666**
		Sig.(双侧)	0.000	0.204	0.155	0.323	0.224	0.000	0.000	—	0.000	0.000	0.000	—	0.000
		n	31	31	31	31	31	31	31	31	31	31	31	31	31
	交通工具 CO_2 排放量	相关系数	0.960**	−0.588**	−0.614**	−0.537**	−0.591**	0.998**	0.992**	0.666**	1.000	0.998**	0.992**	0.666**	1.000**
		Sig.(双侧)	0.000	0.001	0.000	0.002	0.000	0.000	0.000	0.000	—	0.000	0.000	0.000	—
		n	31	31	31	31	31	31	31	31	31	31	31	31	31
	汽车碳足迹	相关系数	0.955**	−0.579**	−0.604**	−0.531**	−0.587**	1.000**	0.989**	0.663**	0.998**	1.000	0.989**	0.663**	0.998**
		Sig.(双侧)	0.000	0.001	0.000	0.002	0.001	—	0.000	0.000	0.000	—	0.000	0.000	0.000
		n	31	31	31	31	31	31	31	31	31	31	31	31	31
	火车碳足迹	相关系数	0.960**	−0.606**	−0.633**	−0.535**	−0.602**	0.989**	1.000**	0.640**	0.992**	0.989**	1.000	0.640**	0.992**
		Sig.(双侧)	0.000	0.000	0.000	0.002	0.000	0.000	—	0.000	0.000	0.000	—	0.000	0.000
		n	31	31	31	31	31	31	31	31	31	31	31	31	31
	飞机碳足迹	相关系数	0.596**	−0.234	−0.262	−0.184	−0.225	0.663**	0.640**	1.000**	0.666**	0.663**	0.640**	1.000	0.666**
		Sig.(双侧)	0.000	0.204	0.155	0.323	0.224	0.000	0.000	—	0.000	0.000	0.000	—	0.000
		n	31	31	31	31	31	31	31	31	31	31	31	31	31
	交通工具碳足迹	相关系数	0.960**	−0.588**	−0.614**	−0.537**	−0.591**	0.998**	0.992**	0.666**	1.000**	0.998**	0.992**	0.666**	1.000
		Sig.(双侧)	0.000	0.001	0.000	0.002	0.000	0.000	0.000	0.000	—	0.000	0.000	0.000	—
		n	31	31	31	31	31	31	31	31	31	31	31	31	31

注：** 表示在置信度(双测)为 0.01 时，相关性是显著的。

表 3-61　2017 年国内游客交通工具碳足迹和游客人数之间的回归模型(单程)

模型汇总和参数估计值

因变量:交通工具碳足迹

方程	模型汇总					参数估计值			
	R^2	F	df1	df2	Sig.	常数	b1	b2	b3
线性	0.719	74.305	1	29	0.000	323.341	0.002		
对数	0.795	112.501	1	29	0.000	−2526.978	306.801		
倒数	0.276	11.057	1	29	0.002	728.629	−2 044 404.154		
二次	0.837	71.663	2	28	0.000	226.809	0.005	0.000	
三次	0.875	62.733	3	27	0.000	138.453	0.011	0.000	0.000
复合	0.379	17.710	1	29	0.000	262.440	1.000		
幂	0.883	219.495	1	29	0.000	1.277	0.563		
S	0.611	45.588	1	29	0.000	6.395	−5294.837		
增长	0.379	17.710	1	29	0.000	5.570	0.000		
指数	0.379	17.710	1	29	0.000	262.440	0.000		
Logistic	0.379	17.710	1	29	0.000	0.004	1.000		

注:自变量为游客人数。

表 3-62　2018 年国内游客交通工具的 CO_2 排放量和碳足迹(单程)

编号	客源地	CO_2 排放量(kg)				碳足迹(gha)			
		汽车	火车	飞机	交通工具	汽车	火车	飞机	交通工具
1	山西省	5 830 832.90	2 362 080.65	0.00	8 192 913.55	1984.77	804.03	0.00	2788.80
2	河北省	2 487 341.99	975 024.23	0.00	3 462 366.22	846.67	331.89	0.00	1 178.56
3	北京市	4 161 049.95	1 350 653.65	811 543.80	6 323 247.40	1416.39	459.75	276.24	2152.38
4	天津市	2 817 438.95	772 569.68	381 907.91	3 971 916.54	959.03	262.98	130.00	1352.01
5	内蒙古自治区	1 683 510.39	392 663.17	150 513.66	2 226 687.22	573.05	133.66	51.23	757.94
6	山东省	1 517 855.62	337 065.04	295 013.92	2 149 934.58	516.67	114.73	100.42	731.82
7	河南省	1 659 210.05	347 338.62	171 907.06	2 178 455.73	564.78	118.23	58.52	741.53
8	广东省	3 222 318.98	574 769.02	355 305.29	4 152 393.29	1096.85	195.65	120.94	1413.44
9	辽宁省	1 377 881.75	279 881.61	177 469.73	1 835 233.09	469.02	95.27	60.41	624.70
10	江苏省	1 417 104.17	280 906.60	164 729.34	1 862 740.11	482.37	95.62	56.07	634.06
11	陕西省	867 546.61	127 391.06	83 438.55	1 078 376.22	295.31	43.36	28.40	367.07
12	上海市	1 196 895.07	226 136.74	139 120.59	1 562 152.40	407.41	76.98	47.36	531.75
13	浙江省	1 146 186.50	212 511.64	127 708.73	1 486 406.87	390.15	72.34	43.47	505.96
14	黑龙江省	1 122 602.01	194 139.16	130 261.70	1 447 002.87	382.13	66.08	44.34	492.55
15	湖北省	726 364.03	131 071.60	82 246.18	939 681.81	247.25	44.62	28.00	319.87
16	吉林省	719 432.90	133 412.51	105 177.55	958 022.96	244.89	45.41	35.80	326.10

续表

编号	客源地	CO_2 排放量(kg)				碳足迹(gha)			
		汽车	火车	飞机	交通工具	汽车	火车	飞机	交通工具
17	福建省	1 049 618.29	173 064.35	111 568.36	1 334 251.00	357.28	58.91	37.98	454.17
18	四川省	804 235.84	106 636.99	85 679.64	996 552.47	273.76	36.30	29.16	339.22
19	安徽省	476 023.08	87 026.18	51 557.61	614 606.87	162.03	29.62	17.55	209.20
20	宁夏回族自治区	361 254.73	56 589.92	34 184.46	452 029.11	122.97	19.26	11.64	153.87
21	湖南省	563 059.41	97 377.25	62 669.19	723 105.85	191.66	33.15	21.33	246.14
22	甘肃省	436 960.16	72 356.68	57 402.22	566 719.06	148.74	24.63	19.54	192.91
23	广西壮族自治区	731 132.44	113 503.22	78 809.81	923 445.47	248.87	38.64	26.83	314.34
24	重庆市	428 252.12	61 439.05	44 658.60	534 349.77	145.77	20.91	15.20	181.88
25	江西省	393 661.72	64 534.27	42 334.40	500 530.39	134.00	21.97	14.41	170.38
26	新疆维吾尔自治区	540 395.20	73 041.42	59 631.20	673 067.82	183.95	24.86	20.30	229.11
27	云南省	420 170.23	72 497.77	42 836.90	535 504.90	143.02	24.68	14.58	182.28
28	青海省	209 868.30	33 386.06	26 976.06	270 230.42	71.44	11.36	9.18	91.98
29	海南省	305 120.36	51 389.58	33 200.99	389 710.93	103.86	17.49	11.30	132.65
30	贵州省	172 090.34	31 081.08	18 228.96	221 400.38	58.58	10.58	6.20	75.36
31	西藏自治区	256 899.86	36 307.69	29 071.89	322 279.44	87.45	12.36	9.90	109.71
	合计	39 102 313.95	9 827 846.49	3 955 154.30	52 885 314.74	13 310.12	3345.32	1346.30	18 001.74

表 3-63 2018 年不同变量之间相关性分析结果(单程)

			相关系数												
			游客人数	直线距离	汽车行程	火车里程	飞机航程	汽车 CO_2 排放量	火车 CO_2 排放量	飞机 CO_2 排放量	交通工具 CO_2 排放量	汽车碳足迹	火车碳足迹	飞机碳足迹	交通工具碳足迹
Spearman 的 rho	游客人数	相关系数	1.000	−0.768**	−0.790**	−0.711**	−0.770**	0.955**	0.960**	0.592**	0.959**	0.955**	0.960**	0.592**	0.959**
		Sig.(双侧)	—	0.000	0.000	0.000	0.000	0.000	0.000	0.000	0.000	0.000	0.000	0.000	0.000
		n	31	31	31	31	31	31	31	31	31	31	31	31	31
	直线距离	相关系数	−0.768**	1.000	0.995**	0.955**	0.964**	−0.579**	−0.606**	−0.226	−0.585**	−0.579**	−0.606**	−0.226	−0.585**
		Sig.(双侧)	0.000	—	0.000	0.000	0.000	0.001	0.000	0.221	0.001	0.001	0.000	0.221	0.001
		n	31	31	31	31	31	31	31	31	31	31	31	31	31
	汽车行程	相关系数	−0.790**	0.995**	1.000	0.950**	0.964**	−0.604**	−0.633**	−0.256	−0.611**	−0.604**	−0.633**	−0.256	−0.611**
		Sig.(双侧)	0.000	0.000	—	0.000	0.000	0.000	0.000	0.165	0.000	0.000	0.000	0.165	0.000
		n	31	31	31	31	31	31	31	31	31	31	31	31	31
	火车里程	相关系数	−0.711**	0.955**	0.950**	1.000	0.951**	−0.531**	−0.535**	−0.172	−0.531**	−0.531**	−0.535**	−0.172	−0.531**
		Sig.(双侧)	0.000	0.000	0.000	—	0.000	0.002	0.002	0.355	0.002	0.002	0.002	0.355	0.002
		n	31	31	31	31	31	31	31	31	31	31	31	31	31
	飞机航程	相关系数	−0.770**	0.964**	0.964**	0.951**	1.000	−0.592**	−0.607**	−0.221	−0.592**	−0.592**	−0.607**	−0.221	−0.592**
		Sig.(双侧)	0.000	0.000	0.000	0.000	—	0.000	0.000	0.233	0.000	0.000	0.000	0.233	0.000
		n	31	31	31	31	31	31	31	31	31	31	31	31	31
	汽车 CO_2 排放量	相关系数	0.955**	−0.579**	−0.604**	−0.531**	−0.592**	1.000	0.989**	0.660**	0.998**	1.000**	0.989**	0.660**	0.998**
		Sig.(双侧)	0.000	0.001	0.000	0.002	0.000	—	0.000	0.000	0.000	—	0.000	0.000	0.000
		n	31	31	31	31	31	31	31	31	31	31	31	31	31
	火车 CO_2 排放量	相关系数	0.960**	−0.606**	−0.633**	−0.535**	−0.607**	0.989**	1.000	0.636**	0.993**	0.989**	1.000**	0.636**	0.993**
		Sig.(双侧)	0.000	0.000	0.000	0.002	0.000	0.000	—	0.000	0.000	0.000	—	0.000	0.000
		n	31	31	31	31	31	31	31	31	31	31	31	31	31

续表

			相关系数												
			游客人数	直线距离	汽车行程	火车里程	飞机航程	汽车 CO_2 排放量	火车 CO_2 排放量	飞机 CO_2 排放量	交通工具 CO_2 排放量	汽车碳足迹	火车碳足迹	飞机碳足迹	交通工具碳足迹
Spearman 的 rho	飞机 CO_2 排放量	相关系数	0.592**	−0.226	−0.256	−0.172	−0.221	0.660**	0.636**	1.000	0.663**	0.660**	0.636**	1.000**	0.663**
		Sig.（双侧）	0.000	0.221	0.165	0.355	0.233	0.000	0.000	—	0.000	0.000	0.000	—	0.000
		n	31	31	31	31	31	31	31	31	31	31	31	31	31
	交通工具 CO_2 排放量	相关系数	0.959**	−0.585**	−0.611**	−0.531**	−0.592**	0.998**	0.993**	0.663**	1.000	0.998**	0.993**	0.663**	1.000**
		Sig.（双侧）	0.000	0.001	0.000	0.002	0.000	0.000	0.000	0.000	—	0.000	0.000	0.000	—
		n	31	31	31	31	31	31	31	31	31	31	31	31	31
	汽车碳足迹	相关系数	0.955**	−0.579**	−0.604**	−0.531**	−0.592**	1.000**	0.989**	0.660**	0.998**	1.000	0.989**	0.660**	0.998**
		Sig.（双侧）	0.000	0.001	0.000	0.002	0.000	—	0.000	0.000	0.000	—	0.000	0.000	0.000
		n	31	31	31	31	31	31	31	31	31	31	31	31	31
	火车碳足迹	相关系数	0.960**	−0.606**	−0.633**	−0.535**	−0.607**	0.989**	1.000**	0.636**	0.993**	0.989**	1.000	0.636**	0.993**
		Sig.（双侧）	0.000	0.000	0.000	0.002	0.000	0.000	—	0.000	0.000	0.000	—	0.000	0.000
		n	31	31	31	31	31	31	31	31	31	31	31	31	31
	飞机碳足迹	相关系数	0.592**	−0.226	−0.256	−0.172	−0.221	0.660**	0.636**	1.000**	0.663**	0.660**	0.636**	1.000	0.663**
		Sig.（双侧）	0.000	0.221	0.165	0.355	0.233	0.000	0.000	—	0.000	0.000	0.000	—	0.000
		n	31	31	31	31	31	31	31	31	31	31	31	31	31
	交通工具碳足迹	相关系数	0.959**	−0.585**	−0.611**	−0.531**	−0.592**	0.998**	0.993**	0.663**	1.000**	0.998**	0.993**	0.663**	1.000
		Sig.（双侧）	0.000	0.001	0.000	0.002	0.000	0.000	0.000	0.000	—	0.000	0.000	0.000	—
		n	31	31	31	31	31	31	31	31	31	31	31	31	31

注：** 表示在置信度（双测）为 0.01 时，相关性是显著的。

表 3-64 2018 年国内游客交通工具碳足迹和游客人数之间的回归模型(单程)

模型汇总和参数估计值

因变量:交通工具碳足迹

方程	模型汇总					参数估计值			
	R^2	F	df1	df2	Sig.	常数	b1	b2	b3
线性	0.719	74.328	1	29	0.000	379.434	0.002		
对数	0.793	110.874	1	29	0.000	−3055.336	363.516		
倒数	0.274	10.920	1	29	0.003	859.127	−2 831 912.727		
二次	0.838	72.440	2	28	0.000	264.201	0.005	0.000	
三次	0.874	62.396	3	27	0.000	162.242	0.011	0.000	0.000
复合	0.381	17.814	1	29	0.000	307.750	1.000		
幂	0.884	220.697	1	29	0.000	1.345	0.565		
S	0.610	45.394	1	29	0.000	6.556	−6221.925		
增长	0.381	17.814	1	29	0.000	5.729	0.000		
指数	0.381	17.814	1	29	0.000	307.750	0.000		
Logistic	0.381	17.814	1	29	0.000	0.003	1.000		

注:自变量为游客人数。

2019 年中国 31 个省(直辖市、自治区)游客因使用交通工具单程产生的CO_2排放量和碳足迹明显增长,其中以汽车为交通工具产生的CO_2排放量为 42 914 944.65 kg,碳足迹为 14 607.92 gha;以火车为主要交通工具产生的CO_2排放量为 12 288 014.51 kg,碳足迹为 4182.74 gha;以飞机为主要交通工具产生的CO_2排放量为 4 938 150.39 kg,碳足迹为 1680.92 gha;交通工具碳足迹为 20 471.58 gha。贵州省单程交通工具碳足迹最小,为 85.23 gha;山西省和北京市单程交通工具碳足迹分别是贵州省的 37.35 倍和 29.02 倍。河北省、天津市和广东省单程交通工具碳足迹分别为 1344.20 gha、1543.07 gha 和 1598.88 gha。内蒙古自治区、山东省、河南省、辽宁省和江苏省单程交通工具碳足迹分别为 859.79 gha、835.44 gha、840.48 gha、709.03 gha 和 718.71 gha。上海市、浙江省、黑龙江省和福建省单程交通工具碳足迹分别为 602.29 gha、572.71 gha、557.16 gha 和 513.04 gha。陕西省、湖北省、吉林省、四川省和广西壮族自治区单程交通工具碳足迹分别为 413.65 gha、361.96 gha、370.10 gha、388.19 gha 和 354.83 gha。其余 11 个省(直辖市、自治区)单程交通工具碳足迹较小,变化范围在 104～280 gha(表 3-65)。

采用 SPSS 软件中的 Spearman 相关系数分析单程的多个变量之间的相关性,结果见表 3-66。交通工具碳足迹与游客人数有显著正相关关系($R=0.959, p<0.01, n=31$)。在 $p<0.01$ 水平上,汽车碳足迹、火车碳足迹、飞机碳足迹与游客人数之间均存在显著正相关关系,相关系数分别为 $R=0.955$、$R=0.960$、$R=0.592$。游客人数与直线距离、汽车行程、火车里程、飞机航程、火车票价均有显著负相关关系,并且与汽车行程相关性最大($R=-0.790, p<0.01, n=31$)。以单程交通工具碳足迹为因变量,游客人数为自变量进行回归分析,在曲线估计的 11 个模型中进行比较,发现幂函数(W)模型是最佳模型。因此,采用幂函数(W)模型来描述二者关系:$y=1.388x^{0.567}$($R^2=0.885, p=0, n=31$),说明游客人数能解释交通工具碳足迹变化的 88.5%(表 3-67)。

在单程交通工具CO_2排放量和单程交通工具碳足迹的基础上,计算出双程交通工具CO_2排放量和双程交通工具碳足迹(表 3-68 和表 3-69)。

2005—2019 年,国内游客双程交通工具CO_2排放量呈现出不断增长的趋势。2005 年双程交通工具CO_2排放量为 34 016.56 t,2006 年增长为 43 927.86 t,2012 年增长为 53 026.22 t,2015 年后均超过 60 000 t,2019 年达到最大值为 120 282.22 t(图 3-14)。

采用 SPSS 软件中的 Spearman 相关系数对 2005—2019 年双程交通工具CO_2排放量与游客人数之间的相关性进行分析,结果表明二者存在显著正相关关系($R=0.996, p=0, n=15$)。以游客人数为自变量,双程交通工具CO_2排放量为因变量进行回归分析,结果表明二者之间的关系可以采用线性模型来描述,线性模型为:$y=0.0387x-2579.8$($R^2=0.9998, p=0, n=15$),说明 2005—2019 年,随着五台山风景名胜区国内游客人数的增长,交通工具CO_2排放量也逐渐增长,游客人数对双程交通工具CO_2排放量变化的解释率达到 99.98%。

表 3-65 2019 年国内游客交通工具的 CO_2 排放量和碳足迹(单程)

编号	客源地	CO_2 排放量(kg)				碳足迹(gha)			
		汽车	火车	飞机	交通工具	汽车	火车	飞机	交通工具
1	山西省	6 399 380.40	2 953 376.97	0.00	9 352 757.37	2178.30	1005.31	0.00	3183.61
2	河北省	2 729 878.24	1 219 101.92	0.00	3 948 980.16	929.23	414.97	0.00	1344.20
3	北京市	4 566 782.12	1 688 761.00	1 009 595.38	7 265 138.50	1554.50	574.84	343.66	2473.00
4	天津市	3 092 149.76	965 963.02	475 108.37	4 533 221.15	1052.54	328.81	161.72	1543.07
5	内蒙古自治区	1 847 662.76	490 957.50	187 245.26	2 525 865.52	628.93	167.12	63.74	859.79
6	山东省	1 665 865.43	421 444.12	367 011.77	2 454 321.32	567.05	143.46	124.93	835.44
7	河南省	1 820 993.70	434 287.15	213 859.63	2 469 140.48	619.85	147.83	72.80	840.48
8	广东省	3 536 512.13	718 648.97	442 014.30	4 697 175.40	1203.80	244.62	150.46	1598.88
9	辽宁省	1 512 262.31	349 950.30	220 783.95	2 082 996.56	514.76	119.12	75.15	709.03
10	江苏省	1 555 258.34	351 220.25	204 927.26	2 111 405.85	529.40	119.55	69.76	718.71
11	陕西省	952 145.82	159 281.91	103 801.92	1 215 229.65	324.10	54.22	35.33	413.65
12	上海市	1 313 605.63	282 746.26	173 072.62	1 769 424.51	447.14	96.24	58.91	602.29
13	浙江省	1 257 934.69	265 706.61	158 873.49	1 682 514.79	428.19	90.44	54.08	572.71
14	黑龙江省	1 232 046.14	242 734.30	162 048.85	1 636 829.29	419.38	82.62	55.16	557.16
15	湖北省	797 173.42	163 879.23	102 315.70	1 063 368.35	271.35	55.78	34.83	361.96
16	吉林省	789 603.62	166 813.90	130 848.85	1 087 266.37	268.78	56.78	44.54	370.10

续表

编号	客源地	CO_2 排放量(kg)				碳足迹(gha)			
		汽车	火车	飞机	交通工具	汽车	火车	飞机	交通工具
17	福建省	1 151 994.03	216 393.04	138 799.50	1 507 186.57	392.13	73.66	47.25	513.04
18	四川省	882 687.15	133 336.20	124 375.57	1 140 398.92	300.46	45.39	42.34	388.19
19	安徽省	522 422.23	108 807.89	64 137.85	695 367.97	177.83	37.04	21.83	236.70
20	宁夏回族自治区	396 449.38	70 750.60	42 523.69	509 723.67	134.95	24.08	14.47	173.50
21	湖南省	617 950.44	121 751.35	77 961.74	817 663.53	210.35	41.44	26.54	278.33
22	甘肃省	479 543.60	90 465.23	71 407.36	641 416.19	163.23	30.79	24.31	218.33
23	广西壮族自治区	802 452.71	141 921.57	98 046.41	1 042 420.69	273.15	48.31	33.37	354.83
24	重庆市	470 018.69	76 820.46	55 558.27	602 397.42	159.99	26.15	18.91	205.05
25	江西省	432 084.36	80 696.11	52 670.42	565 450.89	147.08	27.47	17.93	192.48
26	新疆维吾尔自治区	593 071.12	91 323.25	74 181.72	758 576.09	201.88	31.09	25.25	258.22
27	云南省	461 104.76	90 639.14	53 286.90	605 030.80	156.96	30.85	18.14	205.95
28	青海省	230 361.27	41 748.85	33 563.65	305 673.77	78.41	14.21	11.42	104.04
29	海南省	334 862.25	64 252.03	41 302.28	440 416.56	113.98	21.87	14.06	149.91
30	贵州省	188 836.24	38 854.53	22 673.51	250 364.28	64.28	13.23	7.72	85.23
31	西藏自治区	281 851.91	45 380.85	36 154.17	363 386.93	95.94	15.45	12.31	123.70
	合计	42 914 944.65	12 288 014.51	4 938 150.39	60 141 109.55	14 607.92	4182.74	1680.92	20 471.58

表 3-66　2019 年不同变量之间相关性分析结果(单程)

			相关系数													
			游客人数	直线距离	汽车行程	火车里程	飞机航程	火车票价	汽车 CO_2 排放量	火车 CO_2 排放量	飞机 CO_2 排放量	交通工具 CO_2 排放量	汽车碳足迹	火车碳足迹	飞机碳足迹	交通工具碳足迹
Spearman 的 rho	游客人数	相关系数	1.000	−0.768**	−0.790**	−0.711**	−0.769**	−0.493**	0.955**	0.960**	0.592**	0.959**	0.955**	0.960**	0.592**	0.959**
		Sig.(双侧)	—	0.000	0.000	0.000	0.000	0.005	0.000	0.000	0.000	0.000	0.000	0.000	0.000	0.000
		n	31	31	31	31	31	31	31	31	31	31	31	31	31	31
	直线距离	相关系数	−0.768**	1.000	0.995**	0.955**	0.969**	0.625**	−0.579**	−0.606**	−0.226	−0.585**	−0.579**	−0.606**	−0.226	−0.585**
		Sig.(双侧)	0.000	—	0.000	0.000	0.000	0.000	0.001	0.000	0.221	0.001	0.001	0.000	0.221	0.001
		n	31	31	31	31	31	31	31	31	31	31	31	31	31	31
	汽车行程	相关系数	−0.790**	0.995**	1.000	0.950**	0.968**	0.600**	−0.604**	−0.633**	−0.256	−0.611**	−0.604**	−0.633**	−0.256	−0.611**
		Sig.(双侧)	0.000	0.000	—	0.000	0.000	0.000	0.000	0.000	0.165	0.000	0.000	0.000	0.165	0.000
		n	31	31	31	31	31	31	31	31	31	31	31	31	31	31
	火车里程	相关系数	−0.711**	0.955**	0.950**	1.000	0.943**	0.619**	−0.531**	−0.535**	−0.172	−0.531**	−0.531**	−0.535**	−0.172	−0.531**
		Sig.(双侧)	0.000	0.000	0.000	—	0.000	0.000	0.002	0.002	0.355	0.002	0.002	0.002	0.355	0.002
		n	31	31	31	31	31	31	31	31	31	31	31	31	31	31
	飞机航程	相关系数	−0.769**	0.969**	0.968**	0.943**	1.000	0.639**	−0.586**	−0.606**	−0.217	−0.587**	−0.586**	−0.606**	−0.217	−0.587**
		Sig.(双侧)	0.000	0.000	0.000	0.000	—	0.000	0.001	0.000	0.241	0.001	0.001	0.000	0.241	0.001
		n	31	31	31	31	31	31	31	31	31	31	31	31	31	31
	火车票价	相关系数	−0.493**	0.625**	0.600**	0.619**	0.639**	1.000	−0.369*	−0.367*	0.001	−0.370*	−0.369*	−0.367*	0.001	−0.370*
		Sig.(双侧)	0.005	0.000	0.000	0.000	0.000	—	0.041	0.043	0.997	0.040	0.041	0.043	0.997	0.040
		n	31	31	31	31	31	31	31	31	31	31	31	31	31	31
	汽车 CO_2 排放量	相关系数	0.955**	−0.579**	−0.604**	−0.531**	−0.586**	−0.369*	1.000	0.989**	0.660**	0.998**	1.000**	0.989**	0.660**	0.998**
		Sig.(双侧)	0.000	0.001	0.000	0.002	0.001	0.041	—	0.000	0.000	0.000	—	0.000	0.000	0.000
		n	31	31	31	31	31	31	31	31	31	31	31	31	31	31

续表

			相关系数													
			游客人数	直线距离	汽车行程	火车里程	飞机航程	火车票价	汽车 CO_2 排放量	火车 CO_2 排放量	飞机 CO_2 排放量	交通工具 CO_2 排放量	汽车碳足迹	火车碳足迹	飞机碳足迹	交通工具碳足迹
Spearman 的 rho	火车 CO_2 排放量	相关系数	0.960**	−0.606**	−0.633**	−0.535**	−0.606**	−0.367*	0.989**	1.000	0.636**	0.993**	0.989**	1.000**	0.636**	0.993**
		Sig.(双侧)	0.000	0.000	0.000	0.002	0.000	0.043	0.000	—	0.000	0.000	0.000	—	0.000	0.000
		n	31	31	31	31	31	31	31	31	31	31	31	31	31	31
	飞机 CO_2 排放量	相关系数	0.592**	−0.226	−0.256	−0.172	−0.217	0.001	0.660**	0.636**	1.000	0.663**	0.660**	0.636**	1.000**	0.663**
		Sig.(双侧)	0.000	0.221	0.165	0.355	0.241	0.997	0.000	0.000	—	0.000	0.000	0.000	—	0.000
		n	31	31	31	31	31	31	31	31	31	31	31	31	31	31
	交通工具 CO_2 排放量	相关系数	0.959**	−0.585**	−0.611**	−0.531**	−0.587**	−0.370*	0.998**	0.993**	0.663**	1.000	0.998**	0.993**	0.663**	1.000**
		Sig.(双侧)	0.000	0.001	0.000	0.002	0.001	0.040	0.000	0.000	0.000	—	0.000	0.000	0.000	—
		n	31	31	31	31	31	31	31	31	31	31	31	31	31	31
	汽车碳足迹	相关系数	0.955**	−0.579**	−0.604**	−0.531**	−0.586**	−0.369*	1.000**	0.989**	0.660**	0.998**	1.000	0.989**	0.660**	0.998**
		Sig.(双侧)	0.000	0.001	0.000	0.002	0.001	0.041	—	0.000	0.000	0.000	—	0.000	0.000	0.000
		n	31	31	31	31	31	31	31	31	31	31	31	31	31	31
	火车碳足迹	相关系数	0.960**	−0.606**	−0.633**	−0.535**	−0.606**	−0.367*	0.989**	1.000**	0.636**	0.993**	0.989**	1.000	0.636**	0.993**
		Sig.(双侧)	0.000	0.000	0.000	0.002	0.000	0.043	0.000	—	0.000	0.000	0.000	—	0.000	0.000
		n	31	31	31	31	31	31	31	31	31	31	31	31	31	31
	飞机碳足迹	相关系数	0.592**	−0.226	−0.256	−0.172	−0.217	0.001	0.660**	0.636**	1.000**	0.663**	0.660**	0.636**	1.000	0.663**
		Sig.(双侧)	0.000	0.221	0.165	0.355	0.241	0.997	0.000	0.000	—	0.000	0.000	0.000	—	0.000
		n	31	31	31	31	31	31	31	31	31	31	31	31	31	31
	交通工具碳足迹	相关系数	0.959**	−0.585**	−0.611**	−0.531**	−0.587**	−0.370*	0.998**	0.993**	0.663**	1.000**	0.998**	0.993**	0.663**	1.000
		Sig.(双侧)	0.000	0.001	0.000	0.002	0.001	0.040	0.000	0.000	0.000	—	0.000	0.000	0.000	—
		n	31	31	31	31	31	31	31	31	31	31	31	31	31	31

注：** 表示在置信度(双测)为 0.01 时,相关性是显著的；* 表示在置信度(双测)为 0.05 时,相关性是显著的。

表 3-67 2019 年国内游客交通工具碳足迹和游客人数之间回归模型(单程)

模型汇总和参数估计值

因变量:交通工具碳足迹

方程	模型汇总					参数估计值			
	R^2	F	df1	df2	Sig.	常数	b1	b2	b3
线性	0.720	74.492	1	29	0.000	430.118	0.002		
对数	0.792	110.464	1	29	0.000	−3547.644	415.577		
倒数	0.272	10.838	1	29	0.003	977.886	−3 653 067.607		
二次	0.840	73.378	2	28	0.000	297.615	0.005	0.000	
三次	0.875	62.827	3	27	0.000	182.612	0.011	0.000	0.000
复合	0.381	17.866	1	29	0.000	348.392	1.000		
幂	0.885	222.665	1	29	0.000	1.388	0.567		
S	0.610	45.277	1	29	0.000	6.683	−7059.307		
增长	0.381	17.866	1	29	0.000	5.853	0.000		
指数	0.381	17.866	1	29	0.000	348.392	0.000		
Logistic	0.381	17.866	1	29	0.000	0.003	1.000		

注:自变量为游客人数。

表 3-68　2005—2019 年国内游客交通工具 CO_2 排放量(kg)(双程)

客源地	年份														
	2005	2006	2007	2008	2009	2010	2011	2012	2013	2014	2015	2016	2017	2018	2019
山西省	5 181 497. 64	6 682 885. 24	6 511 941. 76	5 618 847. 56	6 132 141. 66	5 997 060. 30	7 177 360. 00	7 996 376. 04	7 218 999. 18	6 824 575. 68	10 285 276. 86	10 258 042. 90	13 845 048. 02	16 385 827. 10	18 705 514. 74
河北省	2 203 097. 24	2 841 543. 12	2 769 014. 02	2 390 471. 02	2 608 801. 52	2 551 330. 68	3 053 221. 44	3 402 156. 22	3 063 754. 78	2 894 329. 58	4 358 439. 82	4 343 221. 26	5 856 773. 00	6 924 732. 44	7 897 960. 32
北京市	3 742 405. 78	4 835 833. 92	4 722 015. 34	4 059 822. 16	4 449 429. 90	4 360 586. 20	5 218 410. 48	5 822 167. 26	5 354 096. 68	5 091 808. 40	7 727 262. 16	7 763 543. 90	10 583 247. 24	12 646 494. 80	14 530 277. 00
天津市	2 490 160. 20	3 217 224. 74	3 141 515. 84	2 708 848. 64	2 966 866. 70	2 906 692. 08	3 477 294. 92	3 881 644. 06	3 519 079. 30	3 333 253. 02	5 034 721. 76	4 953 415. 40	6 701 358. 22	7 943 833. 08	9 066 442. 30
内蒙古自治区	1 462 464. 26	1 888 975. 98	1 844 209. 20	1 595 095. 04	1 745 439. 40	1 709 220. 32	2 044 068. 74	2 282 700. 86	2 038 363. 64	1 922 226. 84	2 888 382. 48	2 872 501. 76	3 871 753. 18	4 453 374. 44	5 051 731. 04
山东省	1 332 909. 62	1 722 927. 12	1 683 425. 54	1 452 470. 28	1 592 188. 66	1 560 560. 94	1 866 517. 46	2 085 036. 46	1 885 024. 56	1 784 426. 74	2 693 405. 48	2 691 307. 44	3 649 087. 18	4 299 869. 16	4 908 642. 64
河南省	1 424 198. 48	1 839 145. 46	1 795 204. 84	1 556 099. 48	1 701 464. 54	1 665 508. 00	1 991 345. 86	2 224 339. 38	1 964 382. 16	1 846 325. 68	2 763 457. 02	2 736 954. 58	3 704 676. 54	4 356 911. 46	4 938 280. 96
广东省	2 752 382. 38	3 555 027. 16	3 471 358. 04	3 010 874. 50	3 293 361. 56	3 224 404. 94	3 854 620. 16	4 307 461. 26	3 793 214. 02	3 562 662. 88	5 327 646. 92	5 272 057. 64	7 075 839. 38	8 304 786. 58	9 394 350. 80
辽宁省	1 191 588. 64	1 539 435. 48	1 503 439. 32	1 301 015. 84	1 424 226. 82	1 394 985. 12	1 668 072. 82	1 863 512. 58	1 659 971. 14	1 564 417. 42	2 349 012. 24	2 334 379. 14	3 144 923. 40	3 670 466. 18	4 165 993. 12
江苏省	1 220 266. 06	1 576 373. 18	1 539 303. 80	1 333 138. 80	1 458 815. 96	1 428 600. 44	1 708 065. 38	1 908 373. 94	1 692 840. 42	1 593 380. 02	2 388 869. 48	2 370 256. 26	3 166 916. 12	3 725 480. 22	4 222 811. 70
陕西省	733 400. 44	947 204. 62	924 979. 74	803 654. 14	878 802. 88	860 279. 70	1 028 231. 52	1 149 396. 74	1 003 245. 54	939 750. 96	1 400 883. 66	1 381 678. 14	1 845 448. 04	2 156 752. 44	2 430 459. 30
上海市	1 025 882. 34	1 325 066. 72	1 293 879. 92	1 121 508. 72	1 226 837. 30	1 201 245. 80	1 436 170. 94	1 604 614. 96	1 417 155. 50	1 332 216. 46	1 994 255. 36	1 979 709. 08	2 658 002. 00	3 124 304. 80	3 538 849. 02
浙江省	981 365. 02	1 267 457. 88	1 237 677. 14	1 073 026. 22	1 173 743. 38	1 149 214. 18	1 373 962. 60	1 535 241. 96	1 354 610. 80	1 273 047. 28	1 905 001. 20	1 886 472. 00	2 531 016. 32	2 972 813. 74	3 365 029. 58
黑龙江省	960 971. 24	1 241 389. 64	1 212 368. 72	1 050 964. 56	1 150 203. 56	1 126 310. 48	1 346 590. 80	1 504 967. 34	1 328 992. 40	1 249 338. 66	1 870 171. 98	1 852 802. 02	2 465 463. 18	2 894 005. 74	3 273 658. 58
湖北省	621 320. 82	802 521. 10	783 580. 52	679 433. 34	743 321. 28	727 768. 18	870 111. 44	972 216. 14	857 341. 78	805 549. 56	1 205 213. 26	1 193 212. 94	1 600 506. 04	1 879 363. 62	2 126 736. 70
吉林省	618 507. 24	799 078. 12	780 430. 10	676 011. 90	739 852. 44	726 051. 70	868 110. 34	970 106. 24	861 520. 66	811 200. 74	1 216 906. 14	1 208 216. 46	1 625 964. 58	1 916 045. 92	2 174 532. 74

续表

客源地	年份														
	2005	2006	2007	2008	2009	2010	2011	2012	2013	2014	2015	2016	2017	2018	2019
福建省	893 076.12	1 153 557.48	1 126 463.90	977 613.38	1 069 220.82	1 046 839.40	1 251 386.48	1 398 660.20	1 227 678.02	1 151 894.18	1 720 724.38	1 700 882.64	2 277 137.50	2 668 502.00	3 014 373.14
四川省	678 583.74	876 507.06	856 108.06	743 898.00	813 751.70	796 718.72	952 098.68	1 064 600.36	928 218.32	869 265.14	1 295 464.18	1 277 368.88	1 705 958.16	1 993 104.94	2 280 797.84
安徽省	407 032.62	525 721.56	513 316.34	445 133.40	486 964.52	476 743.52	569 982.94	636 905.20	561 334.88	527 364.74	788 857.60	780 805.72	1 047 106.58	1 229 213.74	1 390 735.94
宁夏回族自治区	306 313.34	395 572.28	386 269.74	335 441.28	366 831.68	359 161.72	429 250.56	479 769.80	419 785.44	393 528.70	587 151.70	578 343.24	772 961.96	904 058.22	1 019 447.34
湖南省	480 096.06	620 031.22	605 494.28	525 311.42	574 506.12	562 554.28	672 418.30	751 478.52	660 730.34	620 233.22	926 979.72	916 846.56	1 228 245.42	1 446 211.70	1 635 327.06
甘肃省	373 422.82	482 465.28	471 303.78	408 634.28	447 229.64	437 885.16	523 549.04	585 076.22	516 127.40	485 005.38	725 871.26	718 867.02	964 779.42	1 133 438.12	1 282 832.38
广西壮族自治区	620 661.90	801 660.92	782 985.88	679 627.46	743 558.74	727 957.52	870 009.28	972 542.38	852 373.30	799 414.70	1 193 343.42	1 178 698.88	1 577 098.94	1 846 890.94	2 084 841.38
重庆市	362 307.86	467 983.38	457 141.60	397 030.60	434 265.14	425 136.88	508 168.06	568 047.30	496 435.16	465 220.08	693 804.20	683 908.62	913 954.50	1 068 699.54	1 204 794.84
江西省	334 942.08	432 684.64	422 482.60	366 663.04	401 052.68	392 690.32	469 358.80	524 652.40	460 458.72	432 177.10	645 470.22	638 012.18	854 331.88	1 001 060.78	1 130 901.78
新疆维吾尔自治区	456 518.06	589 683.50	575 964.78	500 323.52	547 432.96	536 006.88	640 502.74	716 147.98	625 259.94	585 722.00	873 310.50	861 496.94	1 151 303.90	1 346 135.64	1 517 152.18
云南省	357 890.30	462 209.78	451 395.38	391 759.58	428 281.16	419 468.86	501 260.04	560 177.62	492 125.50	461 978.06	690 145.42	682 333.80	913 701.10	1 071 009.80	1 210 061.60
青海省	178 856.74	230 936.18	225 534.34	195 684.86	214 407.22	209 952.18	250 952.04	280 483.72	246 995.08	231 990.94	346 936.62	343 413.84	460 436.76	540 460.84	611 347.54
海南省	259 764.30	335 754.60	327 747.50	284 425.30	311 004.76	304 572.46	364 085.02	406 956.12	357 392.84	335 543.80	501 359.26	496 232.04	664 775.62	779 421.86	880 833.12
贵州省	147 516.08	190 597.20	186 139.38	161 356.56	176 509.42	172 884.32	205 734.36	230 064.82	202 492.18	190 273.50	284 545.36	281 526.28	377 818.42	442 800.76	500 728.56
西藏自治区	217 159.60	280 406.54	273 750.26	237 971.58	260 071.40	254 801.32	304 397.22	340 343.84	297 082.68	278 344.14	417 137.90	411 769.56	551 339.02	644 558.88	726 773.86
合计	34 016 559.02	43 927 861.10	42 876 441.66	37 082 156.46	40 560 585.52	39 713 192.60	47 495 308.46	53 026 217.92	47 357 082.36	44 656 465.60	67 100 007.56	66 648 277.12	89 786 971.62	105 770 629.48	120 282 219.10

表 3-69　2005—2019 年国内游客交通工具碳足迹(gha)(双程)

客源地	年份														
	2005	2006	2007	2008	2009	2010	2011	2012	2013	2014	2015	2016	2017	2018	2019
山西省	1763.74	2274.80	2216.62	1912.60	2087.34	2041.36	2443.12	2721.90	2457.28	2323.04	3501.04	3491.76	4712.76	5577.60	6367.22
河北省	749.92	967.24	942.56	813.70	888.02	868.44	1039.30	1158.06	1042.88	985.20	1483.58	1478.40	1993.60	2357.12	2688.40
北京市	1273.88	1646.08	1607.36	1381.92	1514.56	1484.32	1776.30	1981.82	1822.48	1733.20	2630.32	2642.64	3602.44	4304.76	4946.00
天津市	847.64	1095.12	1069.32	922.06	1009.90	989.42	1183.66	1321.28	1197.88	1134.62	1713.76	1686.12	2281.08	2704.02	3086.14
内蒙古自治区	497.82	642.98	627.76	542.94	594.14	581.82	695.78	777.02	693.82	654.32	983.20	977.76	1317.92	1515.88	1719.58
山东省	453.70	586.48	573.02	494.40	541.98	531.20	635.36	709.72	641.64	607.42	916.82	916.10	1242.10	1463.64	1670.88
河南省	484.78	626.04	611.08	529.68	579.16	566.92	677.84	757.14	668.68	628.48	940.66	931.66	1261.04	1483.06	1680.96
广东省	936.90	1210.10	1181.64	1024.86	1121.02	1097.56	1312.10	1466.24	1291.18	1212.70	1813.48	1794.56	2408.56	2826.88	3197.76
辽宁省	405.60	524.02	511.74	442.86	484.80	474.84	567.80	634.32	565.04	532.52	799.58	794.60	1070.50	1249.40	1418.06
江苏省	415.38	536.58	523.96	453.78	496.58	486.28	581.42	649.60	576.24	542.38	813.16	806.82	1078.00	1268.12	1437.42
陕西省	249.66	322.42	314.86	273.56	299.12	292.84	350.00	391.24	341.50	319.88	476.84	470.30	628.18	734.14	827.30
上海市	349.22	451.04	440.42	381.74	417.62	408.88	488.88	546.20	482.40	453.48	678.84	673.88	904.78	1063.50	1204.58
浙江省	334.04	431.42	421.30	365.24	399.52	391.18	467.68	522.58	461.10	433.34	648.44	642.14	861.54	1011.92	1145.42
黑龙江省	327.12	422.56	412.68	357.74	391.54	383.38	458.36	512.26	452.38	425.26	636.58	630.68	839.24	985.10	1114.32
湖北省	211.50	273.18	266.72	231.28	253.02	247.72	296.20	330.94	291.84	274.20	410.24	406.16	544.80	639.74	723.92
吉林省	210.54	271.98	265.66	230.12	251.82	247.14	295.50	330.22	293.26	276.12	414.22	411.28	553.44	652.20	740.20
福建省	304.00	392.64	383.44	332.76	363.96	356.34	425.98	476.10	417.90	392.10	585.72	578.96	775.10	908.34	1026.08
四川省	230.98	298.36	291.42	253.22	277.00	271.20	324.10	362.38	315.98	295.90	440.96	434.80	580.68	678.44	776.38

续表

客源地	年份														
	2005	2006	2007	2008	2009	2010	2011	2012	2013	2014	2015	2016	2017	2018	2019
安徽省	138.54	178.96	174.74	151.52	165.76	162.28	194.00	216.80	191.06	179.52	268.52	265.76	356.42	418.40	473.40
宁夏回族自治区	104.26	134.66	131.48	114.18	124.88	122.26	146.12	163.30	142.88	133.96	199.86	196.88	263.10	307.74	347.00
湖南省	163.40	211.06	206.10	178.82	195.56	191.50	228.90	255.82	224.90	211.12	315.54	312.08	418.10	492.28	556.66
甘肃省	127.12	164.22	160.42	139.10	152.24	149.06	178.22	199.14	175.68	165.08	247.08	244.70	328.40	385.82	436.66
广西壮族自治区	211.26	272.88	266.52	231.34	253.10	247.80	296.14	331.04	290.12	272.12	406.20	401.22	536.82	628.68	709.66
重庆市	123.32	159.30	155.60	135.16	147.82	144.70	172.98	193.36	168.98	158.36	236.16	232.82	311.10	363.76	410.10
江西省	114.02	147.30	143.82	124.80	136.52	133.66	159.76	178.60	156.74	147.10	219.70	217.18	290.82	340.76	384.96
新疆维吾尔自治区	155.38	200.74	196.04	170.30	186.36	182.44	218.02	243.76	212.84	199.38	297.26	293.24	391.90	458.22	516.44
云南省	121.82	157.34	153.64	133.34	145.78	142.78	170.62	190.68	167.52	157.26	234.92	232.26	311.02	364.56	411.90
青海省	60.88	78.62	76.78	66.62	72.98	71.46	85.42	95.50	84.08	78.98	118.08	116.90	156.72	183.96	208.08
海南省	88.40	114.30	111.56	96.80	105.88	103.68	123.94	138.52	121.66	114.22	170.66	168.90	226.28	265.30	299.82
贵州省	50.22	64.90	63.36	54.94	60.08	58.84	70.02	78.32	68.92	64.76	96.86	95.84	128.60	150.72	170.46
西藏自治区	73.92	95.44	93.18	81.00	88.52	86.74	103.62	115.84	101.12	94.74	141.98	140.18	187.68	219.42	247.40
合计	11 578.96	14 952.76	14 594.80	12 622.38	13 806.58	13 518.04	16 167.14	18 049.70	16 119.98	15 200.76	22 840.26	22 686.58	30 562.72	36 003.48	40 943.16

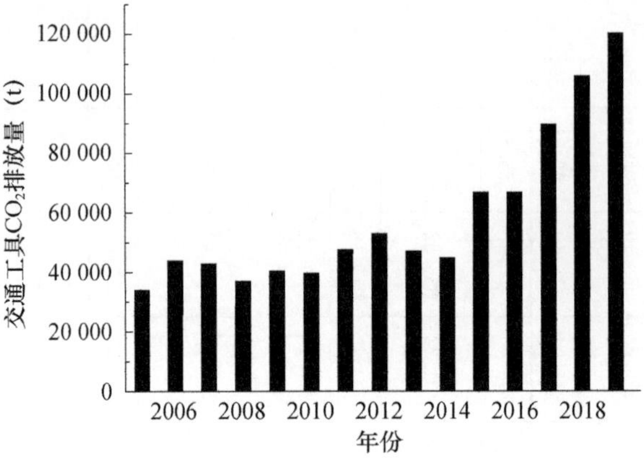

图 3-14 2005—2019 年国内游客交通工具 CO_2 排放量(双程)

2005 年五台山风景名胜区国内游客双程交通工具碳足迹为 11 578.96 gha,2019 年增长为 40 943.16 gha,增长了 2.54 倍,平均每年增长 2097.44 gha。2005—2014 年,双程交通工具碳足迹增长较为缓慢,平均每年增长 402.42 gha;2015—2019 年双程交通工具碳足迹迅速增长,平均每年增长 4525.73 gha(图 3-15)。

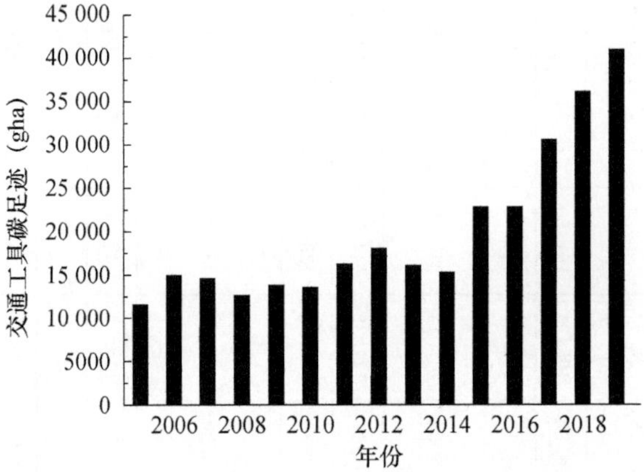

图 3-15 2005—2019 年国内游客交通工具碳足迹(双程)

采用 SPSS 软件中的 Spearman 相关系数分析双程交通工具碳足迹与游客人数之间的相关性,结果表明二者存在显著的正相关关系($R=0.996$,$p=0$,$n=15$)。以游客人数为自变量,双程交通工具碳足迹为因变量进行回归分析,结果表明二者关系可以采用线性模型来描述,线性模型为:$y=0.013x-878.132$($R^2=0.9998$,$p=0$,$n=15$)。因此,2005—2019 年五台山风景名胜区国内游客人数能够解释双程交通工具碳足迹变化的 99.98%。

3.3.2.2 入境游客交通工具碳足迹

入境游客来五台山风景名胜区旅游主要目的是了解中国古代历史文化,参观五台山寺庙古建筑，欣赏壁画和雕塑，以及拜佛。

五台山风景名胜区国际客源市场以距离较近的日本和东南亚国家为主。日本是最主要的国际客源地，东南亚客源地包括印度尼西亚、新加坡、菲律宾、泰国和马来西亚 5 个国家。欧洲客源地主要有荷兰、德国、英国、意大利和法国，欧洲游客的旅游消费水平较高。加拿大、美国、印度、澳大利亚、新西兰、俄罗斯、韩国和蒙古国等国也是重要的客源地。

香港特别行政区、澳门特别行政区和台湾省也是五台山风景名胜区的重要客源地；分布于世界各地的海外华侨也是入境游客的重要组成部分(侯文正，2003)。

中国北京到日本、新加坡、马来西亚、泰国、菲律宾、印度尼西亚、法国、英国、德国、意大利、荷兰、美国、加拿大、韩国、澳大利亚、印度、新西兰、俄罗斯、蒙古国的航程在 913～11 203 km，平均里程为 6095 km(表 3-70)。香港、澳门和台湾到北京飞行的标准里程分别为 1994 km、2007 km 和 1729 km，平均里程为 1910 km(表 3-71)。从北京首都机场到五台山风景名胜区，汽车需要行驶 352 km。

表 3-70　北京到国际客源地的航程

客源地	标准里程(km)
日本	2113
新加坡	4494
马来西亚	5001
泰国	3310
菲律宾	2893
印度尼西亚	5450
法国	8184
英国	10 290
德国	7720
意大利	8136
荷兰	7831
美国	10 030
加拿大	8492
韩国	913
澳大利亚	8951
印度	3810
新西兰	11 203
俄罗斯	5811
蒙古国	1165
平均值	6095

表 3-71　北京到港、澳、台的航程

客源地	标准里程(km)
香港	1994
澳门	2007
台湾	1729
平均值	1910

2005 年入境游客人数共计 18 600 人，外国人所占比例为 84.25%，港、澳、台同胞和海外华侨所占比例为 15.75%。从客源地到达五台山风景名胜区，外国人乘坐飞机产生的 CO_2 排放量为 11 461 038.00 kg，产生的碳足迹为 3901.25 gha，因乘坐长途汽车产生的 CO_2 排放量为 99 285.12 kg，产生的碳足迹为 33.80 gha。外国人从客源地到五台山风景名胜区产生的交通工具碳足迹为 3935.05 gha。由于飞行距离较近，游客人数较少，港、澳、台同胞和海外华侨乘坐飞机单程产生的 CO_2 排放量为 671 556.00 kg，产生的碳足迹为 228.59 gha，乘坐长途汽车单程产生的 CO_2 排放量为 18 564.48 kg，产生的碳足迹为 6.32 gha。港、澳、台同胞和海外华侨单程产生的交通工具碳足迹为 234.91 gha。综上所述，2005 年入境游客单程交通工具碳足迹为 4169.96 gha(表 3-72)。

表 3-72　2005 年入境游客交通工具的 CO_2 排放量和碳足迹(单程)

类型	CO_2 排放量(kg)		碳足迹(gha)		
	飞机	长途汽车	飞机	长途汽车	交通工具
外国人	11 461 038.00	99 285.12	3901.25	33.80	3935.05
港、澳、台同胞和海外华侨	671 556.00	18 564.48	228.59	6.32	234.91
入境游客	12 132 594.00	117 849.60	4129.84	40.12	4169.96

2006 年入境游客人数与前一年相比有所下降，外国人所占比例为 57.94%，港、澳、台同胞和海外华侨所占比例为 42.06%。外国人乘坐飞机和长途汽车产生的单程 CO_2 排放量分别为 3 163 305.00 kg 和 27 403.20 kg，产生的单程碳足迹分别为 1076.76 gha 和 9.33 gha，单程交通工具碳足迹为 1086.09 gha。港、澳、台同胞和海外华侨乘坐飞机和长途汽车单程产生的 CO_2 排放量分别为 719 688.00kg 和 19 895.04 kg，产生的碳足迹分别为 244.98 gha 和 6.77 gha，合计 251.75 gha。2006 年，入境游客单程交通工具碳足迹为 1337.84 gha，与前一年相比下降了 2832.12 gha(表 3-73)。

表 3-73　2006 年入境游客交通工具的 CO_2 排放量和碳足迹(单程)

类型	CO_2 排放量(kg)		碳足迹(gha)		
	飞机	长途汽车	飞机	长途汽车	交通工具
外国人	3 163 305.00	27 403.20	1076.76	9.33	1086.09
港、澳、台同胞和海外华侨	719 688.00	19 895.04	244.98	6.77	251.75
入境游客	3 882 993.00	47 298.24	1321.74	16.10	1337.84

2007 年入境游客人数超过 8000 人，外国人所占比例为 58.44%，港、澳、台同胞和海外华侨所占比例为 41.56%。入境游客从客源地乘坐飞机到达北京产生的 CO_2 排放量为 4 186 690.20 kg，其中外国人产生的 CO_2 排放量所占比例为 81.78%，港、澳、台同胞和海外华侨产生的 CO_2 排放量所占比例为 18.22%。外国人乘坐飞机单程产生的碳足迹为 1165.40 gha，是港、澳、台同胞和海外华侨乘坐飞机单程产生碳足迹的 4.49 倍。入境游客从北京乘坐长途汽车到达五台山风景名胜区产生的 CO_2 排放量为 50 751.36 kg，其中外国人产生的 CO_2 排放量所占比例为 58.44%，港、澳、台同胞和海外华侨产生的 CO_2 排放量所占比例为 41.56%。入境游客乘坐长途汽车单程产生的碳足迹为 17.28 gha。外国人单程交通工具碳足迹为 1175.50 gha，是港、澳、台同胞和海外华侨的 4.40 倍(表 3-74)。

表 3-74　2007 年入境游客交通工具的 CO_2 排放量和碳足迹(单程)

类型	CO_2 排放量(kg)		碳足迹(gha)		
	飞机	长途汽车	飞机	长途汽车	交通工具
外国人	3 423 683.40	29 658.82	1165.40	10.10	1175.50
港、澳、台同胞和海外华侨	763 006.80	21 092.54	259.72	7.18	266.90
入境游客	4 186 690.20	50 751.36	1425.12	17.28	1442.40

2008 年入境游客人数近 9000 人，其中外国人所占比例为 55.98%，港、澳、台同胞和海外华侨所占比例为 44.02%。从客源地到达目的地外国人交通工具 CO_2 排放量达到 3 658 432.82 kg，其中飞机 CO_2 排放量是主要部分。外国人单程交通工具碳足迹为 1245.31 gha，以飞机产生的碳足迹为主，占总量的 99%以上。港、澳、台同胞和海外华侨单程交通工具 CO_2 排放量为 918 354.86 kg，远低于外国人交通工具 CO_2 排放量，产生的碳足迹为 312.60 gha，约是外国人单程交通工具碳足迹的 1/4(表 3-75)。

表 3-75　2008 年入境游客交通工具的 CO_2 排放量和碳足迹(单程)

类型	CO_2 排放量(kg)		碳足迹(gha)		
	飞机	长途汽车	飞机	长途汽车	交通工具
外国人	3 627 012.60	31 420.22	1234.61	10.70	1245.31
港、澳、台同胞和海外华侨	893 650.80	24 704.06	304.19	8.41	312.60
入境游客	4 520 663.40	56 124.28	1538.80	19.11	1557.91

2009 年入境游客人数不足 8000 人，其中外国人所占比例为 71.75%，港、澳、台同胞和海外华侨所占比例为 28.25%。从客源地到达目的地外国人乘坐交通工具产生的 CO_2 排放量为 3 939 510.24 kg，港、澳、台同胞和海外华侨交通工具 CO_2 排放量为 495 332.21 kg。入境游客单程交通工具碳足迹为 1509.59 gha，其中外国人所占比例为 88.83%，港、澳、台同胞和海外华侨所占比例为 11.17%(表 3-76)。

表 3-76 2009 年入境游客交通工具的 CO_2 排放量和碳足迹(单程)

类型	CO_2 排放量(kg)		碳足迹(gha)		
	飞机	长途汽车	飞机	长途汽车	交通工具
外国人	3 905 676.00	33 834.24	1329.46	11.52	1340.98
港、澳、台同胞和海外华侨	482 007.60	13 324.61	164.07	4.54	168.61
入境游客	4 387 683.60	47 158.85	1493.53	16.06	1509.59

2010 年入境游客人数超过 9000 人，其中外国人所占比例为 57.73%，港、澳、台同胞和海外华侨所占比例为 42.27%。外国人从客源地出发到达五台山风景名胜区因交通产生的 CO_2 排放量为 3 945 412.13 kg，产生的碳足迹为 1342.98 gha；港、澳、台同胞和海外华侨乘坐交通工具产生的 CO_2 排放量为 922 358.98 kg，产生的碳足迹为 313.97 gha。2010 年入境游客单程交通工具碳足迹为 1656.95 gha(表 3-77)。

表 3-77 2010 年入境游客交通工具的 CO_2 排放量和碳足迹(单程)

类型	CO_2 排放量(kg)		碳足迹(gha)		
	飞机	长途汽车	飞机	长途汽车	交通工具
外国人	3 911 527.20	33 884.93	1331.45	11.53	1342.98
港、澳、台同胞和海外华侨	897 547.20	24 811.78	305.52	8.45	313.97
入境游客	4 809 074.40	58 696.71	1636.97	19.98	1656.95

2011 年入境游客有 7000 多人，其中外国人所占比例为 40.68%，港、澳、台同胞和海外华侨所占比例为 59.32%。从客源地到达旅游目的地外国人因乘坐交通工具产生的 CO_2 排放量为 2 252 308.01 kg，产生的碳足迹为 766.66 gha；港、澳、台同胞和海外华侨由于乘坐交通工具产生的 CO_2 排放量为 1 048 370.74kg，产生的碳足迹为 356.86 gha。入境游客单程交通工具碳足迹为 1123.52 gha，乘坐飞机产生的碳足迹是主要来源。与前一年相比，入境游客单程交通工具碳足迹降低了 533.43 gha(表 3-78)。

表 3-78 2011 年入境游客交通工具的 CO_2 排放量和碳足迹(单程)

类型	CO_2 排放量(kg)		碳足迹(gha)		
	飞机	长途汽车	飞机	长途汽车	交通工具
外国人	2 232 964.20	19 343.81	760.08	6.58	766.66
港、澳、台同胞和海外华侨	1 020 169.20	28 201.54	347.26	9.60	356.86
入境游客	3 253 133.40	47 545.35	1107.34	16.18	1123.52

2012 年入境游客人数近 8000 人，其中外国人所占比例为 64.79%，港、澳、台同胞和海外华侨所占比例为 35.21%。入境游客从客源地到达五台山风景名胜区交通工具 CO_2 排放量为 4 441 997.79 kg，其中外国人交通工具 CO_2 排放量所占比例为 85.22%，港、澳、台同胞和海外华侨交通工具 CO_2 排放量所占比例为 14.78%。入境游客单程交通工具碳足迹为 1512.02 gha，其中外国人单程交通工具碳足迹为 1288.50 gha，港、澳、台同胞和海外华侨单程交通工具碳足迹为 223.52 gha。2012 年单程交通工具碳足迹与 2009 年的数值相近，并且由飞机产生的碳足迹是其主要组成部分(表 3-79)。

表 3-79　2012 年入境游客交通工具的 CO_2 排放量和碳足迹(单程)

类型	CO_2 排放量(kg)		碳足迹(gha)		
	飞机	长途汽车	飞机	长途汽车	交通工具
外国人	3 752 813.40	32 510.02	1277.43	11.07	1288.50
港、澳、台同胞和海外华侨	639 009.60	17 664.77	217.51	6.01	223.52
入境游客	4 391 823.00	50 174.79	1494.94	17.08	1512.02

2013 年入境游客中，外国人人数是港、澳、台同胞和海外华侨人数的 1.23 倍。外国人乘坐飞机单程产生的 CO_2 排放量为 2 541 615.00 kg，是港、澳、台同胞和海外华侨 CO_2 排放量的 3.92 倍；外国人乘坐长途汽车单程产生的 CO_2 排放量为 22 017.60 kg，是港、澳、台同胞和海外华侨 CO_2 排放量的 1.23 倍。入境游客单程交通工具碳足迹共计 1099.70 gha，外国人所占比例为 79.35%，港、澳、台同胞和海外华侨所占比例为 20.65%(表 3-80)。

表 3-80　2013 年入境游客交通工具的 CO_2 排放量和碳足迹(单程)

类型	CO_2 排放量(kg)		碳足迹(gha)		
	飞机	长途汽车	飞机	长途汽车	交通工具
外国人	2 541 615.00	22 017.60	865.15	7.49	872.64
港、澳、台同胞和海外华侨	649 094.40	17 943.55	220.95	6.11	227.06
入境游客	3 190 709.40	39 961.15	1086.10	13.60	1099.70

2014 年入境游客人数近 9000 人，其中外国人所占比例为 43.29%，港、澳、台同胞和海外华侨所占比例为 56.71%。外国人从客源地到达五台山风景名胜区因乘坐飞机排放的 CO_2 为 2 799 067.80 kg，产生的碳足迹为 952.78 gha；乘坐长途汽车产生的 CO_2 排放量为 24 247.87 kg，产生的碳足迹为 8.25 gha。港、澳、台同胞和海外华侨由于乘坐飞机排放的 CO_2 为 1 148 979.60 kg，产生的碳足迹为 391.10 gha；乘坐长途汽车产生的 CO_2 排放量为 31 762.37kg，产生的碳足迹为 10.81 gha。入境游客单程交通工具碳足迹为 1362.94 gha，与前一年相比增长了 263.24 gha(表 3-81)。

表 3-81 2014 年入境游客交通工具的 CO_2 排放量和碳足迹(单程)

类型	CO_2 排放量(kg)		碳足迹(gha)		
	飞机	长途汽车	飞机	长途汽车	交通工具
外国人	2 799 067.80	24 247.87	952.78	8.25	961.03
港、澳、台同胞和海外华侨	1 148 979.60	31 762.37	391.10	10.81	401.91
入境游客	3 948 047.40	56 010.24	1343.88	19.06	1362.94

2015 年入境游客人数不足 3000 人，其中外国人所占比例为 41.79%，港、澳、台同胞和海外华侨所占比例为 58.21%。从客源地到达五台山风景名胜区，外国人因乘坐交通工具产生的 CO_2 排放量为 704 537.88 kg，产生的碳足迹为 239.82 gha；港、澳、台同胞和海外华侨交通工具 CO_2 排放量为 313 262.88 kg，产生的碳足迹为 106.63 gha。2015 年入境游客单程交通工具碳足迹共计 346.45 gha(表 3-82)。

表 3-82 2015 年入境游客交通工具的 CO_2 排放量和碳足迹(单程)

类型	CO_2 排放量(kg)		碳足迹(gha)		
	飞机	长途汽车	飞机	长途汽车	交通工具
外国人	698 487.00	6050.88	237.76	2.06	239.82
港、澳、台同胞和海外华侨	304 836.00	8426.88	103.76	2.87	106.63
入境游客	1 003 323.00	14 477.76	341.52	4.93	346.45

2016 年入境游客人数与前一年相比有所增长。入境游客单程交通工具 CO_2 排放量为 2 300 927.11 kg。外国人单程交通工具碳足迹为 491.95 gha，港、澳、台同胞和海外华侨单程交通工具碳足迹为 291.28 gha。2016 年入境游客单程交通工具碳足迹为 783.23 gha，是 2015 年的 2.26 倍，但低于 2005—2014 年的数值(表 3-83)。

表 3-83 2016 年入境游客交通工具的 CO_2 排放量和碳足迹(单程)

类型	CO_2 排放量(kg)		碳足迹(gha)		
	飞机	长途汽车	飞机	长途汽车	交通工具
外国人	1 432 812.60	12 412.22	487.72	4.23	491.95
港、澳、台同胞和海外华侨	832 683.60	23 018.69	283.44	7.84	291.28
入境游客	2 265 496.20	35 430.91	771.16	12.07	783.23

2017 年入境游客有 2000 多人，外国人与港、澳、台同胞和海外华侨人数之比采用 2016 年数据。2017 年从客源地到达目的地，外国人因乘坐飞机产生的 CO_2 排放量为 1 133 670.00 kg，碳足迹为 385.89 gha；因乘坐长途汽车产生的 CO_2 排放量为 9820.80 kg，碳足迹为 3.34 gha。港、澳、台同胞和海外华侨因人数少，旅游距离较近，乘坐飞机和长途汽车产生的 CO_2 排放量较少，分别为 191 382.00 kg 和 5290.56 kg，乘坐飞机和长途汽车产生的碳足迹也较少，分别为 65.14 gha 和 1.80 gha。2017 年

入境游客单程交通工具碳足迹为456.17 gha,其中外国人单程交通工具碳足迹所占比例高达85.33%(表3-84)。

表3-84　2017年入境游客交通工具的CO_2排放量和碳足迹(单程)

类型	CO_2排放量(kg)		碳足迹(gha)		
	飞机	长途汽车	飞机	长途汽车	交通工具
外国人	1 133 670.00	9820.80	385.89	3.34	389.23
港、澳、台同胞和海外华侨	191 382.00	5290.56	65.14	1.80	66.94
入境游客	1 325 052.00	15 111.36	451.03	5.14	456.17

2018年入境游客人数中外国人所占比例达到44.66%,台湾游客所占比例为38.57%,二者所占比例之和高达83.23%。香港和澳门游客人数较少,二者所占比例共计16.77%(图3-16)。入境游客人数在4月达到最大值为922人;6月和11月人数较为接近,分别为633人和528人;7月和8月人数均不足500人;1月、5月、9月、10月和12月游客人数接近,为200～300人;3月人数较少,只有49人; 2月无入境游客(图3-17)。

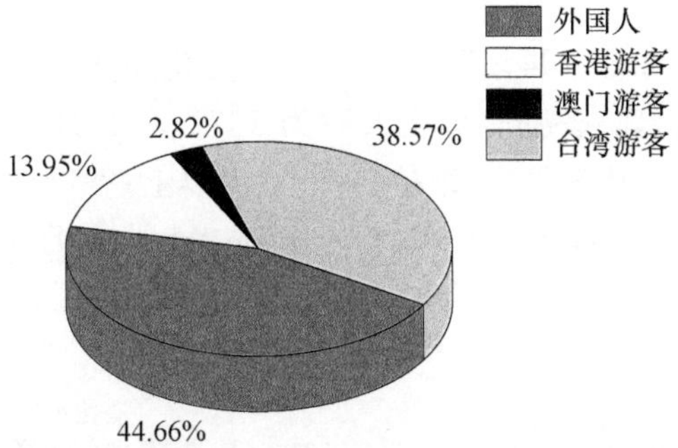

图3-16　2018年入境游客人数组成比例

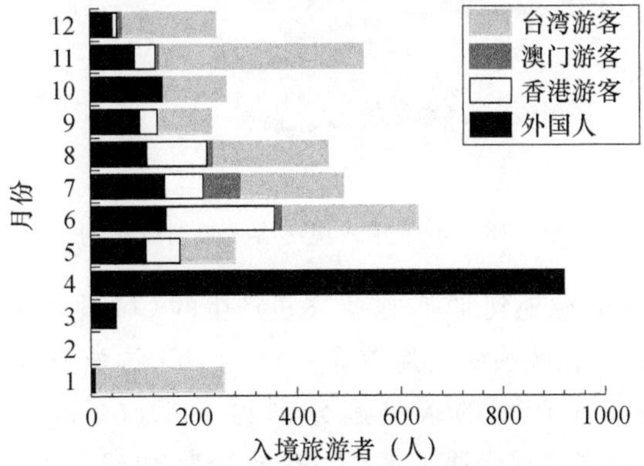

图3-17　2018年不同月份入境游客人数及其组分

2018 年从客源地到达北京，外国人乘坐飞机和长途汽车产生的 CO_2 排放量分别为 1 342 119.00 kg 和 11 626.56 kg。外国人乘坐飞机产生的碳足迹为 456.85 gha，分别是台湾游客、香港游客和澳门游客的 4.08 倍、9.79 倍和 48.04 倍；外国人乘坐长途汽车产生的碳足迹较小。外国人单程交通工具碳足迹为 460.81 gha，分别是台湾游客、香港游客和澳门游客的 3.99 倍、9.62 倍和 47.21 倍（表 3-85）。

表 3-85　2018 年入境游客交通工具的 CO_2 排放量和碳足迹（单程）

入境游客类型	CO_2 排放量（kg）		碳足迹（gha）		
	飞机	长途汽车	飞机	长途汽车	交通工具
外国人	1 342 119.00	11 626.56	456.85	3.96	460.81
香港	137 107.44	3630.53	46.67	1.24	47.91
澳门	27 937.44	734.98	9.51	0.25	9.76
台湾	328 855.80	10 042.56	111.94	3.42	115.36

2019 年五台山风景名胜区入境游客人数中，来自台湾的游客最多，占到 57.31%；外国人次之，所占比例为 25.35%；来自香港的游客所占比例为 16.01%；来自澳门的游客最少，所占比例只有 1.33%（图 3-18）。不同月份，入境游客人数波动较大，1—12 月呈现先增长—后降低—再增长—再降低的变化趋势；9 月出现最高峰，游客人数达到 3435 人；5 月出现次高峰，游客人数为 2977 人；2 月人数较少，仅有 161 人。4—11 月，台湾游客人数比较稳定，维持在 1000 人以上；香港游客人数在 6 月达到最大；澳门游客较少，每月人数均不足 80 人；外国人人数在 9 月达到最大值，为 1361 人（图 3-19）。

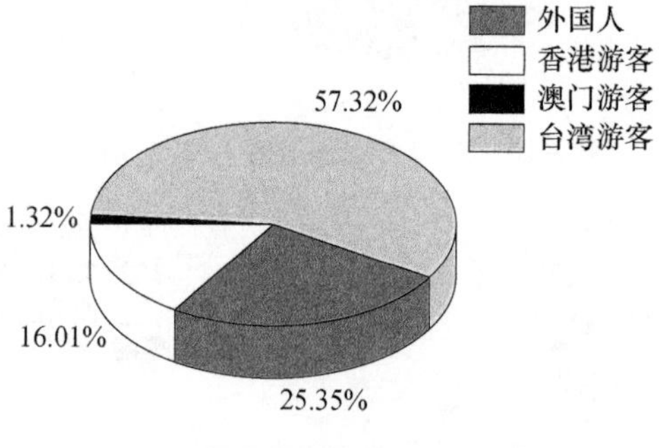

图 3-18　2019 年入境游客人数组成比例

2019 年外国人从客源地到北京，乘坐飞机产生的 CO_2 排放量为 3 694 301.40kg，从北京到五台山风景名胜区乘坐长途汽车产生的 CO_2 排放量为 32 003.14kg；外国人乘坐飞机和长途汽车产生的碳足迹分别为 1257.51 gha 和 10.89 gha，共计 1268.40 gha。台湾游客单程交通工具 CO_2 排放量为 2 441 564.90 kg，产生的碳足迹为 831.09 gha；澳门游客单程交通工具 CO_2 排放量为 65 007.29 kg，产生的碳足迹为

22.13 gha;香港游客单程交通工具 CO_2 排放量为 783 269.42 kg,产生的碳足迹为 266.62 gha。2019 年入境游客单程交通工具碳足迹为 2388.24 gha(表 3-86)。

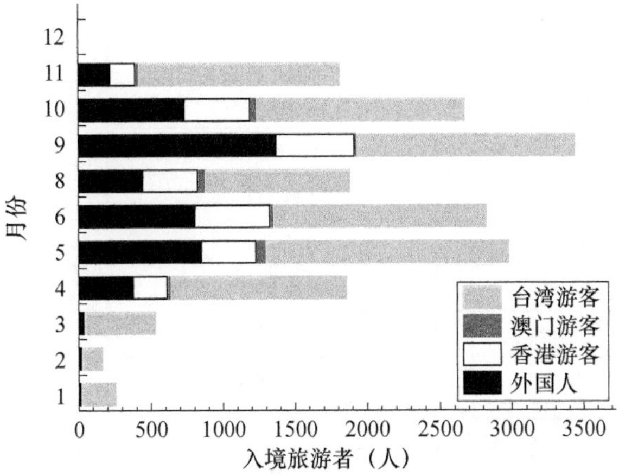

图 3-19 2019 年不同月份入境游客人数及其组分

表 3-86 2019 年入境游客交通工具的 CO_2 排放量和碳足迹(单程)

入境游客类型	CO_2 排放量(kg)		碳足迹(gha)		
	飞机	长途汽车	飞机	长途汽车	交通工具
外国人	3 694 301.40	32 003.14	1257.51	10.89	1268.40
香港	763 063.92	20 205.50	259.74	6.88	266.62
澳门	63 340.92	1666.37	21.56	0.57	22.13
台湾	2 369 214.12	72 350.78	806.46	24.63	831.09

2005—2019 年入境游客双程交通工具 CO_2 排放量无规律变化,2005 年达到最大值为 24 500 887.20 kg,2006 年下降到 7 860 582.48 kg,2007—2014 年变动范围较小,2015 年出现最小值为 2 035 601.52 kg,2019 年又明显升高至 14 032 292.30 kg(表 3-87)。Spearman 统计分析结果表明:2005—2019 年入境游客双程交通工具 CO_2 排放量与入境游客人数之间存在显著相关性,相关系数 $R=0.936(p=0,n=15)$,并有显著回归关系,方程式为:$y=948.665x^{1.005}$ ($R^2=0.935,p=0,n=15$),说明入境游客人数能够解释入境游客双程交通工具 CO_2 排放量变化的 93.50%。

表 3-87 2005—2019 年入境游客交通工具 CO_2 排放量及其组分(kg)(双程)

年份	交通工具 CO_2 排放量		
	外国人	四种人	入境游客
2005	23 120 646.24	1 380 240.96	24 500 887.20
2006	6 381 416.40	1 479 166.08	7 860 582.48

续表

年份	交通工具 CO_2 排放量		
	外国人	四种人	入境游客
2007	6 906 684.44	1 568 198.68	8 474 883.12
2008	7 316 865.64	1 836 709.72	9 153 575.36
2009	7 879 020.48	990 664.42	8 869 684.90
2010	7 890 824.26	1 844 717.96	9 735 542.22
2011	4 504 616.02	2 096 741.48	6 601 357.50
2012	7 570 646.84	1 313 348.74	8 883 995.58
2013	5 127 265.20	1 334 075.90	6 461 341.10
2014	5 646 631.34	2 361 483.94	8 008 115.28
2015	1 409 075.76	626 525.76	2 035 601.52
2016	2 890 449.64	1 711 404.58	4 601 854.22
2017	2 286 981.60	393 345.12	2 680 326.72
2018	2 707 491.12	1 016 617.50	3 724 108.62
2019	7 452 609.08	6 579 683.22	14 032 292.30

2005—2019 年入境游客双程交通工具碳足迹变化趋势与其 CO_2 排放量变化趋势相似。2005 年入境游客双程交通工具碳足迹最高，为 8339.92 gha；2019 年的值较高，为 4776.48 gha；2006—2018 年为 600～3400 gha。外国人双程交通工具碳足迹远高于港、澳、台同胞和海外华侨双程交通工具碳足迹（表 3-88）。2005—2019 年入境游客双程交通工具碳足迹与入境游客人数之间存在显著相关性（$R=0.936$，$p=0$，$n=15$），二者之间的最佳回归模型为幂函数（W）模型，方程式为：$y=0.323x^{1.005}$（$R^2=0.935$，$p=0$，$n=15$），这说明 2005—2019 年入境游客人数可以解释双程交通工具碳足迹变化的 93.50%。

表 3-88　2005—2019 年入境游客交通工具碳足迹及其组分(gha)(双程)

年份	交通工具碳足迹		
	外国人	四种人	入境游客
2005	7870.10	469.82	8339.92
2006	2172.18	503.50	2675.68
2007	2351.00	533.80	2884.80
2008	2490.62	625.20	3115.82
2009	2681.96	337.22	3019.18
2010	2685.96	627.94	3313.90
2011	1533.32	713.72	2247.04

续表

年份	交通工具碳足迹		
	外国人	四种人	入境游客
2012	2577.00	447.04	3024.04
2013	1745.28	454.12	2199.40
2014	1922.06	803.82	2725.88
2015	479.64	213.26	692.90
2016	983.90	582.56	1566.46
2017	778.46	133.88	912.34
2018	921.62	346.06	1267.68
2019	2536.80	2239.68	4776.48

3.3.2.3 五台山风景名胜区停车场生态足迹

五台山风景名胜区主要停车场共有26个，停车场名称和生态足迹见表3-89。停车场生态足迹共计104.90 gha，土地利用类型为建设用地。

表3-89 五台山风景名胜区主要停车场名称和生态足迹

编号	名称	生态足迹(gha)
1	碧山寺停车场	0.54
2	集福寺停车场	1.08
3	金界寺停车场	4.90
4	殊像寺停车场	3.54
5	普化寺停车场	1.67
6	南山寺停车场	1.16
7	镇海寺停车场	1.26
8	佛母洞停车场	0.56
9	龙泉寺停车场	1.26
10	金阁寺停车场	1.01
11	菩萨顶停车场	0.81
12	观音洞停车场	0.41
13	出租车停车场	1.10
14	中心停车场	0.99
15	北线入口收费站	0.38
16	西线入口收费站	0.61
17	南线入口管理站	0.40
18	北线换乘区	8.59

续表

编号	名称	生态足迹(gha)
19	西线换乘区	7.07
20	南线换乘区	65.15
21	妙德庵停车场	0.66
22	灵应寺停车场	0.35
23	望海寺停车场	0.35
24	演教寺停车场	0.35
25	法雷寺停车场	0.35
26	普济寺停车场	0.35
合计		104.90

3.3.2.4 五台山汽车站生态足迹

五台山汽车站位于五台山风景名胜区台怀镇杨柏峪村，占地面积 0.66 hm^2，生态足迹为 3.33 gha，土地利用类型为建设用地。

3.3.2.5 五台山风景名胜区道路生态足迹

五台山风景名胜区道路主要包括机动车道和步行游览路，机动车道的路面材料是柏油，道路宽度在 5.0～11.0 m。步行游览路为砂石路或者石板路，道路宽度为 1.5～6.0 m。机动车道生态足迹共计 590.79 gha。步行游览路生态足迹共计 19.09 gha。道路生态足迹合计 609.88 gha，土地利用类型为建设用地(表 3-90 和表 3-91)。

表 3-90 五台山风景名胜区机动车道生态足迹

序号	起点—终点	生态足迹(gha)
1	风景区北界—光明寺	91.24
2	风景区南界—光明寺	149.99
3	风景区西界—台怀镇	97.81
4	清东路(光明寺—镇海寺)	25.38
5	望海寺停车场—灵应寺停车场	28.45
6	妙德庵—旅游北线	17.46
7	菩萨顶—东庄村	5.58
8	上善财洞—旅游北线	4.36
9	演教寺停车场—吉祥寺	20.63
10	风林寺—旅游北线	15.57
11	演教寺停车场—法雷寺停车场	9.42
12	法雷寺停车场—狮子窝	20.33
13	竹林寺—旅游西线	7.58

续表

序号	起点—终点	生态足迹(gha)
14	狮子窝—莲花寺	4.94
15	狮子窝—金阁寺	19.15
16	佛母洞停车场—旅游南线	4.67
17	普济寺停车场—旅游西线	16.16
18	下常处停车场—洞子村	9.21
19	庙沟村—旅游北线	21.36
20	西湾村—旅游北线	4.12
21	关帝庙—旅游南线	12.83
22	殊像寺—三塔寺	4.55
合计		590.79

表 3-91　五台山风景名胜区主要步行游览路生态足迹

序号	起点—终点	生态足迹(gha)
1	望海寺—停车场	1.21
2	法雷寺—停车场	1.68
3	灵应寺—停车场	3.37
4	演教寺—停车场	1.21
5	普济寺—停车场	2.42
6	金界寺—黛螺顶	1.37
7	菩萨顶—旅游北线	2.24
8	殊像寺—梵仙山	0.90
9	显通寺—塔院寺	0.79
10	显通寺—万佛阁	0.76
11	明清街	0.30
12	罗喉寺—旅游北线	2.42
13	海会庵—旅游南线	0.42
合计		19.09

3.3.2.6　旅游交通生态足迹动态变化及其组成

五台山风景名胜区旅游交通生态足迹包括国内外游客双程交通工具生态足迹、停车场生态足迹、汽车站生态足迹和道路生态足迹。旅游交通生态足迹主要由碳足迹和建设用地两部分组成，并且碳足迹是其主要组成部分。2005 年旅游交通生态足迹为 20 636.99 gha，2006—2014 年呈现波动式变化，2015—2019 年则不断增长，2015 年旅游交通生态足迹为 24 251.27 gha，2019 年增长至 46 437.75 gha(表 3-92)。

表 3-92 2005—2019 年五台山风景名胜区旅游交通生态足迹及其组分(gha)

年份	碳足迹	建设用地	旅游交通生态足迹
2005	19 918.88	718.11	20 636.99
2006	17 628.44	718.11	18 346.55
2007	17 479.60	718.11	18 197.71
2008	15 738.20	718.11	16 456.31
2009	16 825.76	718.11	17 543.87
2010	16 831.94	718.11	17 550.05
2011	18 414.18	718.11	19 132.29
2012	21 073.74	718.11	21 791.85
2013	18 319.38	718.11	19 037.49
2014	17 926.64	718.11	18 644.75
2015	23 533.16	718.11	24 251.27
2016	24 253.04	718.11	24 971.15
2017	31 475.06	718.11	32 193.17
2018	37 271.16	718.11	37 989.27
2019	45 719.64	718.11	46 437.75

3.4 旅游游览生态足迹

3.4.1 寺庙概况

五台山风景名胜区寺庙有青庙和黄庙之分。青庙是汉传佛教寺庙,有身穿青衣的和尚居住。黄庙是藏传佛教寺庙,有身穿黄衣的喇嘛居住。五台山风景名胜区寺庙众多,主要寺庙有 79 个,占地面积合计 1 252 583 m^2。部分寺庙被列入全国重点文物保护单位(简称国保),部分寺庙被列入省级文物保护单位(简称省保),一些寺庙属于县级重点文物保护单位(简称县保)。五台山风景名胜区寺庙基本信息见表 3-93。

表 3-93 五台山风景名胜区主要寺庙基本信息

编号	名称	建造年代	庙别	保护级别	占地面积(m^2)	建筑面积(m^2)
1	显通寺	明清	青	国保	43 700	12 471
2	塔院寺	明代	青	国保	16 825	7208
3	碧山寺	北魏	青	国保	19 865	3740
4	菩萨顶	北魏	黄	国保	29 067	11 792
5	罗睺寺	明清	黄	国保	23 000	6000

续表

编号	名称	建造年代	庙别	保护级别	占地面积(m^2)	建筑面积(m^2)
6	殊像寺	后赵	青	省保	27 000	8668
7	南山寺	明清	青	省保	33 175	7936
8	金阁寺	唐代	青	省保	29 970	5492
9	龙泉寺	民国	青	省保	15 900	2449
10	圆照寺	明清	青	省保	12 600	12 516
11	广化寺	清代	黄	县保	10 600	1633
12	广仁寺	清代	黄	县保	5120	1898
13	万佛阁	明代	黄	县保	5400	1993
14	上善财洞	清代	黄	县保	1100	600
15	镇海寺	清代	黄	县保	21 600	2560
16	观音洞	清代	黄	县保	2016	1125
17	广宗寺	明代	青	县保	11 648	5000
18	三塔寺	清代	青	县保	5068	2068
19	寿宁寺	明清	青	县保	10 000	6000
20	三泉寺	明清	青	县保	3500	980
21	黛螺顶	清代	青	县保	27 000	6500
22	下善财洞	清代	青	县保	17 000	5680
23	古佛寺	清代	青	县保	6300	1500
24	明月池	清代	青	县保	3800	2000
25	慈福寺	清代	青	县保	10 000	2000
26	宝华寺	近代	青	县保	8000	5000
27	普化寺	明代	青	县保	19 000	12 800
28	佛母洞	明代	青	县保	16 550	3000
29	清凉石寺	唐代	青	县保	23 310	4630
30	梵仙山	清代	青	县保	1092	560
31	凤林寺	现代	青	县保	15 472	10 020
32	吉祥寺	近代	青	县保	20 000	8000
33	七佛寺	北宋	青	县保	27 300	3997
34	集福寺	清代	青	县保	12 000	5000
35	海会庵	民国	青	县保	4410	1420
36	白云寺	现代	青	县保	23 000	18 000
37	灵应寺	隋代	青	县保	15 000	1924
38	望海寺	隋代	青	县保	50 000	5000

续表

编号	名称	建造年代	庙别	保护级别	占地面积(m^2)	建筑面积(m^2)
39	演教寺	隋代	青	县保	33 000	2400
40	法雷寺	隋代	青	县保	20 000	7500
41	普济寺	隋代	青	县保	7000	833
42	瑞应寺	现代	黄	—	45 200	2650
43	天城寺	现代	黄	—	3000	300
44	竹林寺	唐代	青	—	118 850	80 000
45	文殊洞	现代	青	—	28 000	15 000
46	关帝庙	现代	青	—	5500	3775
47	金界寺	现代	青	—	2000	1660
48	古罗汉洞古清凉寺	民国	青	—	23 310	1300
49	心印闭关禅院	现代	青	—	8323	6556
50	南梁沟念佛堂	现代	青	—	10 000	3280
51	佛教居士林	现代	青	—	5600	5000
52	雷音寺	现代	青	—	7992	4300
53	普寿寺	现代	青	—	46 700	40 000
54	白头庵	现代	青	—	7500	1690
55	妙德庵	现代	青	—	8500	900
56	法喜寺	现代	青	—	1730	1570
57	弥陀院	现代	青	—	4000	800
58	真容寺	现代	青	—	1680	590
59	文殊精舍	现代	青	—	1800	680
60	十八罗汉洞	现代	青	—	1300	800
61	慧莲念佛堂	现代	青	—	670	460
62	慈航念佛堂	现代	青	—	1300	800
63	普贤洞念佛堂	现代	青	—	13 320	3330
64	文殊寺	现代	黄	—	6209	1530
65	铁瓦殿	现代	青	—	3300	1980
66	龙慧寺	现代	青	—	12 000	3000
67	前石佛寺	现代	青	—	5900	384
68	龙兴寺	现代	青	—	53 280	7326
69	地藏洞	现代	青	—	1020	708
70	华严精舍	现代	青	—	800	350
71	弥陀洞	现代	青	—	2330	500

续表

编号	名称	建造年代	庙别	保护级别	占地面积(m^2)	建筑面积(m^2)
72	灵峰寺	现代	青	—	28 960	2838
73	毛主席路居馆	现代	纪念馆	国保	794	400
74	澡浴池	—	青	—	8606	7087
75	狮子窝	明代	青	省保	54 760	—
76	八功德水西来寺	唐代	青	县保	3300	—
77	写字崖	—	青	—	13 334	—
78	台麓寺	—	黄	—	3333	—
79	碧霞寺	—	青	—	21 994	—

数据来源：五台山文化和遗产保护局。

显通寺位于台怀镇中心区灵鹫峰菩萨顶脚下，建于东汉永平年间，是五台山历史最悠久、规模最大的寺庙。显通寺山门坐西向东，两旁立有“龙”“虎”石碑，取“左青龙”“右白虎”之意，镇守把门，守卫平安。显通寺共七进大殿，由南向北排列于一条中轴线，依次为观音殿、文殊殿、大雄宝殿、无量殿、千钵文殊殿、铜殿和藏经殿（侯文正，2003）。

塔院寺位于显通寺南侧，坐北向南，寺内建筑以舍利塔为中心，排列有大雄宝殿、藏经阁等建筑。舍利塔又称大白塔，高约 56.4 m，全身雪白，是五台山的标志。

菩萨顶位于显通寺北侧灵鹫峰上，为五台山黄庙之首，是皇家赐修道场，具有典型的皇家特色，是历代皇帝朝拜五台山时的行宫。菩萨顶主体建筑在中部，有山门、天王殿、大雄宝殿、文殊殿等，两旁排列钟楼、鼓楼、禅院等，为对称分布（张媛，2015）。

殊像寺正对梵仙山，在明代弘治年间和万历年间重修。明建文殊殿是五台山风景名胜区台怀镇中心区最大的殿宇，殿建面宽 5 间共计 27.2 m，进深 4 间共计 20.4 m。文殊殿内正中佛台上供奉文殊骑狮塑像，佛坛高 0.94 m，狻猊高 3.95 m，莲花座高 1.6 m，文殊像高 5.1 m，总高 9.87 m，是五台山最高的文殊塑像。

万佛阁又称五爷庙，位于塔院寺东南，在万佛阁内有五龙王殿、文殊殿、戏台，文殊殿供有万尊泥塑贴金小佛像。五龙王殿正中供着五龙王。五爷庙深负盛名，吸引游客最多，每日参观者络绎不绝，香火旺盛。

望海寺、法雷寺、普济寺、灵应寺和演教寺分别位于五台山东台顶、西台顶、南台顶、北台顶和中台顶。游客可徒步或乘坐五台山晋旅公司朝台客运汽车到达，寺庙可为游客提供食宿服务。

3.4.2 研究方法与计算结果

五台山风景名胜区旅游游览生态足迹主要计算寺庙生态足迹，采用式(3-10)进行计算。

$$TEF_{\text{visiting}} = A_{\text{temple}} \times EQF_{\text{building}} \tag{3-10}$$

式中：TEF_{visiting}为旅游游览生态足迹(gha)；A_{temple}为经过全球平均产量转换的寺庙占地面积(hm^2)；EQF_{building}为建设用地均衡因子(gha/hm^2)。

计算结果表明，五台山风景名胜区旅游游览生态足迹共计 632.55 gha，土地利用类型为建设用地。

3.5 旅游购物生态足迹

五台山风景名胜区购物场所有商铺、集贸市场和市场摊位等多种形式，主要分布在中心区和杨柏峪街道两旁。五台山风景名胜区购物生态足迹主要包括购物店占地生态足迹和游客所购商品的生态足迹两部分。购物店主要销售日用品、纪念品和特产，纪念品主要是佛珠、钥匙链和佛像等，这些纪念品多在外地加工而成。特产主要有六道木、金莲花、醋和蘑菇等。在计算游客购买商品生态足迹时，假定每位游客购买金莲花 1 桶，每桶金莲花质量为 0.04 kg。金莲花全球平均产量采用五台山金莲花产量来代替，为 450 kg/hm^2。旅游购物生态足迹采用式(3-11)进行计算。

$$TEF_{\text{shopping}} = A_{\text{shop}} \times EQF_{\text{building}} + N \times EQF_{\text{grassland}} \times \sum R_f / P_f \tag{3-11}$$

式中：TEF_{shopping}为旅游购物生态足迹(gha)；A_{shop}为经过全球平均产量转换的购物店占地面积(hm^2)；EQF_{building}为建设用地均衡因子(gha/hm^2)；N 为游客人数(人)；R_f为游客购买的金莲花质量(kg/人)；P_f为金莲花全球平均产量(kg/hm^2)，$EQF_{\text{grassland}}$为草地均衡因子(gha/hm^2)。

本章节中只统计在工商局有注册信息的购物店，购物店工商信息由五台山市场监督管理局提供。2005—2019 年购物店数量剧增，购物店生态足迹也随之快速增长。2005 年有注册信息的购物店只有 5 个，生态足迹为 0.15 gha。2019 年购物店数量已经达到 750 个，生态足迹增长为 22.35 gha。购物店生态足迹对应土地利用类型为建设用地(表 3-94，图 3-20 和图 3-21)。

表 3-94 2005—2019 年五台山风景名胜区旅游购物生态足迹及其组分(gha)

年份	购物店生态足迹	商品生态足迹		旅游购物生态足迹
		国内游客	入境游客	
2005	0.15	30.97	0.62	31.74
2006	0.18	39.97	0.25	40.40
2007	3.69	38.99	0.27	42.95
2008	5.69	33.81	0.29	39.79
2009	2.06	36.93	0.25	39.24
2010	3.10	36.13	0.31	39.54

续表

年份	购物店生态足迹	商品生态足迹		旅游购物生态足迹
		国内游客	入境游客	
2011	7.45	43.21	0.25	50.91
2012	9.06	48.24	0.26	57.56
2013	14.06	42.51	0.21	56.78
2014	15.67	39.92	0.29	55.88
2015	19.22	59.69	0.08	78.99
2016	20.44	59.05	0.19	79.68
2017	18.53	79.08	0.08	97.69
2018	19.93	92.72	0.14	112.79
2019	22.35	104.89	0.66	127.90

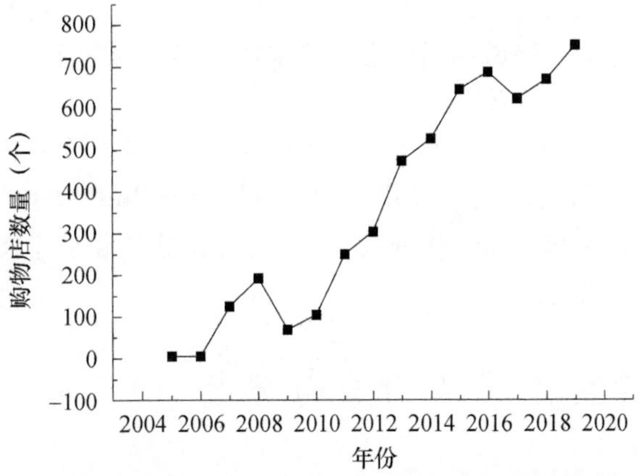

图 3-20　2005—2019 年五台山风景名胜区购物店数量

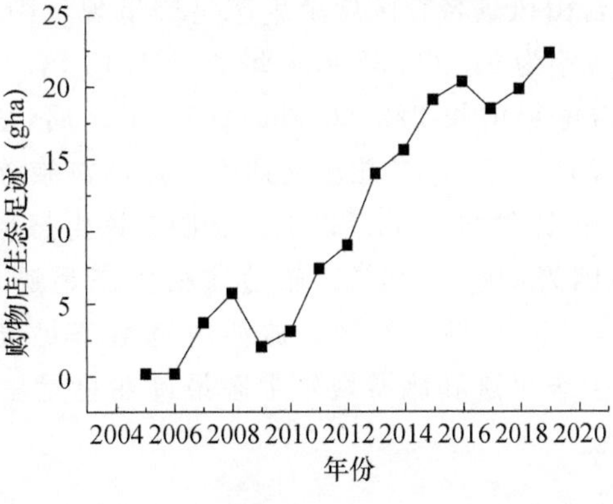

图 3-21　2005—2019 年五台山风景名胜区购物店生态足迹

2005 年国内游客所购买商品的生态足迹为 30.97 gha,2019 年增长为 104.89 gha。2005 年入境游客购买商品的生态足迹为 0.62 gha,2019 年达到 0.66 gha。商品生态足迹对应的土地利用类型为草地。2005—2019 年五台山风景名胜区旅游购物生态足迹不断增长。2005 年旅游购物生态足迹为 31.74 gha,2008 年为 39.79 gha,2011 年为 50.91 gha,2015 年为 78.99 gha,2018 年为 112.79 gha,2019 年达到最大值为 127.90 gha(表 3-94)。

3.6 旅游娱乐生态足迹

五台山风景名胜区的娱乐场所主要是剧场风铃宫。风铃宫位于清水河畔,可容纳观众 1600 名,建筑设计独特巧妙,突出体现佛教元素、佛经特色。观众进入主体剧场前,要经过 730 m 长的长廊,上面刻有《华严经》经文。风铃宫有风铃、钟、磬的声响,风铃声音由铜铃传出。2014 年 9 月,中国首部佛教主题大型情景剧《又见五台山》在此首演,为著名导演王潮歌的作品,该情景剧分诵经和祈福两部分(吴亚倩,2018;赵鹏宇 等,2020)。旅游娱乐生态足迹采用式(3-12)进行计算。

$$TEF_{\text{entertainment}} = A_{\text{palace}} \times EQF_{\text{building}} \tag{3-12}$$

式中:$TEF_{\text{entertainment}}$ 为旅游娱乐生态足迹(gha);A_{palace} 为经过全球平均产量转换的剧场占地面积(hm^2);EQF_{building} 为建设用地均衡因子(gha/hm^2)。

风铃宫占地面积为 9825 m^2,依据式(3-12)计算出旅游娱乐生态足迹为 4.96 gha,土地利用类型为建设用地。

3.7 旅游生态足迹组成与分析

3.7.1 旅游生态足迹组成

2005—2019 年五台山风景名胜区旅游生态足迹呈现不断增长的趋势。2005 年为 27 798.07 gha,2019 年为 67 467.36 gha,增长了 1.43 倍。2005—2014 年旅游生态足迹缓慢增长,平均每年增长 222.50 gha;2015 年之后,增长速度加快,2015—2019 年平均每年增长 7310.09 gha。旅游交通生态足迹在旅游生态足迹中所占比例最高,2005—2019 年所占比例均在 62%以上。旅游餐饮生态足迹在旅游生态足迹中所占比例较高,变动范围为 10%~25%。旅游住宿生态足迹也是旅游生态足迹的重要组成部分,所占比例为 11%~18%。旅游游览生态足迹所占比例较低,变化幅度不大。旅游购物生态足迹和旅游娱乐生态足迹在总量中所占比例均低于 1%(表 3-95 和表 3-96)。

表 3-95　2005—2019 年五台山风景名胜区旅游生态足迹消费类型组成(gha)

年份	旅游餐饮生态足迹	旅游住宿生态足迹	旅游交通生态足迹	旅游游览生态足迹	旅游购物生态足迹	旅游娱乐生态足迹	旅游生态足迹
2005	2795.60	3701.19	20 636.99	632.55	31.74	0.00	27 798.07
2006	2806.43	4357.28	18 346.55	632.55	40.40	0.00	26 183.21
2007	3098.58	4297.41	18 197.71	632.55	42.95	0.00	26 269.20
2008	2966.62	3932.38	16 456.31	632.55	39.79	0.00	24 027.65
2009	3308.41	4407.44	17 543.87	632.55	39.24	0.00	25 931.51
2010	3605.55	3866.07	17 550.05	632.55	39.54	0.00	25 693.76
2011	4509.92	4379.94	19 132.29	632.55	50.91	0.00	28 705.61
2012	5633.32	4740.96	21 791.85	632.55	57.56	0.00	32 856.24
2013	4995.91	5147.40	19 037.49	632.55	56.78	0.00	29 870.13
2014	5471.80	4990.66	18 644.75	632.55	55.88	4.96	29 800.60
2015	7857.64	5401.61	24 251.27	632.55	78.99	4.96	38 227.02
2016	8499.16	5435.67	24 971.15	632.55	79.68	4.96	39 623.17
2017	12 485.51	6177.94	32 193.17	632.55	97.69	4.96	51 591.82
2018	14 950.97	6926.08	37 989.27	632.55	112.79	4.96	60 616.62
2019	12 642.39	7621.81	46 437.75	632.55	127.90	4.96	67 467.36

表 3-96　2005－2019 年五台山风景名胜区旅游生态足迹不同消费类型的百分比组成(%)

年份	旅游餐饮生态足迹	旅游住宿生态足迹	旅游交通生态足迹	旅游游览生态足迹	旅游购物生态足迹	旅游娱乐生态足迹
2005	10.06	13.31	74.24	2.28	0.11	0.00
2006	10.72	16.64	70.07	2.42	0.15	0.00
2007	11.80	16.36	69.27	2.41	0.16	0.00
2008	12.35	16.37	68.49	2.63	0.16	0.00
2009	12.76	17.00	67.65	2.44	0.15	0.00
2010	14.03	15.05	68.31	2.46	0.15	0.00
2011	15.71	15.26	66.65	2.20	0.18	0.00
2012	17.15	14.43	66.32	1.93	0.17	0.00
2013	16.73	17.23	63.73	2.12	0.19	0.00
2014	18.36	16.75	62.56	2.12	0.19	0.02
2015	20.56	14.13	63.44	1.65	0.21	0.01
2016	21.45	13.72	63.02	1.60	0.20	0.01
2017	24.20	11.97	62.40	1.23	0.19	0.01
2018	24.66	11.43	62.67	1.04	0.19	0.01
2019	18.74	11.29	68.83	0.94	0.19	0.01

从土地利用类型组成分析，2005—2019 年碳足迹是旅游生态足迹的最主要部分，所占比例均在 72%以上，主要来源于交通和住宿。耕地有明显的增长趋势，且增长速度较快，所占比例较大。草地总量较大，表现出增长的趋势，变化范围为 1000～7000 gha，所占比例为 4%～12%；林地也呈现出增长的趋势，所占比例较小；渔业用地所占比例最小，均在 1%以下；建设用地变化较小，所占比例为 2%～6%（表 3-97 和表 3-98）。

表 3-97　2005—2019 年五台山风景名胜区旅游生态足迹土地利用类型组成(gha)

年份	耕地	林地	草地	渔业用地	建设用地	碳足迹	旅游生态足迹
2005	1408.05	9.02	1409.45	0.52	1395.00	23 576.03	27 798.07
2006	1763.15	10.72	1071.96	0.67	1398.74	21 937.97	26 183.21
2007	1983.55	15.81	1133.80	0.66	1413.23	21 722.15	26 269.20
2008	1580.00	13.11	1399.59	0.45	1421.99	19 612.51	24 027.65
2009	1732.42	16.36	1593.46	0.49	1406.77	21 182.01	25 931.51
2010	2138.48	13.95	1485.52	0.49	1409.94	20 645.38	25 693.76
2011	2620.05	29.66	1895.23	0.64	1435.51	22 724.52	28 705.61
2012	3238.62	39.64	2393.89	0.78	1443.74	25 739.57	32 856.24
2013	2777.42	35.88	2210.82	0.76	1468.65	23 376.60	29 870.13
2014	2782.18	30.29	2683.85	0.78	1480.62	22 822.88	29 800.60
2015	3439.35	47.14	4408.94	1.20	1504.54	28 825.85	38 227.02
2016	4268.86	44.51	4220.54	1.23	1516.34	29 571.69	39 623.17
2017	6737.78	50.11	5754.42	1.65	1516.43	37 531.43	51 591.82
2018	8090.95	60.61	6868.40	1.69	1535.97	44 059.00	60 616.62
2019	8805.21	71.44	3841.94	1.69	1561.78	53 185.30	67 467.36

表 3-98　2005—2019 年五台山风景名胜区旅游生态足迹不同土地利用类型的百分比组成(%)

年份	耕地	林地	草地	渔业用地	建设用地	碳足迹
2005	5.0653	0.0324	5.0703	0.0019	5.0183	84.8118
2006	6.7339	0.0409	4.0941	0.0026	5.3421	83.7864
2007	7.5508	0.0602	4.3161	0.0025	5.3798	82.6906
2008	6.5758	0.0546	5.8249	0.0019	5.9181	81.6247
2009	6.6808	0.0631	6.1449	0.0019	5.4249	81.6844
2010	8.3230	0.0543	5.7816	0.0019	5.4875	80.3517
2011	9.1273	0.1033	6.6023	0.0022	5.0008	79.1641
2012	9.8569	0.1206	7.2860	0.0024	4.3941	78.3400
2013	9.2983	0.1201	7.4014	0.0026	4.9168	78.2608

续表

年份	耕地	林地	草地	渔业用地	建设用地	碳足迹
2014	9.3360	0.1017	9.0060	0.0026	4.9684	76.5853
2015	8.9972	0.1233	11.5336	0.0031	3.9358	75.4070
2016	10.7737	0.1123	10.6517	0.0031	3.8269	74.6323
2017	13.0598	0.0971	11.1537	0.0032	2.9393	72.7469
2018	13.3477	0.1000	11.3309	0.0028	2.5339	72.6847
2019	13.0511	0.1059	5.6945	0.0025	2.3149	78.8311

3.7.2 旅游生态足迹分析

五台山风景名胜区气候宜人，旅游成本较低，是大众化旅游目的地，游客年龄结构呈现倒“U”型，客源地市场以山西省为主，省外客源地主要是距离山西省较近的省市，客源地市场分布符合距离衰减规律；游客采用汽车作为主要的交通工具（王赞赞，2018；王赞赞 等，2018）。严江平等（2014）研究表明，2012 年五台山风景名胜区旅游生态足迹中，餐饮、住宿、交通、游览、购物、娱乐生态足迹所占比例分别为 35.727%、7.815%、56.265%、0.191%、0.002%、0.000%。付玉娟（2013）研究表明，2012 年五台山灵峰胜境景区旅游生态足迹中，餐饮、住宿、交通、游览、购物、娱乐生态足迹所占比例分别为 44.891%、5.033%、49.889%、0.185%、0.002%、0.000%。本研究发现，游客食、住、行是五台山风景名胜区旅游生态足迹的主要来源。其他一些研究也得出相似结果，如游客食、住、行产生的生态足迹在黄山市旅游生态足迹中所占比例为 98.70%（章锦河和张捷，2004），在喀纳斯景区旅游生态足迹中所占比例为 93.89%（李偲和海米提 · 依米提，2011），在九寨沟旅游生态足迹中所占比例为 98.91%（章锦河 等，2005）。因此，降低旅游生态足迹主要应该从餐饮、住宿和交通三方面入手。

交通消耗能源，释放 CO_2，环境效应显著。Becken 等（2002）指出，在长途旅行中，交通对环境影响最大，尤其是飞机环境效应显著。Gössling 等（2002）通过生态足迹分析表明，旅游对环境的影响主要来源于乘坐交通工具到达和离开目的地。曾银芳和毕华（2016）研究发现，三亚市亚龙湾森林公园游客来自全国各地，游客多选择飞机出行，交通生态足迹高于住宿生态足迹，但低于餐饮生态足迹。罗芬等（2014）对张家界旅游者碳足迹进行了研究，发现汽车、火车和飞机碳足迹占交通碳足迹的百分比分别为 69.72%、5.65%、24.63%。刘畅等（2018）对长白山景区交通碳足迹时空结构进行了分析，发现其季节分布模式是单峰型，在旅游旺季空间分布广，在旅游淡季主要集中在南北两端。冯雪（2019）研究表明，国内旅游收入和国际旅游收入对交通碳足迹的增加分别具有持续效应和滞后的促进效应。张笑郡（2016）发现旅游交通碳排放在碳排放总量中占主导地位，发展低碳旅游关键是降低交通碳排放。

伍卓和齐涛(2018)研究表明2002—2017年,我国旅游交通碳足迹逐年增加,尤其是2013年之后,由于高铁飞速发展和经济水平提高,铁路碳足迹和航空碳足迹增加,交通碳足迹进而表现出较快的增长速度。本研究中,交通工具碳足迹是五台山风景名胜区旅游生态足迹的主要部分。因此,降低交通生态足迹是降低旅游生态足迹的关键环节。

参考文献

冯雪,2019. 旅游交通碳足迹与旅游经济增长关系研究[J]. 中国环境管理干部学院学报,29(4):66-70.

付玉娟,2013. 基于生态足迹的旅游地可持续发展研究——以五台山灵峰胜境景区为例[D]. 太原:山西大学.

国家发展计划委员会,2002. 中国交通年鉴—2002[M]. 北京:中国交通年鉴社.

国家旅游局,全国旅游星级饭店评定委员会办公室,2005. 中国星级饭店指南(2005—2006版)[M]. 北京:中国旅游出版社.

国家旅游局,全国旅游星级饭店评定委员会办公室,2007. 中国星级饭店指南(2007—2008版)[M]. 北京:中国旅游出版社.

国家旅游局,全国旅游星级饭店评定委员会办公室,2010. 中国星级饭店指南(2010—2011版)[M]. 北京:中国旅游出版社.

国家统计局,2008. 中国统计年鉴—2008[M]. 北京:中国统计出版社.

国家统计局,2010. 中国统计年鉴—2010[M]. 北京:中国统计出版社.

国家统计局,2013. 中国统计年鉴—2013[M]. 北京:中国统计出版社.

国家统计局,2015. 中国统计年鉴—2015[M]. 北京:中国统计出版社.

国家统计局,2017. 中国统计年鉴—2017[M]. 北京:中国统计出版社.

国家统计局,2020. 中国统计年鉴—2020[M]. 北京:中国统计出版社.

侯文正,2003. 五台山志[M]. 太原:山西人民出版社.

李偲,海米提·依米提,2011. 基于生态足迹模型的喀纳斯景区旅游可持续发展测度[J]. 干旱区资源与环境,25(4):39-44.

刘畅,韩梅,王洪桥,等,2018. 长白山景区旅游交通碳足迹时空结构研究[J]. 生态经济,34(4):70-74.

罗芬,王怀採,钟永德,2014. 旅游者交通碳足迹空间分布研究[J]. 中国人口·资源与环境,24(2):38-46.

全国旅游标准化技术委员会,2019. 旅游民宿基本要求与评价:LB/T 065—2019[S]. 北京:中国标准出版社.

山西省统计局,国家统计局山西调查总队,2006. 山西统计年鉴—2006[M]. 北京:中国统计出版社.

山西省统计局,国家统计局山西调查总队,2007. 山西统计年鉴—2007[M]. 北京:中国统计出版社.

山西省统计局,国家统计局山西调查总队,2008. 山西统计年鉴—2008[M]. 北京:中国统计出版社.

山西省统计局,国家统计局山西调查总队,2009. 山西统计年鉴—2009[M]. 北京:中国统计出版社.

山西省统计局,国家统计局山西调查总队,2010. 山西统计年鉴—2010[M]. 北京:中国统计出版社.

山西省统计局,国家统计局山西调查总队,2011. 山西统计年鉴—2011[M]. 北京:中国统计出版社.

山西省统计局，国家统计局山西调查总队，2012. 山西统计年鉴—2012[M]. 北京：中国统计出版社.
山西省统计局，国家统计局山西调查总队，2013. 山西统计年鉴—2013[M]. 北京：中国统计出版社.
山西省统计局，国家统计局山西调查总队，2014. 山西统计年鉴—2014[M]. 北京：中国统计出版社.
山西省统计局，国家统计局山西调查总队，2015. 山西统计年鉴—2015[M]. 北京：中国统计出版社.
山西省统计局，国家统计局山西调查总队，2016. 山西统计年鉴—2016[M]. 北京：中国统计出版社.
山西省统计局，国家统计局山西调查总队，2017. 山西统计年鉴—2017[M]. 北京：中国统计出版社.
山西省统计局，国家统计局山西调查总队，2018. 山西统计年鉴—2018[M]. 北京：中国统计出版社.
山西省统计局，国家统计局山西调查总队，2019. 山西统计年鉴—2019[M]. 北京：中国统计出版社.
山西省统计局，国家统计局山西调查总队，2020. 山西统计年鉴—2020[M]. 北京：中国统计出版社.
王赞赞，2018. 五台山风景区国内客源结构及游客行为研究[D]. 临汾：山西师范大学.
王赞赞，冯文勇，任瑞萍，等，2018. 不同客源市场游客行为特征差异研究——以五台山风景区游客为例[J]. 干旱区资源与环境，32(2)：201-208.
吴亚倩，2018. 从《又见五台山》看佛教艺术的现代演艺呈现[J]. 西部广播电视(24)：110-111.
伍卓，齐涛，2018. 我国旅游交通碳足迹的测度与影响因素研究[J]. 南华大学学报(社会科学版)，19(3)：78-85.
谢鸿宇，王羚郦，陈贤生，等，2008. 生态足迹评价模型的改进与应用[M]. 北京：化学工业出版社.
忻州市统计局，2008. 忻州统计年鉴—2008[M]. 北京：中国统计出版社.
忻州市统计局，2009. 忻州统计年鉴—2009[M]. 北京：中国统计出版社.
忻州市统计局，2010. 忻州统计年鉴—2010[M]. 北京：中国统计出版社.
忻州市统计局，2011. 忻州统计年鉴—2011[M]. 北京：中国统计出版社.
忻州市统计局，2012. 忻州统计年鉴—2012[M]. 北京：中国统计出版社.
忻州市统计局，国家统计局忻州调查队，2013. 忻州统计年鉴—2013[M]. 北京：中国统计出版社.
忻州市统计局，国家统计局忻州调查队，2014. 忻州统计年鉴—2014[M]. 北京：中国统计出版社.
忻州市统计局，国家统计局忻州调查队，2015. 忻州统计年鉴—2015[M]. 北京：中国统计出版社.
忻州市统计局，国家统计局忻州调查队，2016. 忻州统计年鉴—2016[M]. 北京：中国统计出版社.
忻州市统计局，国家统计局忻州调查队，2017. 忻州统计年鉴—2017[M]. 北京：中国统计出版社.
忻州市统计局，国家统计局忻州调查队，2018. 忻州统计年鉴—2018[M]. 北京：中国统计出版社.
忻州市统计局，国家统计局忻州调查队，2019. 忻州统计年鉴—2019[M]. 北京：中国统计出版社.
忻州市统计局，国家统计局忻州调查队，2020. 忻州统计年鉴—2020[M]. 北京：中国统计出版社.
严江平，郭芳艳，张雍华，2014. 世界遗产地五台山景区生态和谐度分析[J]. 环境与可持续发展，39(6)：117-119.
曾银芳，毕华，2016. 三亚亚龙湾森林公园旅游碳足迹估算[J]. 海南师范大学学报(自然科学版)，29(3)：333-337.
章锦河，张捷，2004. 旅游生态足迹模型及黄山市实证分析[J]. 地理学报，(5)：763-771.
章锦河，张捷，梁玥琳，等，2005. 九寨沟旅游生态足迹与生态补偿分析[J]. 自然资源学报，20(5)：735-744.
张笑郡，2016. 五台山景区旅游碳排放及碳吸收估算研究[D]. 太原：山西财经大学.
张媛，2015. 五台山藏传佛教文化研究[D]. 咸阳：西藏民族学院.
赵鹏宇，崔嫱，刘丽芳，2020. 五台山风景区旅游发展与管理研究[M]. 北京：光明日报出版社.

Becken S, Frampton C, Simmons D, 2002. Analysing international tourist flows to estimate energy use associated with air travel[J]. Journal of Sustainable Tourism, 10(2): 114-131.

Gössling S, Hansson C B, Hoerstmeier O, et al, 2002. Ecological footprint analysis as a tool to assess tourism sustainability[J]. Ecological Economics, 43(2-3): 199-211.

Gössling S, Peeters P, Ceron J P, et al, 2005. The eco-efficiency of tourism[J]. Ecological Economics, 54(4): 417-434.

Lin D, Hanscom L, Murthy A, et al, 2018. Ecological footprint accounting for countries: updates and results of the national footprint accounts, 2012—2018[J]. Resources, 7(3): 1-22.

4　五台山风景名胜区居民与僧尼生态足迹

4.1　乡镇概况

依据《五台山风景名胜区总体规划(2020—2035年)》,五台山风景名胜区居民点共98处,分布在五台山风景名胜区台怀镇、金岗库乡和石咀乡,五台县豆村镇和灵境乡,繁峙县岩头乡、东山乡和神堂堡乡,含70个行政村,各乡镇概况如下。

台怀镇是五台山风景名胜区寺庙的主要集中地,寺庙内有文物建筑、佛塔、经幢、雕塑、碑刻、壁画等。2010年,台怀镇被列为全国特色景观旅游名镇。伴随旅游业的发展,旅游服务人口不断增长,台怀镇出现了大量饭店、宾馆和商店,其建筑物以2～3层为主。台怀镇主要河流有清水河,东庄沟、新坊沟、灵峰沟和南岩沟均有泉水分布。分布在台怀片区的台怀镇居民点见表4-1。

表4-1　台怀片区台怀镇居民点

东台沟	大队	瓦垚	洞子	水草滩	白头庵
尧子村	营坊	杨柏峪	苇地坪	宽滩村	白云寺
西湾村	西沟	南岸沟	楼上	化桥	大南庄
光明寺村	清凉社	南坡村	铁瓦殿	护银沟	曹四姐沟
柏枝岩	新台怀	滩子	下常处	黄土咀	金界寺
东庄	旧台怀	大车沟	庙沟	落宝沟	杨林(已经一期移民至金岗库)
阳坡道	新坊	小车沟	日照寺	前石佛	太平街(已经一期移民至金岗库)
庙顶庵	河北	下庄	塔沟	后石佛	—
草地	火厂	竹林寺	后庵	南塔	—

数据来源:《五台山风景名胜区总体规划(2020—2035年)》。

石咀乡东临河北省阜平县,北邻繁峙县,南邻门限石乡,西邻金岗库乡,其交通便利,设有忻阜高速五台山风景区出口。石咀乡境内有清水河和铜钱沟河,地下水资源丰富,有铜、铁、铀、水晶等矿产。石咀乡主要种植莜面、马铃薯、黄豆、玉米等农作物。石咀乡在台怀片区的居民点包括石咀、石西沟、新路口、射虎川、前坪、后坪、蒿地堂和铜西沟。

金岗库乡是五台山旅游生活服务基地，五台山游客服务中心和移民商住区均位于该乡。金岗库乡在台怀片区的居民点包括南梁、大甘河、马圈沟、小插箭、金岗库、大插箭、麻地沟、安家沟、蛤蟆石、小估计沟和一期移民小区。

豆村镇距离五台县城约 25 km，下辖 26 个行政村。豆村镇在台怀片区的居民点有东瓦厂、西瓦厂、香峪、佛光和闫家寨（部分）。

灵境乡位于五台县东北部，距离五台县城 50 km，境内有灵境河和刘定寺河。灵境乡主要农作物有莜麦、蚕豆、红芸豆、胡麻和藜麦等。灵境乡矿产资源丰富，有铁、赤铁、玄武岩和石英等。灵境乡在台怀片区的居民点包括贺家庄、窑坡、小草坪、大坪、阎家岭和堵坪。

岩头乡位于繁峙县西南部，主要河道有峨河，矿产资源有金、铁、铜、石灰岩和云母等，主要农作物有玉米、谷子、莜麦、马铃薯和大豆，该乡有原始森林分布。岩头乡主要景点有秘密寺、文殊寺、圭峰寺、吉祥寺、古北台和古北台寺。岩头乡在台怀片区的居民点有兴胜村、大草坪村、大名烟、化桥、庄子、马家峪、油房、禅堂村、二茄兰和大东沟。

东山乡位于繁峙县中部，距离县城 37 km。东山乡农作物主要是玉米、谷子、黍子、胡麻和黄芥，矿产资源有金、石英和铁等。东山乡在台怀片区的居民点包括岭底村、张先沟村、太平沟村、化塔、沟南、宫黄沟、北台峰和狮子坪。

神堂堡乡位于繁峙县东南部，下辖 12 个行政村，境内河流有青羊河和大清河，矿产资源有铁、金、云母、花岗岩、石英、长石等，粮食作物主要是玉米和马铃薯。神堂堡乡在台怀片区的居民点只有 1 处，为古花岩。

4.2 研究方法

4.2.1 数据来源

五台山风景名胜区居民煤炭、液化石油气、天然气、煤气和电力的年人均消费量参考《中国统计年鉴》（国家统计局，2019、2020）中居民生活能源消费量。居民人口和僧尼人口数据来自于五台山风景名胜区管理委员会。

4.2.2 计算方法

五台山风景名胜区居民与僧尼生态足迹主要包括食物生态足迹和能源消费产生的碳足迹两部分。居民食物生态足迹的计算方法与游客食物生态足迹的计算方法相同。由于僧尼饮食结构的特殊性，在僧尼食物生态足迹中不计算牛、羊肉和水产品消费产生的生态足迹。能源消费产生的碳足迹采用式（4-1）进行计算。

$$EF_{\text{C-rmn}} = (1-28.1\%) \times 0.27 \times N \times EQF_{\text{forest}} \times \sum \frac{P_i \times R_i}{FS} \quad (4\text{-}1)$$

式中：$EF_{\text{C-rmn}}$为能源消费产生的碳足迹(gha)；N 为居民或僧尼人数(人)；P_i为第 i 种能源的年人均消费量(kg/(人·a)、m^3/(人·a)或(kW·h)/(人·a))；R_i为第 i 种能源的单位 CO_2 排放量(kg/kg、kg/m^3 或 kg/(kW·h))；CO_2 排放量中被海洋吸收部分占 28.1%，FS 是森林的碳吸存系数，取值为 730 kg/(hm^2·a)(Lin 等，2018)；EQF_{forest}为林地均衡因子(gha/hm^2)。

根据平均热值、单位热值含碳量和碳氧化率计算煤炭、液化石油气、天然气和煤气的单位能源碳排放量和 CO_2 排放量。煤炭、液化石油气、天然气和煤气的单位能源 CO_2 排放量分别为 1.974 522 kg/kg、3.101 329 kg/kg、2.162 189 kg/m^3 和 0.886 380 kg/m^3(表 4-2)。电力单位能源 CO_2 排放量参考表 3-17 中数据。

表 4-2　单位能源 CO_2 排放量

能源类型	煤炭	液化石油气	天然气	煤气
平均热值	20 908 kJ/kg	50 179 kJ/kg	38 931 kJ/m^3	17 981 kJ/m^3
单位热值含碳量(t/TJ)	27.40	17.20	15.30	13.58
碳氧化率	0.94	0.98	0.99	0.99
单位能源的碳排放量	0.538 506 kg/kg	0.845 817 kg/kg	0.589 688 kg/m^3	0.241 740 kg/m^3
单位能源的 CO_2 排放量	1.974 522 kg/kg	3.101 329 kg/kg	2.162 189 kg/m^3	0.886 380 kg/m^3

4.3　计算结果

4.3.1　居民生态足迹

2005—2019 年五台山风景名胜区居民人口数量变化幅度不大，基本保持在 20 000 人左右。2005—2019 年五台山风景名胜区居民食物生态足迹表现出不断增长的趋势。2005 年居民食物生态足迹为 10 222.09 gha，其中耕地为 5148.84 gha，林地为 32.96 gha，草地为 5038.38 gha，渔业用地为 1.91 gha。2012 年居民食物生态足迹为 14 401.91 gha，其中耕地、林地、草地和渔业用地分别为 8292.80 gha、101.51 gha、6005.59 gha 和 2.01 gha。2018 年居民食物生态足迹达到最大值为 20 616.93 gha，其中耕地为 11 173.75 gha，林地为 83.70 gha，草地为 9357.15 gha，渔业用地为 2.33 gha。2019 年，居民食物生态足迹与前一年相比有所下降(表4-3)。

表 4-3 2005—2019 年五台山风景名胜区居民食物生态足迹及其组成(gha)

年份	耕地	林地	草地	渔业用地	食物生态足迹
2005	5148.84	32.96	5038.38	1.91	10 222.09
2006	5024.65	30.53	2940.28	1.92	7997.38
2007	5855.85	46.65	3231.30	1.96	9135.76
2008	5481.29	45.49	4737.12	1.59	10 265.49
2009	5628.50	53.16	5056.24	1.62	10 739.52
2010	7161.52	46.72	4852.81	1.66	12 062.71
2011	7431.09	84.11	5252.08	1.81	12 769.09
2012	8292.80	101.51	6005.59	2.01	14 401.91
2013	8207.21	106.02	6406.70	2.26	14 722.19
2014	8771.70	95.50	8334.92	2.45	17 204.57
2015	7290.49	99.92	9219.03	2.56	16 612.00
2016	9241.35	96.36	9008.50	2.67	18 348.88
2017	10 915.14	81.17	9193.87	2.67	20 192.85
2018	11 173.75	83.70	9357.15	2.33	20 616.93
2019	10 697.81	86.79	4539.48	2.06	15 326.14

五台山风景名胜区居民煤炭、液化石油气、天然气、煤气和电力的年人均消费量见表 4-4(国家统计局,2019、2020)。2005—2019 年居民煤炭和煤气的人均消费量下降,液化石油气、电力和天然气的人均消费量增长。2005—2019 年五台山风景名胜区人均生活能源消费 CO_2 排放量不断增长,2005 年为 394.36 kg,2010 年为 502.98 kg,2016 年为 662.78 kg,2019 年为 704.16 kg;其中煤炭和电力产生的 CO_2 排放量较多,而液化石油气、天然气和煤气产生的 CO_2 排放量较少(表 4-5)。

表 4-4 2005—2019 年五台山风景名胜区居民人均生活能源消费量

年份	煤炭(kg)	电力(kW · h)	液化石油气(kg)	天然气(m^3)	煤气(m^3)
2005	77.0	221.3	10.2	6.1	11.1
2006	76.6	255.6	11.5	7.8	12.7
2007	74.1	308.3	12.4	10.9	14.1
2008	69.1	331.9	11.0	12.8	13.9
2009	68.5	366.0	11.2	13.3	12.5
2010	68.5	383.1	10.5	17.0	12.5
2011	68.5	418.1	12.0	19.7	10.9
2012	69.0	460.4	12.1	21.3	10.2
2013	68.0	515.0	13.6	23.8	7.9

续表

年份	煤炭(kg)	电力(kW·h)	液化石油气(kg)	天然气(m^3)	煤气(m^3)
2014	67.8	526.0	15.9	25.1	7.1
2015	68.2	551.7	18.6	26.2	5.9
2016	68.8	610.8	21.4	27.5	4.6
2017	67.0	654.3	23.3	30.3	3.7
2018	55.0	722.0	22.6	33.6	3.4
2019	55.0	722.0	22.6	33.6	3.4

表 4-5　2005—2019 年五台山风景名胜区居民人均生活能源消费 CO_2 排放量(kg)

年份	人均 CO_2 排放量					合计
	煤炭	电力	液化石油气	天然气	煤气	
2005	152.04	187.66	31.63	13.19	9.84	394.36
2006	151.25	216.75	35.67	16.87	11.26	431.80
2007	146.31	261.44	38.46	23.57	12.50	482.28
2008	136.44	281.45	34.11	27.68	12.32	492.00
2009	135.25	310.37	34.73	28.76	11.08	520.19
2010	135.25	287.33	32.56	36.76	11.08	502.98
2011	135.25	313.58	37.22	42.60	9.66	538.31
2012	136.24	345.30	37.53	46.05	9.04	574.16
2013	134.27	386.25	42.18	51.46	7.00	621.16
2014	133.87	394.50	49.31	54.27	6.29	638.24
2015	134.66	358.61	57.68	56.65	5.23	612.83
2016	135.85	397.02	66.37	59.46	4.08	662.78
2017	132.29	407.63	72.26	65.51	3.28	680.97
2018	108.60	449.81	70.09	72.65	3.01	704.16
2019	108.60	449.81	70.09	72.65	3.01	704.16

2005—2019 年五台山风景名胜区居民能源消费产生的人均碳足迹不断增长，从 2005 年的 0.134 237 gha 增长到了 2019 年的 0.239 691 gha。2005—2019 年居民生活能源消费产生的碳足迹表现出明显的增长趋势，2005 年为 2564.87 gha，2007 年增长为 3147.69 gha，2013 年增长为 4415.46 gha，2016 年增长为 4786.44 gha，2019 年增长为 5085.28 gha(表 4-6)。

表 4-6 2005—2019 年五台山风景名胜区居民生活能源消费的人均碳足迹和碳足迹(gha)

年份	人均碳足迹	碳足迹
2005	0.134 237	2564.87
2006	0.146 981	2786.91
2007	0.164 164	3147.69
2008	0.167 473	3278.12
2009	0.177 069	3538.72
2010	0.171 211	3456.57
2011	0.183 237	3736.19
2012	0.195 440	4015.31
2013	0.211 438	4415.46
2014	0.217 252	4556.86
2015	0.208 603	4372.52
2016	0.225 605	4786.44
2017	0.231 797	4917.80
2018	0.239 691	5085.28
2019	0.239 691	5085.28

2005 年居民生态足迹为 12 786.96 gha，2010 年增长为 15 519.28 gha，2013 年增长为 19 137.65 gha，2014—2019 年居民生态足迹均超过 20 000 gha。在居民生态足迹中，耕地和草地所占比例之和在 73%以上(表 4-7)，碳足迹所占比例较高，在 19%以上，林地和渔业用地所占比例则较低，均在 1%以下。

表 4-7 2005—2019 年五台山风景名胜区居民生态足迹及其组分占比

年份	居民生态足迹(gha)	耕地(%)	林地(%)	草地(%)	渔业用地(%)	碳足迹(%)
2005	12 786.96	40.27	0.26	39.40	0.01	20.06
2006	10 784.29	46.59	0.28	27.27	0.02	25.84
2007	12 283.45	47.67	0.38	26.31	0.02	25.62
2008	13 543.61	40.47	0.34	34.98	0.01	24.20
2009	14 278.24	39.42	0.37	35.41	0.01	24.79
2010	15 519.28	46.15	0.30	31.27	0.01	22.27
2011	16 505.28	45.02	0.51	31.82	0.01	22.64
2012	18 417.22	45.03	0.55	32.61	0.01	21.80
2013	19 137.65	42.89	0.55	33.48	0.01	23.07
2014	21 761.43	40.31	0.44	38.30	0.01	20.94
2015	20 984.52	34.74	0.48	43.93	0.01	20.84

续表

年份	居民生态足迹(gha)	耕地(%)	林地(%)	草地(%)	渔业用地(%)	碳足迹(%)
2016	23 135.32	39.94	0.42	38.94	0.01	20.69
2017	25 110.65	43.47	0.32	36.61	0.01	19.59
2018	25 702.21	43.47	0.33	36.41	0.01	19.78
2019	20 411.42	52.41	0.43	22.24	0.01	24.91

4.3.2 僧尼生态足迹

五台山风景名胜区僧尼有常住僧尼和云游僧尼，常住僧尼人口为2386人，本章节只计算常住僧尼的生态足迹。2005—2019年僧尼生态足迹呈现不断增长的趋势。2005年僧尼生态足迹为967.37 gha，从土地利用类型来看，耕地、林地和碳足迹分别为642.96 gha、4.12 gha和320.29 gha；2019年僧尼生态足迹为1784.76 gha，耕地、林地和碳足迹分别为1203.10 gha、9.76 gha和571.90 gha(表4-8)。从消费类型来看，僧尼生态足迹以食物生态足迹为主，所占比例在61%以上，能源消耗产生的生态足迹所占比例则较低，低于39%(表4-9)。

表4-8 2005—2019年五台山风景名胜区僧尼生态足迹及其土地利用类型组成(gha)

年份	耕地	林地	碳足迹	僧尼生态足迹
2005	642.96	4.12	320.29	967.37
2006	632.29	3.84	350.70	986.83
2007	728.70	5.81	391.70	1126.21
2008	668.15	5.55	399.59	1073.29
2009	671.98	6.35	422.49	1100.82
2010	846.37	5.52	408.51	1260.40
2011	869.57	9.84	437.20	1316.61
2012	963.09	11.79	466.32	1441.20
2013	937.72	12.11	504.49	1454.32
2014	997.82	10.86	518.36	1527.04
2015	829.88	11.37	497.73	1338.98
2016	1039.30	10.84	538.29	1588.43
2017	1227.54	9.13	553.07	1789.74
2018	1256.63	9.41	571.90	1837.94
2019	1203.10	9.76	571.90	1784.76

表 4-9　2005—2019 年僧尼生态足迹消费类型百分比组成(%)

年份	食物生态足迹	能源生态足迹
2005	66.89	33.11
2006	64.46	35.54
2007	65.22	34.78
2008	62.77	37.23
2009	61.62	38.38
2010	67.59	32.41
2011	66.79	33.21
2012	67.64	32.36
2013	65.31	34.69
2014	66.05	33.95
2015	62.83	37.17
2016	66.11	33.89
2017	69.10	30.90
2018	68.88	31.12
2019	67.96	32.04

4.3.3　居民与僧尼生态足迹

2005—2019 年，五台山风景名胜区居民与僧尼生态足迹表现出不断增长的趋势。2005 年居民与僧尼生态足迹合计为 13 754.33 gha，其中耕地为 5791.80 gha，草地为 5038.38 gha，碳足迹为 2885.16 gha，林地为 37.08 gha，渔业用地为 1.91 gha。2018 年居民与僧尼生态足迹达到最大值为 27 540.15 gha，其中耕地达到 12 430.38 gha，草地达到 9357.15 gha，碳足迹达到 5657.18 gha，林地为 93.11 gha，渔业用地为 2.33 gha。2019 年居民与僧尼生态足迹为 22 196.18 gha，其中耕地为 11 900.91 gha，碳足迹为 5657.18 gha，草地为 4539.48 gha，林地和渔业用地则较小(表 4-10)。从来源看，居民与僧尼生态足迹主要来源于食物消耗，占到 73%以上，能源消耗产生生态足迹相对较少，在 27%以下(表 4-11)。

表 4-10　2005—2019 年五台山风景名胜区居民与僧尼生态足迹及其组成(gha)

年份	居民与僧尼生态足迹	耕地	林地	草地	渔业用地	碳足迹
2005	13 754.33	5791.80	37.08	5038.38	1.91	2885.16
2006	11 771.12	5656.94	34.37	2940.28	1.92	3137.61
2007	13 409.66	6584.55	52.46	3231.30	1.96	3539.39

续表

年份	居民与僧尼生态足迹	耕地	林地	草地	渔业用地	碳足迹
2008	14 616.90	6149.44	51.04	4737.12	1.59	3677.71
2009	15 379.06	6300.48	59.51	5056.24	1.62	3961.21
2010	16 779.68	8007.89	52.24	4852.81	1.66	3865.08
2011	17 821.89	8300.66	93.95	5252.08	1.81	4173.39
2012	19 858.42	9255.89	113.30	6005.59	2.01	4481.63
2013	20 591.97	9144.93	118.13	6406.70	2.26	4919.95
2014	23 288.47	9769.52	106.36	8334.92	2.45	5075.22
2015	22 323.50	8120.37	111.29	9219.03	2.56	4870.25
2016	24 723.75	10 280.65	107.20	9008.50	2.67	5324.73
2017	26 900.39	12 142.68	90.30	9193.87	2.67	5470.87
2018	27 540.15	12 430.38	93.11	9357.15	2.33	5657.18
2019	22 196.18	11 900.91	96.55	4539.48	2.06	5657.18

表 4-11　2005—2019 年五台山风景名胜区居民与僧尼生态足迹消费类型百分比组成(%)

年份	食物生态足迹	能源生态足迹
2005	79.02	20.98
2006	73.34	26.66
2007	73.61	26.39
2008	74.84	25.16
2009	74.24	25.76
2010	76.97	23.03
2011	76.58	23.42
2012	77.43	22.57
2013	76.11	23.89
2014	78.21	21.79
2015	78.18	21.82
2016	78.46	21.54
2017	79.66	20.34
2018	79.46	20.54
2019	74.51	25.49

参考文献

国家统计局,2019. 中国统计年鉴—2019[M]. 北京:中国统计出版社.

国家统计局,2020. 中国统计年鉴—2020[M]. 北京:中国统计出版社.

Lin D,Hanscom L,Murthy A,et al,2018. Ecological footprint accounting for countries:updates and results of the national footprint accounts,2012—2018[J]. Resources,7(3):1-22.

5　五台山风景名胜区生态承载力

5.1　数据来源

五台山风景名胜区土地利用数据来源于中国科学院资源与环境科学数据中心，共获取到 7 期数据，时间分别为 1980 年、1990 年、2000 年、2005 年、2010 年、2015 年和 2018 年。1980 年土地利用/覆盖数据的重建主要使用 Landsat-MSS 遥感影像数据。1990 年、2000 年、2005 年和 2010 年各期数据的遥感解译主要使用了 Landsat-TM/ETM 遥感影像数据。2015 年土地利用/覆盖数据更新主要使用 Landsat 8 遥感影像数据。2018 年土地利用/覆盖数据是在 2015 年土地利用遥感监测数据的基础上，基于 Landsat 8 遥感影像，通过人工目视解译生成。中国多时期土地利用/土地覆盖遥感监测数据分类系统采用三级分类系统，根据土地资源及其利用属性，一级分为耕地、林地、草地、水域、建设用地和未利用土地。耕地指种植农作物的土地，包括熟耕地、新开荒地、休闲地、轮歇地和草田轮作物地，以种植农作物为主的农果、农桑和农林用地，耕种 3 a 以上的滩地和海涂。林地指生长乔木、灌木、竹类用地和沿海红树林地等林业用地。草地指以生长草本植物为主，覆盖度在 5%以上的各类草地，包括以牧为主的灌丛草地和郁闭度在 10%以下的疏林草地。水域指天然陆地水域和水利设施用地。建设用地指城乡居民点及其以外的工矿、交通等用地。未利用土地指目前还未利用的土地，包括难利用的土地（徐新良 等，2018）。五台山风景名胜区台怀片区界线矢量图由山西省城乡规划设计研究院提供。

5.2　计算公式

$$BC_w = \sum A_i \times YF_i \times EQF_i \tag{5-1}$$

式中：BC_w为五台山风景名胜区生态承载力（gha）；A_i为第 i 种土地利用类型面积（hm^2）；YF_i为第 i 种土地利用类型产量因子；EQF_i为第 i 种土地利用类型均衡因子（gha/hm^2）。

5.3　计算结果

基于高分辨卫星遥感数据，应用 ArcGIS 10.2 计算不同年份林地、耕地、水域、草地、建设用地的面积。

1980 年五台山风景名胜区耕地、林地、草地、水域和建设用地分布见书后彩图 5-1。其中草地面积最大，为 37 130.40 hm^2；林地面积次之，为 19 821.89 hm^2；耕地面积为 1860.13 hm^2；建设用地面积为 228.08 hm^2；水域面积最小，为 101.60 hm^2。五台山风景名胜区生态承载力为 54 356.82 gha，草地、耕地、建设用地、林地和渔业用地的生态承载力所占比例分别为 25.45%、17.28%、2.12%、55.08%和 0.07%（见书后彩图 5-2）。五台山风景名胜区生态承载力中 12%用于维持生物多样性，扣除 12%后的生态承载力为 47 834.00 gha，其中草地、耕地、建设用地、林地和渔业用地的生态承载力分别为 12 174.61 gha、8266.42 gha、1013.58 gha、26 346.31 gha 和 33.08 gha（表 5-1）。

表 5-1 1980 年五台山风景名胜区生态承载力(gha)

土地利用类型	生态承载力	扣除 12%后的生态承载力
草地	13 834.79	12 174.61
耕地	9393.66	8266.42
建设用地	1151.79	1013.58
林地	29 938.99	26 346.31
渔业用地	37.59	33.08
合计	54 356.82	47 834.00

1990 年五台山风景名胜区耕地、林地、草地、水域和建设用地分布见书后彩图 5-3。其中草地面积最大，为 37 105.00 hm^2；林地面积次之，为 19 821.87 hm^2；耕地面积为 1860.13 hm^2；建设用地面积为 253.50 hm^2；水域面积最小，为 101.60 hm^2。五台山风景名胜区生态承载力为 54 475.71 gha，草地、耕地、建设用地、林地和渔业用地的生态承载力所占比例分别为 25.38%、17.24%、2.35%、54.96%和 0.07%（见书后彩图 5-4）。五台山风景名胜区生态承载力中 12%用于维持生物多样性，扣除 12%后的生态承载力为 47 938.62 gha，其中草地、耕地、建设用地、林地和渔业用地的生态承载力分别为 12 166.28 gha、8266.41 gha、1126.57 gha、26 346.28 gha 和 33.08 gha（表 5-2）。

表 5-2 1990 年五台山风景名胜区生态承载力(gha)

土地利用类型	生态承载力	扣除 12%后的生态承载力
草地	13 825.32	12 166.28
耕地	9393.65	8266.41
建设用地	1280.20	1126.57
林地	29 938.95	26 346.28
渔业用地	37.59	33.08
合计	54 475.71	47 938.62

2000年五台山风景名胜区耕地、林地、草地、水域和建设用地分布见书后彩图5-5。其中草地面积为37 104.97 hm^2，林地面积为19 821.90 hm^2，耕地面积为1860.13 hm^2，建设用地面积为253.50 hm^2，水域面积为101.60 hm^2。五台山风景名胜区生态承载力为54 475.75 gha，草地、耕地、建设用地、林地和渔业用地的生态承载力所占比例分别为25.38%、17.24%、2.35%、54.96%和0.07%（见书后彩图5-6）。五台山风景名胜区生态承载力中12%用于维持生物多样性，扣除12%后的生态承载力为47 938.65 gha，草地、耕地、建设用地、林地和渔业用地的生态承载力分别为12 166.27 gha、8266.41 gha、1126.57 gha、26 346.32 gha和33.08 gha（表5-3）。

表5-3　2000年五台山风景名胜区生态承载力(gha)

土地利用类型	生态承载力	扣除12%后的生态承载力
草地	13 825.31	12 166.27
耕地	9393.65	8266.41
建设用地	1280.20	1126.57
林地	29 939.00	26 346.32
渔业用地	37.59	33.08
合计	54 475.75	47 938.65

2005年五台山风景名胜区草地、耕地、建设用地、林地和水域面积分别为37 120.65 hm^2、1849.14 hm^2、247.77 hm^2、19 824.36 hm^2和101.60 hm^2（见书后彩图5-7）。草地、耕地、建设用地、林地和渔业用地的生态承载力分别为13 831.15 gha、9338.18 gha、1251.25 gha、29 942.72 gha和37.59 gha，生态承载力合计54 400.89 gha（见书后彩图5-8）。扣除生态承载力中12%用于生物多样性保护后，五台山风景名胜区剩余生态承载力为47 872.79 gha，其中草地、耕地、建设用地、林地和渔业用地的生态承载力分别为12 171.42 gha、8217.60 gha、1101.10 gha、26 349.59 gha和33.08 gha（表5-4）。

表5-4　2005年五台山风景名胜区生态承载力(gha)

土地利用类型	生态承载力	扣除12%后的生态承载力
草地	13 831.15	12 171.42
耕地	9338.18	8217.60
建设用地	1251.25	1101.10
林地	29 942.72	26 349.59
渔业用地	37.59	33.08
合计	54 400.89	47 872.79

2010 年五台山风景名胜区草地、耕地、建设用地、林地和水域面积分别为 36 760.63 hm^2、1764.10 hm^2、747.23 hm^2、19 771.44 hm^2 和 101.60 hm^2(见书后彩图 5-9)。五台山风景名胜区生态承载力为 56 279.62 gha,其中草地生态承载力为 13 697.01 gha,耕地生态承载力为 8908.72 gha,建设用地生态承载力为 3773.51 gha,林地生态承载力为 29 862.79 gha,渔业用地生态承载力为 37.59 gha(见书后彩图 5-10)。扣除生态承载力中 12%用于生物多样性保护后,剩余生态承载力为 49 526.06 gha,其中草地生态承载力为 12 053.37 gha,耕地生态承载力为 7839.67 gha,建设用地生态承载力为 3320.69 gha,林地生态承载力为 26 279.25 gha,渔业用地生态承载力为 33.08 gha(表 5-5)。

表 5-5 2010 年五台山风景名胜区生态承载力(gha)

土地利用类型	生态承载力	扣除 12%后的生态承载力
草地	13 697.01	12 053.37
耕地	8908.72	7839.67
建设用地	3773.51	3320.69
林地	29 862.79	26 279.25
渔业用地	37.59	33.08
合计	56 279.62	49 526.06

2015 年五台山风景名胜区草地、耕地、建设用地、林地和水域面积分别为 35 406.09 hm^2、1745.75 hm^2、791.22 hm^2、21 100.35 hm^2 和 101.60 hm^2(见书后彩图 5-11)。五台山风景名胜区生态承载力为 57 911.54 gha,其中林地生态承载力所占比例最大,占到 55.03%;草地生态承载力所占比例为 22.78%;耕地生态承载力、建设用地生态承载力和渔业用地生态承载力所占比例共计 22.19%(见书后彩图 5-12)。生态承载力中 12%用于生物多样性保护后,剩余生态承载力为 50 962.16 gha,其中草地、耕地、建设用地、林地和渔业用地的生态承载力分别为 11 609.23 gha、7758.10 gha、3516.18 gha、28 045.57 gha 和 33.08 gha(表 5-6)。

表 5-6 2015 年五台山风景名胜区生态承载力(gha)

土地利用类型	生态承载力	扣除 12%后的生态承载力
草地	13 192.31	11 609.23
耕地	8816.02	7758.10
建设用地	3995.66	3516.18
林地	31 869.96	28 045.57
渔业用地	37.59	33.08
合计	57 911.54	50 962.16

2018 年五台山风景名胜区草地、耕地、建设用地、林地和水域面积分别为 35 406.09 hm^2、1745.75 hm^2、791.22 hm^2、21 100.35 hm^2 和 101.60 hm^2（见书后彩图 5-13）。五台山风景名胜区生态承载力为 57 911.54 gha，草地生态承载力、耕地生态承载力、建设用地生态承载力、林地生态承载力和渔业用地生态承载力所占比例分别为 22.78%、15.22%、6.90%、55.03%和 0.07%（见书后彩图 5-14）。扣除生态承载力中 12%用于生物多样性保护后，五台山风景名胜区剩余生态承载力为 50 962.16 gha，其中草地、耕地、建设用地、林地和渔业用地的生态承载力分别为 11 609.23 gha、7758.10 gha、3516.18 gha、28 045.57 gha 和 33.08 gha（表 5-7）。

表 5-7　2018 年五台山风景名胜区生态承载力(gha)

土地利用类型	生态承载力	扣除 12%后的生态承载力
草地	13 192.31	11 609.23
耕地	8816.02	7758.10
建设用地	3995.66	3516.18
林地	31 869.96	28 045.57
渔业用地	37.59	33.08
合计	57 911.54	50 962.16

1980—2018 年，五台山风景名胜区耕地和草地面积均表现出逐渐减小的趋势，林地和建设用地面积呈现增长的趋势，水域面积基本无变化。1980—2018 年，五台山风景名胜区生态承载力呈现增长的趋势，2018 年与 1980 年相比，生态承载力增长了 3554.72 gha，平均每年增长 93.55 gha；耕地生态承载力呈下降趋势；渔业用地生态承载力未发生明显变化；林地生态承载力表现出增长的趋势；建设用地生态承载力呈增长趋势；草地生态承载力下降。扣除 12%用于生物多样性保护后，五台山风景名胜区剩余生态承载力与五台山风景名胜区生态承载力的变化趋势相似。

参考文献

徐新良，刘纪远，张树文，等，2018. 中国多时期土地利用土地覆被遥感监测数据集（CNLUCC）[DB/OL].（2018-07-02）[2021-07-15]. http://www.resdc.cn/DOI.

6　五台山风景名胜区可持续性评价

五台山风景名胜区生态盈余/赤字采用式(6-1)进行计算。

$$ER/ED=(1-12\%)\times BC_w-TEF-EF_r-EF_{mn} \quad (6\text{-}1)$$

式中：ER/ED 为五台山风景名胜区生态盈余/赤字(gha)；BC_w 为五台山风景名胜区生态承载力(gha)；TEF 为五台山风景名胜区旅游生态足迹(gha)；EF_r 为五台山风景名胜区居民生态足迹(gha)；EF_{mn} 为五台山风景名胜区僧尼生态足迹(gha)。

2005—2017 年五台山风景名胜区旅游生态足迹一直低于五台山风景名胜区生态承载力，2018—2019 年五台山风景名胜区旅游生态足迹则高于其生态承载力。由于生态承载力中 12%要用于该区域生物多样性保护，2005—2016 年五台山风景名胜区扣除 12%后的生态承载力高于其旅游生态足迹。2005 年扣除 12%后的生态承载力与旅游生态足迹的差值为 20 074.72 gha，2016 年二者的差值为 11 338.99 gha。2017—2019 年，五台山风景名胜区旅游生态足迹超过扣除 12%后的生态承载力(图 6-1)。

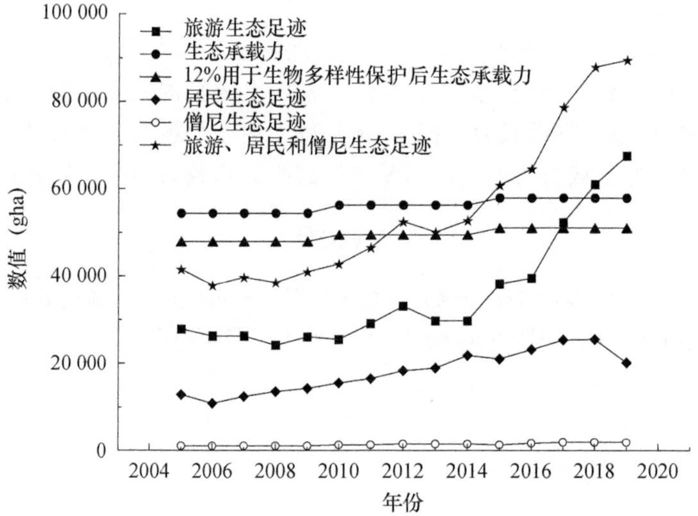

图 6-1　2005—2019 年五台山风景名胜区生态承载力与生态足迹

五台山风景名胜区生态足迹由旅游生态足迹、居民生态足迹和僧尼生态足迹三部分组成。2005—2019 年僧尼生态足迹较小，远远低于该区域的生态承载力；居民生态足迹虽然有增长的趋势，但是也一直低于该区域生态承载力。旅游、居民和僧尼生态足迹表现出增长的趋势，2005 年为 41 552.40 gha，2012 年增长到 52 714.66 gha，2015 年增长到 60 550.52 gha，2017 年增长到 78 492.21 gha，2019 年达到最大值为 89 663.54 gha。2005—2011 年，五台山风景名胜区旅游、居民和僧尼生态足迹低于其扣除 12%后的生态承载力，2012—2019 年则高于该区域扣除 12%后的生态承载力（图 6-1）。

2005—2011 年五台山风景名胜区处于可持续发展状态，但是生态盈余呈减少的趋势。2005 年生态盈余为 6320.39 gha，2006 年生态盈余为 9918.46 gha，2007 年下降为 8193.93 gha。2008 年生态盈余又略有增长，为 9228.24 gha；2009 年降低至 6562.22 gha。2010 年为 7052.62 gha；2011 年生态盈余最小，为 2998.56 gha。2012 年五台山风景名胜区首次出现生态赤字，生态赤字为－3188.60 gha。2013 年生态赤字为－936.04 gha，2014 年生态赤字为－3563.01 gha，2015 年生态赤字达到－9588.36 gha，2016 年生态赤字为－13 384.76 gha，2017 年生态赤字为－27 530.05 gha，2018 年生态赤字为－37 194.61 gha，2019 年生态赤字达到－38 701.38 gha。2012—2019 年生态赤字的变化表明五台山风景名胜区处于不可持续发展状态，且环境不断恶化（图 6-2）。

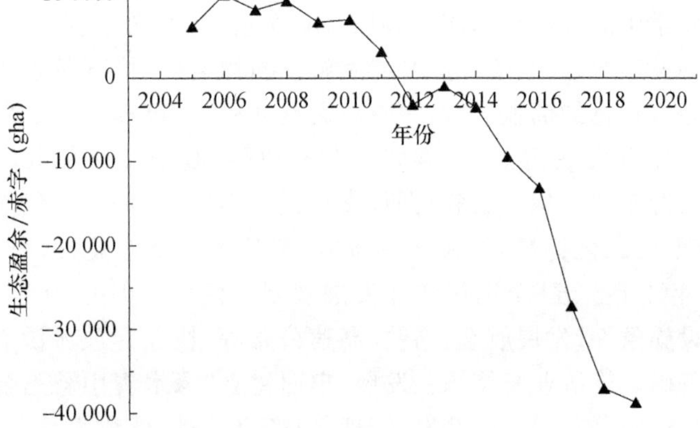

图 6-2　2005—2019 年五台山风景名胜区生态盈余/赤字

7 促进五台山风景名胜区旅游业可持续发展的建议

中国政府历来高度重视旅游业可持续发展，先后出台了一系列法律法规及行业标准。1992 年联合国环境与发展大会后，中国政府制定《中国 21 世纪初可持续发展行动纲要》，要求进一步增加生态建设、环境治理投入，逐步优化能源消费结构，积极开展退耕还林还湖还草。可持续发展成为中国经济和社会发展重要长远战略。同时，各地区、各部门将可持续发展战略纳入了政府重要工作及相应规划，着力提升全民可持续发展意识，一系列支持可持续发展的法律法规加紧出台并不断完善。

2013 年国家颁布《中华人民共和国旅游法》，为保护和合理利用旅游资源，促进旅游业健康发展提供了法律保障；同年制定《国民旅游休闲纲要（2013—2020 年）》，明确要求保障国民旅游休闲时间，落实《职工带薪年休假条例》，发展家庭旅馆和面向老年人和青年学生的经济型酒店。2014 年国务院印发《关于促进旅游业改革发展的若干意见》（国发〔2014〕31 号），要求扩大旅游购物消费，培育特色旅游商品品牌，大力发展具有地方特色的商业街区；完善旅游交通服务，高速公路、高速铁路和机场建设要统筹考虑旅游发展需要，完善旅游服务功能；健全交通集散体系，完善火车站、高速列车、旅游专列的旅游服务功能；支持低成本航空、旅游支线航空、旅游包机等发展；制定旅游信息化标准，加快智慧景区、智慧旅游企业建设，完善旅游信息服务体系。2016 年《“十三五”全国旅游业发展规划》（国发〔2016〕70 号）发布，进一步要求改善基础设施条件，发展航空、高铁、高速公路等，快速释放旅游消费，为旅游业发展奠定良好基础。旅游业坚持绿色发展，牢固树立“绿水青山就是金山银山”的理念，将绿色发展贯穿到旅游规划、开发、管理、服务全过程，形成人与自然和谐发展的现代旅游业新格局。提出旅游业对国民经济的综合贡献度达到 12%，对餐饮、住宿、民航、铁路客运业的综合贡献率达到 85%以上的发展目标。

2018 年《国务院办公厅关于促进全域旅游发展的指导意见》（国办发〔2018〕15 号）明确旅游业成为国民经济战略性支柱产业，强调旅游业发展应坚持绿色发展、保护优先，合理有序开发，防止破坏环境，实现经济效益、社会效益、生态效益相互促进、共同提升。2020 年《关于深化“互联网＋旅游”推动旅游业高质量发展的意见》（文旅资源发〔2020〕81 号）要求加快推动旅游业绿色低碳发展。

截至 2019 年 12 月，国家 5A 级旅游景区达到 280 家。围绕提升生态旅游水准，部分旅游景区因地制宜，对“人”“地”“景”“业”等因素优化配置，进行合理规划、科学管理，取得较好效果。典型案例如武陵源风景名胜区和九寨沟。武陵源风景名胜区位于湖南省，1992 年被列入《世界遗产名录》，2007 年被授予 5A 级旅游景区。由于景区内宾馆、饭店等数量剧增，对景区环境造成不利影响。为解决这一问题，分两期拆除核心景区接待设施 124 家、搬迁农户 1791 人，并对搬迁居民采取了隐蔽性安置、城区统一安置和投资兴业安置（王凯 等，2012）。搬迁后，“山内景、山外商”“山上游、山下住”的地域优势和发展特征尤为明显（王风武和张文，2004）。九寨沟位于四川省，是国家重点风景名胜区，1992 年被列入《世界遗产名录》，2002 年通过绿色环球 21 认证（张瑞鹏，2013）。1984—1991 年，家庭旅馆和饭店数量剧增。1992 年九寨沟旅游股份有限公司成立，由公司统一管理所有家庭旅馆，经营以居民为主，游客数量增加，景区环境受到极大破坏。1998 年九寨沟内禁止经营性建设，家庭旅馆关闭。2001 年九寨沟关闭景区内全部宾馆，执行“沟内游、沟外住”的政策，并控制游客数量。2003—2004 年九寨沟拆除经营性建筑和违章建筑。此外，为控制游客数量，九寨沟实行了 12 000 人/d 的限量进沟政策（张瑞鹏，2013）。从生态足迹的角度看，旅游设施外迁使得旅游生态足迹空间分布更为合理，居民外迁有益于降低景区内生态压力。以上案例为五台山风景名胜区可持续发展提供了宝贵经验。

五台山风景名胜区生态足迹主要由旅游生态足迹、居民生态足迹和僧尼生态足迹组成。本书以国家政策法规为指导，借鉴国内外风景名胜区管理的成功经验，以五台山风景名胜区生态足迹和生态承载力计算结果为依据，就如何促进五台山风景名胜区旅游业可持续发展，提出以下建议。

（1）旅游餐饮方面

第一，饭店外迁。五台山风景名胜区饭店大部分集中在台怀镇中心区，饭店拆除可直接降低经营性建设用地生态足迹，外迁则可重新配置生态足迹的空间分布。合理规划饭店布局，可有效压减经营性建设用地指标，降低旅游生态足迹。

第二，推广素食。餐饮耗费资源多，鼓励游客选择素食有利于节约资源，降低餐饮生态足迹。五台山是佛教圣地，素食文化为其特色之一。五台山素食食材丰富，如当地产的莜面、荞面、小米、黄米、台蘑、金针、土豆和豆类等（罗正明和吴攀升，2015）。寺庙内僧尼饮食以当地产素食为主，许多寺庙为游客提供三餐，寺庙内用餐按需取用，不能浪费。部分素食餐厅深受游客欢迎，并已形成品牌，如“菩提心灯自助全素斋”“一盏明灯全素斋”“五台山正觉全素斋”等。但总体上看，素食普及水平依然较低。随着游客数量持续增长，推广素食有广泛前景，需加快进行。

第三，倡导绿色餐饮。提升餐饮标准档次，努力改良口味，在清洁卫生的基础上，尽力做到美味可口。合理引导、适时提醒游客点餐节约适量，避免过度消费，提供剩菜打包和再次加热服务。

（2）旅游住宿方面

五台山风景名胜区星级宾馆、大中型宾馆、旅游民宿单位床位的能源消耗和占地面积均依次降低。从降低生态足迹的角度看，游客选择旅游民宿产生的能源生态足迹和建设用地生态足迹最小，因此鼓励旅游民宿发展是较好的选择。宾馆床位使用率普遍较低，因此提高床位利用率是降低旅游住宿生态足迹的有效措施之一。

宾馆能源消耗量大，能源消耗引起的生态足迹在旅游住宿生态足迹中占有较大比重。因此，注重节能有助于降低旅游住宿生态足迹。宾馆能耗中空调占比为51%（石培华 等，2010）。GB/T 12455—2010 规定了宾馆、饭店空调的室内温度控制值，见表 7-1（全国能源基础与管理标准化技术委员会，2011）。在夏季，景区气温宜人，尽量不用空调；在冬季，四星级、五星级宾馆温度宜采用 20 ℃，三星级及其他宾馆宜采用 16 ℃。注意使用空调时，关闭窗户。

表 7-1　暖通空调系统运行时的室内温度控制值

参数	场所	四、五星级		三星级		一、二星级	
		夏季	冬季	夏季	冬季	夏季	冬季
温度（℃）	客房、宴会厅、餐厅	26	20	≥26	≤20	26～28	16～20
	门厅、休息厅	26～28	16～18	26～28	16～18	26～28	14～18
	工作人员用房	≥26	≤18	26～28	16～28		

注：应随季节变更调整设定温度，夏季宜取上限，冬季宜取下限。

宾馆照明耗能较大，占到总能耗的 22%（石培华 等，2010）。GB/T 12455—2010 对宾馆照明功率密度有规定，宾馆客房照明功率密度现行值为 15 W/m²，见表 7-2（全国能源基础与管理标准化技术委员会，2011）。应选用光效高、显色性好的优质环保节能灯，严格执行该规定值。客房灯不用则关，以缩短照明时间。

表 7-2　宾馆照明功率密度

房间或场所	照明功率密度（W/m²）	
	现行值	目标值
客房	15	13
中餐厅	13	11
多功能厅	18	15
客房层走廊	5	4
门厅	15	13

五台山风景名胜区游客旅游天数较短，宾馆内毛巾、床单、被罩、浴巾和枕头套等用品应实施"一客一换"，无须"一天一换"，以减少清洁、洗涤次数。选用环保节能型洗衣机，节省水、电、洗涤剂，降低清洗时能源使用产生的生态足迹（科学技术部社会发展科技司和中国 21 世纪议程管理中心，2007）。

宾馆内热水器温度要调整适当，夏季水温为 45～48 ℃，冬季水温为 48～58 ℃（石培华 等，2010）。及时关闭电视机，以避免空转造成电能浪费。

提高游客环保意识。游客是旅游消费的主体，在降低旅游生态足迹中发挥重要作用。游客离开房间，要“一走三关”(关空调、关灯、关电视)。通过张贴海报、发送电子邮件等，让游客了解旅游生态足迹，知晓相应措施，鼓励吸引游客参与。

五台山风景名胜区宾馆主要集中在核心区，供暖设备陈旧。宾馆外迁不仅可直接降低能源消耗，而且能够改变建设用地生态足迹空间格局，从而缓解旅游景区生态压力。

《五台山风景名胜区总体规划(2020—2035年)》(简称《规划》)是地区发展的指导性文件，也为降低生态足迹提供了重要契机。《规划》明确指出，台怀镇核心景区内大中型宾馆应逐步搬迁拆除或迁出改造，调控民宿规划。疏解型和缩小型村庄居民点所涉及需搬迁拆除的家庭客栈，可迁至规划保留的村庄居民点；核心景区内规划保留的村庄居民点所涉及的家庭客栈，应加强规划综合管控，并鼓励逐步迁出改造。

五台山风景名胜区新建宾馆设计中，应参照LB/T 007—2015《绿色旅游饭店》(全国旅游标准化技术委员会，2016)和《国务院办公厅关于促进全域旅游发展的指导意见》(国办发〔2018〕15号)，力争在源头上为降低生态足迹打下良好基础。新建宾馆设计应以可持续发展为准则，以保护生态环境、合理使用资源为理念，要充分考虑自然采光，缩短照明时长，更多采用隔热、保温材料，实现冬季保暖、夏季隔热。在能源选用上，尽力采用太阳能等可再生能源，减少不可再生能源使用。

(3)旅游交通方面

交通运输产业是全球CO_2排放的重要来源之一，产生的CO_2排放量占全球总排放量的26%(黄玉竹，2013)。交通是旅游业的重要组成部分，需要消耗能源，引起CO_2大量释放，使得旅游业成为全球气候变化的潜在贡献者(Adedoyin等，2021)。因此降低旅游交通生态足迹是实现“碳达峰、碳中和”目标的关键环节。影响旅游交通生态足迹的三个主要因素是旅行距离、游客数量和单位距离能源消耗。

截至目前，五台山风景名胜区国内游客以近程为主，其分布符合距离递减规律。但是随着交通运输业不断发展，长途旅行会逐渐增多。因此，从缩短旅行距离的角度降低生态足迹可行性较低，严格控制游客数量才是适宜之举。

交通方式选择上，应以绿色低碳为主。火车和长途汽车载客量大，单位距离的碳足迹较低，而自驾旅游载客数量少，单位距离的碳足迹较高，因此应鼓励游客乘坐长途汽车和火车出行，尽量少开私家车、少乘坐飞机。

鉴于目前自驾游游客增多，建议采取多种措施限制私家车旅游。第一，拥堵收费。美国经济学家William Vickrey首先提出拥堵收费的概念，即对小汽车在高峰拥堵时段使用城市道路、桥梁、隧道和停车场收取额外费用。新加坡虽然人口密度高，但是车辆行驶顺畅。早在1975年新加坡就开始在CBD区域实行拥堵收费，该措施效果显著，使得小汽车出行数量降低，行驶速度得到提高，高峰期出行车辆减少(石培华 等，2010)。2001年伦敦实行拥堵收费，使得私人小汽车使用量下降，NO_x、PM排放量减少，公共汽车使用量提高，堵车时间缩短(陈小华，2012)。截至目前，五台山风景名胜区自驾游游客不断增多，景区经常出现交通拥堵。采取拥堵收费可有效降低游客小汽车使用率，减少拥堵。第二，收取停车费。五台山风景名胜区设有很多停车场，但以免费停车场为主。收取相应停车费，可增加自驾游成本，压减游客自驾游意愿（疫情期间除外）。停车场收取的费用可用于增加公共交通供给，拓宽道路、改善路况，增多车次、提高运行速度，提升景区可持续发展水平。第三，征收碳税。通过征收碳税，增加私人小汽车出游成本，促使游客选择长途汽车或火车。第四，建立健全旅游政策。旅游监管部门及景区继续建立健全相关旅游政策，从产业、税收、休假制度、出行成本、景区票价等方面，设置合理条件，引导低碳旅游，鼓励大容量公共交通方式，限制私人自驾，缓解景区生态压力。第五，改善交通状况。研究表明，地面交通设施越完备，出行越便捷，越有利于降低 CO_2 释放量，提高环境质量（Paramati 等，2018）。

由于入境游客交通生态足迹主要是乘坐飞机产生的，因此依靠新技术降低飞机单位距离能耗是未来降低入境游客旅游交通生态足迹的有力措施。

（4）旅游购物方面

购物是旅游中一项重要内容。五台山是文殊菩萨道场，其纪念品蕴含智慧吉祥、劝善辟邪之寓意。特别是金莲花，口味独特，物美价廉，被视为“教花”，深受游客喜欢，一直供不应求。降低旅游购物生态足迹关键是提高金莲花等产品的单位面积产量，因地制宜，加强科学管理，发挥先进农业科学技术手段的支撑作用。

（5）合理控制游客数量

作为世界著名的佛教圣地和避暑胜地，五台山吸引着大量游客，尤其是夏季，气温宜人，是旅游旺季，游客数量众多。游客数量直接影响餐饮、住宿、交通、购物等生态足迹。因此，适当控制游客数量是降低旅游生态足迹最直接而有效的措施。《五台山风景名胜区总体规划（2020—2035 年）》科学地计算出了五台山风景名胜区台怀片区的游客容量，台怀片区 10 个景区日游客容量共计 4.95 万人次，日极限游客容量为 6.64 万人次。为合理调控游客数量，需依托 5G、大数据、云计算、物联网、人工智能、虚拟现实、增强现实和区块链等信息技术，加强景点、景区最大承载量警示，采用景区限流措施，落实“限量、预约、错峰”要求，保护景区生态环境。

（6）僧尼和居民的迁移

宗教活动场所的僧尼人数较少，不建议迁移。景区内居民数量较多，对环境造成了很大压力。迁移居民，特别是核心景区居民，可降低生态足迹，有效缓解生态压力。《五台山风景名胜区总体规划（2020—2035 年）》对调控居民点进行了分类，将居民点分为疏解型、缩小型、控制型和聚居型，规划向景区外疏解 2800 人，规划居民建设用地减至 50%。居民点调控将进一步降低居民生态足迹，优化居民生态足迹空间分布格局。

（7）加强资金支持，注重产学研结合

根据属地生态环境保护需要，增加财政投入，开发、争取各级科技、生态、文化类项目，争取多方面配套资金。严格执行国家节能减排政策，加快建设资源节约型、环境友好型社会。落实“人才强旅、科教兴旅”战略，继续深化校企合作，注重“产学研”结合，与高校、研究院所进行深度合作，在旅游业中广泛应用云计算、大数据等现代信息技术，对旅游数据、资源消耗作出科学估算，将信息技术、节能技术、特色文化深度植入旅游业，大力发展绿色旅游、生态旅游、文化旅游，促进景区可持续发展。

参考文献

陈小华，2012. 英国城市交通拥堵收费的成功策略与启示[J]. 上海城市管理，(1)：55-57.

黄玉竹，2013. 国外旅游交通碳足迹的影响因素与减碳措施[J]. 技术与市场，20(4)：216-219.

科学技术部社会发展科技司，中国 21 世纪议程管理中心，2007. 全民节能减排实用手册[M]. 北京：社会科学文献出版社.

罗正明，吴攀升，2015. 五台山佛教素食文化旅游开发研究[J]. 五台山研究，(4)：60-63.

全国旅游标准化技术委员会，2016. 绿色旅游饭店：LB/T 007—2015[S]. 北京：中国标准出版社.

全国能源基础与管理标准化技术委员会，2011. 宾馆、饭店合理用电：GB/T 12455—2010[S]. 北京：中国标准出版社.

石培华，冯凌，吴普，2010. 旅游业节能减排与低碳发展：政策技术体系与实践指南[M]. 北京：中国旅游出版社.

王风武，张文，2004. 核心景区居民外迁与小城镇建设[J]. 城乡建设，(9)：42-43.

王凯，欧艳，葛全胜，2012. 世界遗产地居民对生态移民影响的感知——以武陵源 3 个移民安置区为例[J]. 应用生态学报，23(6)：1663-1670.

张瑞鹏，2013. 九寨沟自然保护区与社区原住居民和谐发展的探讨[D]. 雅安：四川农业大学.

Adedoyin F F, Nathaniel S, Adeleye N, 2021. An investigation into the anthropogenic nexus among consumption of energy, tourism and economic growth: Do economic policy uncertainties matter? [J]. Environmental Science and Pollution Research, 28: 2835-2847.

Paramati S R, Alam M S, Lau C K M, 2018. The effect of tourism investment on tourism development and CO_2 emissions: Empirical evidence from the EU nations[J]. Journal of Sustainable Tourism, 26(9): 1587-1607.

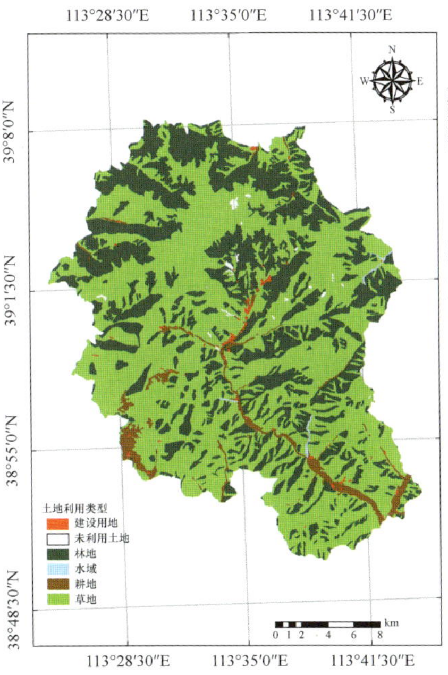

彩图 5-1　1980 年五台山风景名胜区
土地利用类型分布图

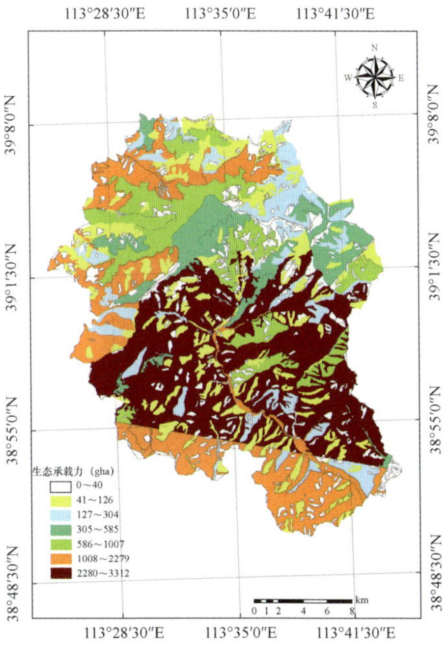

彩图 5-2　1980 年五台山风景名胜区
生态承载力空间分布图

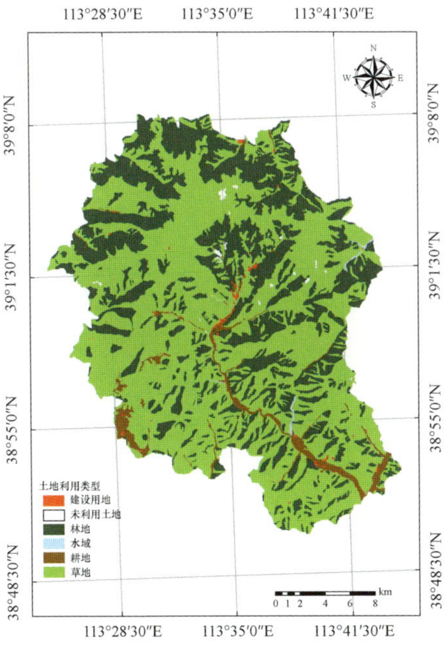

彩图 5-3　1990 年五台山风景名胜区
土地利用类型分布图

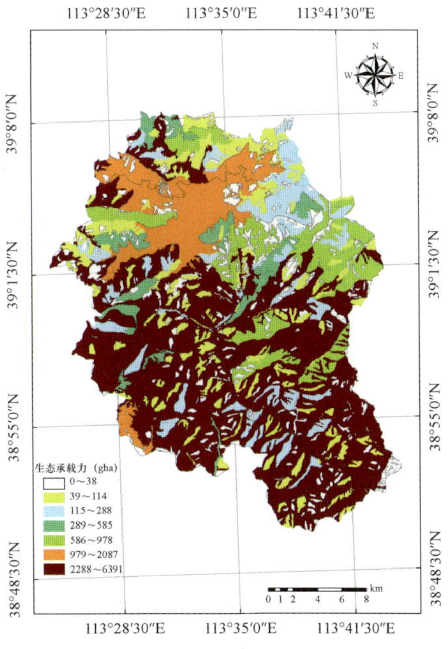

彩图 5-4　1990 年五台山风景名胜区
生态承载力空间分布图

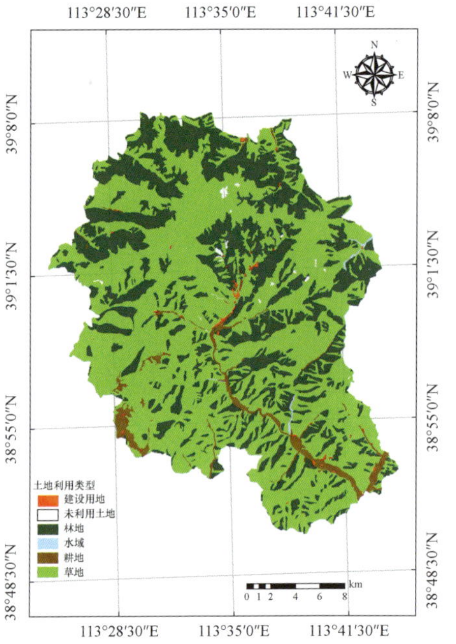

彩图 5-5　2000 年五台山风景名胜区土地利用类型分布图

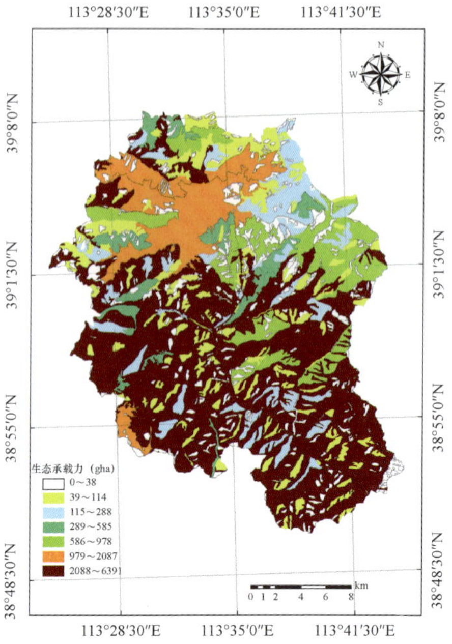

彩图 5-6　2000 年五台山风景名胜区生态承载力空间分布图

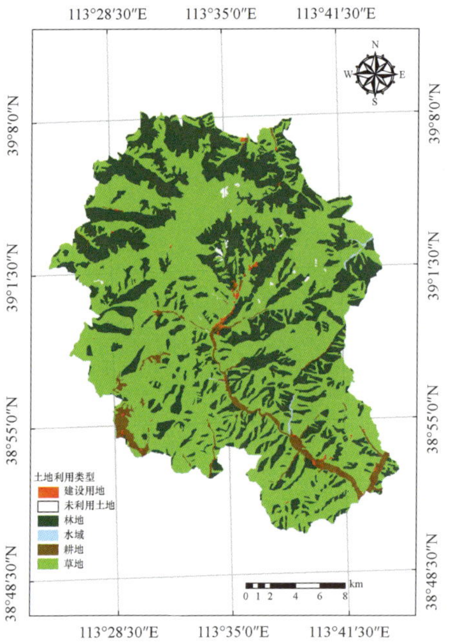

彩图 5-7　2005 年五台山风景名胜区土地利用类型分布图

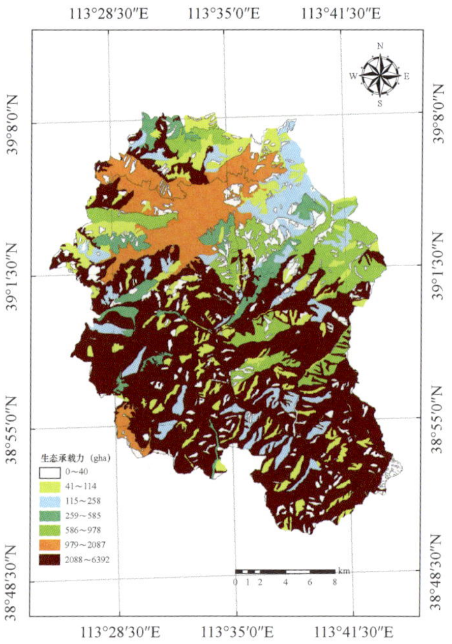

彩图 5-8　2005 年五台山风景名胜区生态承载力空间分布图